教育部人文社会科学研究一般项目（09YJAZH018）资助出版

The Psychology
of Internet Addition

网络成瘾
心理学

胡耿丹　许全成◎著

北京师范大学出版集团
BEIJING NORMAL UNIVERSITY PUBLISHING GROUP
北京师范大学出版社

图书在版编目(CIP)数据

网络成瘾心理学 / 胡耿丹等著. —北京：北京师范大学出版社，2019.9
（应用心理学丛书）
ISBN 978-7-303-23703-6

Ⅰ. ①网… Ⅱ. ①胡… Ⅲ. ①互联网络—病态心理学—防治 Ⅳ. ①C913.5 ②B846

中国版本图书馆 CIP 数据核字(2018)第 092795 号

营 销 中 心 电 话　010-57654738　57654736
北师大出版社高等教育与学术著作分社　http://xueda. bnup. com

WANGLUO CHENGYIN XINLIXUE
出版发行：北京师范大学出版社　www. bnup. com
　　　　　北京市西城区新街口外大街 12－3 号
　　　　　邮政编码：100088
印　　刷：北京盛通印刷股份有限公司
经　　销：全国新华书店
开　　本：730 mm×980 mm　1/16
印　　张：17.5
字　　数：300 千字
版　　次：2019 年 9 月第 1 版
印　　次：2019 年 9 月第 1 次印刷
定　　价：78.00 元

策划编辑：何　琳　　责任编辑：韩　妍
美术编辑：李向昕　　装帧设计：尚世视觉
责任校对：李云虎　　责任印制：马　洁

版权所有　侵权必究

反盗版、侵权举报电话：010-57654750
北京读者服务部电话：010-58808104
外埠邮购电话：010-57654738
本书如有印装质量问题，请与印制管理部联系调换。
印制管理部电话：010-57654758

前　言

　　随着信息时代的到来，互联网在国内日趋普及。依据中国互联网信息中心(CNNIC)2018年8月20日在北京发布的第42次《中国互联网络发展状况统计报告》，截至2018年6月，我国网民规模为8.02亿人，以10～39岁年龄段的网民为主要群体，占比高达70.80%。其中，20～29岁年龄段的网民占比最高，达到27.90%，10～19岁、30～39岁的群体占比分别为18.20%、24.70%，这3个年龄段的网民占比与其在2017年年末的网民占比基本保持一致。从网民的职业结构来看，学生群体在网民中占比最高，达到24.80%，其次为个体户/自由职业者（占比20.30%），第三为企业/公司一般职员（占比9.40%）。互联网正在日新月异地对人们的工作、学习、出行、购物、交友等方式产生广泛而深刻的影响。学会应用互联网已经成为现代人必须要具备的技能。

　　然而，互联网是一把"双刃剑"，对青少年学生而言更是如此。一方面，网络会给学生的人际交流、信息获取等方面带来极大的帮助，有助于学生完成学业、求职就业等事情；另一方面，互联网存在着各种各样的不良信息（如色情、暴力、欺诈、诱惑），许多学生由于好奇心重、模仿性强，加上社会经验少，自我保护意识和自我控制能力相对薄弱，往往对这些不良信息缺乏正确的认知和免疫力，会逐渐在网络中迷失自我，沉迷于网络世界无法自拔，最终网络成瘾。依据第34次至第42次《中国互联网络发展状况统计报告》，学生群体一直是国内网民的最大群体，12～16岁的青少年是网络成瘾的高发人群。虽然目前尚缺乏大样本流行病学调查数据，但既往研究显示，青少年游戏成瘾的流行率（prevalence rate，又称患病率，是指某一时点、某一人群中患有某种疾病的频率，计算公式为：某病患病率＝特定时间内某人群中某病新旧病例数/同期观察人口数）为0.70%～27.50%。

中国青少年网络协会发布的《中国青少年网瘾数据报告》显示，目前我国网络成瘾青少年约占青少年网民总数的9.72%（另外，约有13.00%的青少年存在着网络成瘾倾向）。其中，男性青少年网络成瘾比例（13.29%）比女性青少年网络成瘾比例（6.11%）高出7.18个百分点。在网络成瘾青少年中，男性比例（68.64%）高于女性比例（31.36%）。男性青少年比女性青少年更易沉溺于网络。18～23岁青年网络成瘾比例较高，达到了11.39%。最新调查显示，国内大学生网络成瘾的发生率为6.30%～15.00%，并呈现出逐年递增的趋势，网络成瘾前期的大学生占比更高。

网络成瘾属于精神成瘾，是一种严重影响青少年生理、社会和心理功能的"社会病"，不但会导致患者体质退化（甚至猝死）、性格歪曲，且会使患者学习成绩下降、学业中断、犯罪增加、亲子关系恶化。网络成瘾是一种"顽疾"，不易戒断，极易复发。在现实中，因为孩子痴迷于上网而内心焦虑、四处求助、苦寻矫治良方的家长不胜枚举；因为采用电击、体罚等不当矫治手段，致使网络成瘾青少年命丧于各种无资质"网瘾戒断机构"的人间惨剧也时有报道。

可见，青少年网络成瘾已经成为家庭、学校和社会所无法回避的问题。有效地开展对青少年网络成瘾的预防和干预研究是一项十分重要而艰巨的任务。

可喜的是，近年来，有关网络成瘾的概念界定、诊断标准、评估方法、成因机制、矫治模式和方法均取得了较大的进展，为网络成瘾的防治提供了理论基础。然而，从矫治实践来看，现有的网络成瘾干预存在诸多不足。比如，长期疗效差，复发率高；忽视了社会文化因素对网络成瘾防治的作用；缺乏整合多种现实人际类型为一体的网络成瘾干预体系。这说明网络成瘾的成因机制研究仍然有待深入，干预理念和方法仍然需要完善。因此，对网络成瘾的原因机制展开多视角、多学科、深层次研究，探寻具有长效作用机制的综合矫治模式和策略是解决网络成瘾问题的关键。

作者通过吸收网络成瘾研究的新成果，结合自身对网络成瘾的研究积淀和矫治经验，从生理、心理和社会三维视角出发，依据心理学、生理学、脑神经学、内分泌学、体育学、社会学、教育学等多学科理论，深入地、全面地探讨了网络成瘾的发生机制、影响因素、多元危害、诊断和分型以及预防和干预策略，旨在探寻复杂多样的网络依赖现象的本质、决定性要素，以及防治网络成瘾的有效对策与途径。

本书的创新性主要体现在如下 3 个方面。

原因方面的创新：网络行为激活了个体内在的本能是网络成瘾发生发展的根本原因，网络成瘾的形成与发展是个体生物本能的激活和驱动（个体的"生物性欲望"）使然，在一定条件下人人皆会网络成瘾。

防治机制方面的创新：只有采用其他可同样激活生物本能的、使人成"瘾"的行为才能有效地置换网瘾。网络成瘾的防治效果还取决于个体在社会规范制约下的"社会性欲望"的激发程度，唯有当"社会性欲望"驱动产生的效益大于"生物性欲望"驱动所致的效益时，网络成瘾才有可能向好转或戒断的方向发展。

方法和途径方面的创新：心理治疗是防治网络成瘾的要素，运动是实现该要素疗效的有效途径，是网络成瘾综合防治中不可或缺的一环；防治网络成瘾的核心理念是以"瘾"替瘾，用积极的"瘾"置换消极的网瘾；基于"成瘾置换"的生物—心理—社会多学科整合的网瘾防治模式应该是未来防治网瘾的主流方法；现阶段符合青少年心理特征和成长环境的多元协同干预网络成瘾的途径是构建和实施"学校主导下的学校、社区和家庭'三位一体'的协同干预体系"。

在本书中，我们提出了"成瘾置换"（如运动成"瘾"置换网瘾），社会文化约束，网络成瘾的多重人际干预动力的"元动力"，学校主导下的学校、社区和家庭"三位一体"的网络成瘾协同干预体系，网络成瘾的"多重人际动力"干预模式，以培养运动兴趣和践行适量运动为核心的特色校本课程俱乐部干预网络成瘾模式，现有网瘾治疗范式中融入基于本能激活的运动干预的综合矫治模式等全新理念和范式，旨在为网络成瘾的进一步理论探索、预防和矫治实践提供方向和参考。

本书的独特性和最大的亮点，在于初步揭示了青少年体质退化与网络成瘾之间的关联性，倡导从网络成瘾出发探寻青少年体质退化问题的解决之道。这既找到了青少年体质退化的根源，又为青少年网络成瘾和青少年体质退化这两大问题的攻克提供了新的解决思路和方法。这将会对维护青少年体质健康的政策、措施导向、切入点和运行机制产生重大影响，将会对体质健康维护的理论和实践范式的发展与创新产生重大而深远的影响。对此，本书提出如下 6 个观点。

观点一："认为仅靠加强体育锻炼就能够解决青少年体质退化问题"的传统理念及在此理念下构建的维护青少年体质健康的政策和措施存在明显的误区和不足。

观点二：学界和决策者将"国内青少年学生体质持续退化"归因于"学业负担过重""升学压力"的观点，以及试图通过"减负"来促进学生参加体育锻炼，维护和增进学生体质健康的策略存有偏颇，是治标不治本，其科学性、可行性值得商榷。

观点三：体育锻炼只是体质健康的中介变量，国内青少年体质退化可归因于"学业负担过重""网络成瘾或过度上网""过营养化或生活方式不健康"的三重作用；而网络成瘾与生活方式、体质健康之间存在着"类因果"关系，"网络成瘾或过度上网"是体质退化和影响生活方式的本质的、源头上的动因，是"元动因"。

观点四：维护青少年体质健康必须从预防"网络成瘾或过度上网"，培育良好生活方式着手。不然，其将极易导致青少年缺乏体育锻炼、营养过剩，进而引起体质退化。国内现行的青少年体质健康策略的立足点仅仅局限于通过"减负"来增加体育锻炼和睡眠时间，而未从控制导致体育锻炼不足的"元动因——网络成瘾或过度上网"入手，这是近 30 年来国内青少年体质持续下滑未能被有效遏制的根源所在。

观点五：学校素以抓教学质量或者提高升学率、维护学生体质健康为中心工作。但是学校及相关政府职能部门对网络成瘾问题的关注和重视程度远远不如对体质健康问题的关注和重视程度，这体现在未足够重视网络成瘾对学生体质退化和学习成绩下降的负面影响，对网络成瘾与体质健康、学习成绩之间的类因果关系缺乏清醒认识，未将网络成瘾预防列入与学生体质健康工作同等重要的高度。这很可能是"一方面各级政府、社会和学校高度重视青少年体质健康，另一方面却是国内学生体质状况连续30年持续退化这一奇特现象"的症结所在。

观点六：避免网络成瘾或过度上网、提升学生健康意识、践行自主锻炼习惯和健康生活方式是现阶段遏制青少年体质持续退化的有效策略；将网络成瘾预防纳入学校的体质健康工作，是防治青少年体质退化的一剂标本兼治的良方。换句话说，网络成瘾与体质健康呈现负相关，若网络成瘾未能够被有效地防控，则青少年体质必然会持续下滑。

因此，本书既是一部系统、完整地论述网络成瘾问题及防治方法的专著，又是一部有关如何阻断全球性青少年体质退化问题的研究报告和指导手册。既可供国内外的青少年网络成瘾防治和体质健康维护工作者参考，又可作为广大学生及家长预防网络成瘾和体质退化的实用手册。但愿此书能对从事青少年网络成瘾防治和体质健康研究和实践工作的同行，以及深受网络成瘾之苦的学生和家长有所帮助，并能够对青少年体质持续退化、青少年网络成瘾日趋严重这两大问题的最终攻克起到良好的促进作用。这是作者撰写本书的初衷和驱动源泉，也是本书的意义所在。

全书共有九章：第一章为网络成瘾概述；第二章为网络成瘾的发生机制；第三章为网络成瘾的影响因素；第四章为网络成瘾的多元危害；第五章为网络成瘾的诊断、分型和鉴别诊断；第六章为网络成瘾的干预策略——以培养运动兴趣和践行适量运动为核心的特色校本课程俱乐部综合干预模式研究；第七章为网络成瘾的预防策略；第八章为体质健康、生活方式与网络成瘾之间的关系；第九章为网络成瘾的未来研究展望。

本书的修改、校正和定稿工作由胡耿丹完成。责任编辑韩妍老师在本书的编加过程中对文稿作了精心的梳理、改动和润色，使本书结构更趋合理，逻辑更趋严密，主线更为突出，特色更为鲜明。本书在修改、审校、出版过程中得到了图书策划编辑何琳老师的悉心指导和鼎力帮助。

本课题获得教育部人文社会科学研究一般项目（09YJAZH018）的资助，在实施过程中获得广州体育学院科研处、同济大学文科办的精心指导和真诚帮助。

华南师范大学心理学院金志成教授，广州体育学院李辉贤副教授、王玉昕教授和王英讲师在本项目研究设计和实施方面提供了诸多宝贵意见；本项目的实验研究工作得到了广州体育学院林小兵副教授、姚新明副教授，以及 2008 级硕士研究生张军、钱龙超同学的积极参与和大力协作；本项目研究成果的检验和推广工作，获得同济大学心理健康教育与咨询中心的陈增堂教授、姚玉红副教授以及彰化师范大学辅导与咨商学系王智弘教授的鼎力支持和帮助。

在此，我们谨向上述所有对本书做出贡献和提供帮助者致以衷心的感谢！

最后，深深感谢我们的家人一直以来对本课题研究和本书撰写工作所给予的理解、支持和付出。

有关"网络成瘾的发生机制、预防和干预途径""网络成瘾与体质退化之间的类因果关系"等问题目前仍处于探索阶段。本书针对此而提出的观点、模式和方法均为原创，其科学性和有效性有待进一步检验。因此，本书疏漏不妥之处恐怕在所难免，恳请同行和读者批评指正，不吝赐教。不胜感激！

作　者
2019 年 9 月

目　录

C O N T E N T S

第一章

网络成瘾概述

21世纪互联网技术的飞速发展和普及应用给世界带来了颠覆性的革命，互联网正在越来越迅速地、全方位地走进人类生活的方方面面，给人类的学习方式、生产方式、生活方式、人际交往方式等方面带来深刻的改变。

然而，即使不考虑意识形态和背后的价值判断，人类对互联网本身的使用和依赖也隐含着另外一种危机：所有使用互联网的人，尤其是青少年，都存在网络过度使用、沉迷，乃至于成瘾的可能，无人可以幸免。换言之，互联网不但给人类带来了新的生存方式，而且由此衍生出一个重大问题——网络成瘾。

青少年是网络成瘾的高危人群，他们已经习惯于通过互联网学习知识、交流感情、娱乐休闲、求职创业等。大数据研究表明，目前在我国互联网使用人群中，24岁以下的各类在校学生是运用互联网大军中的绝对主力，人数超过总体上网人数的1/4。互联网既给青少年开启了一个令人好奇的虚拟世界，又给他们带来了各种挑战与危机。可见，互联网已经成为影响青少年成长的"双刃剑"。

那么，究竟什么是网络成瘾？它有何规律？在此，我们依循科学态度，带着好奇与质疑，从观察、描述开始，力求深入浅出地为大家揭开网络成瘾现象的神秘面纱。本章着重关注的问题是：网络成瘾概念的内涵是什么；谁是网络成瘾问题的最早贡献者；网络成瘾的主要现状和存在问题是什么；网络成瘾的危害究竟有多大。

第一节　网络成瘾的界定

成瘾（addiction）这一概念最初来自药物成瘾（如毒品、酒精），后来被引用到赌博成瘾、游戏成瘾等行为成瘾中。目前，人们一般认为，成瘾是指患者对某种物质或行为产生无法替代的心理依赖。网络成瘾是行为成瘾的一种，是伴随着互联网兴起和发展而出现的一种新生现象。

网络成瘾（Internet Addiction Disorder，IAD）这一概念最早是在1994年由美国纽约市的精神病学家伊万·戈登柏格（Ivan Goldberg）在有关网络的一个专业讨论组中提出的，随后有学者对这一概念提出了质疑，认为网络成瘾与网络依赖更为相似。后来，戈登柏格等人以"病理性网络使用"（Pathological Internet Use，PIU）一词来代替"网络成瘾"。之后，格里菲思（Griffiths）、霍尔（Hall）、帕森（Parson）、彼得·米歇尔（Peter Michell）等人对网络成瘾的概念都做了各自的定义，表述的不同也代表了研究者对网络成瘾的不同理解。由于"网络成瘾"更容易被一般人所理解，因而沿用至今。

1997年，学者周荣、周倩就世界卫生组织（WHO）对物质成瘾的定义做了适度调整，他们主张把"网络成瘾"定义为："由重复地使用网络导致的一种慢性的或周期性的着迷状态，并带来难以抗拒的再度使用的欲望。同时会产生想要增加使用时间的张力与耐受、克制、戒断等现象，对上网带来的快感会有一种心理和生理上的依赖。"

1998年，萧铭钧以周荣、周倩的定义为基础，把"快感"一词改为"满足感"，并把网络成瘾定义为："因为有着无法克制的再度使用欲望，而借由重复地使用网络导致的一种慢性的或周期性的着迷状态。同时会产生想要增加使用时间的张力与耐受、克制、戒断等现象，对上网带来的满足感会一直有一种心理和生理上的依赖。"周荣、周倩和萧铭钧3人的定义都是在WHO有关"物质成瘾"概念的基础上给出的。他们界定的角度主要涉及4个方面：过度使用网络（重复使用）、冲动控制障碍（难以抗拒的使用欲望）、使用快感（满足感）和负面影响（戒断症状）。

1998年，坎德尔（Kandell）认为，网络成瘾是一种对互联网的心理依赖，而不考虑使用者登录到互联网上以后做什么。格里菲思则认为，网络成瘾就像计算机成瘾一样，是一种技术性成瘾，可以归属于行为成瘾（如强迫性赌博）的一个子类。

2000年，彼得·米歇尔将网络成瘾定义为："强迫性地过度使用网络和剥夺上网行为之后出现的焦躁和情绪行为。"具有网络性心理障碍的患者往往没有明确的上网理由，他们常常漫无边际、毫无节制地花费大量的时间和精力在互联网上持续地、高强度地聊天、浏览，这不仅会损害身体健康，而且在生活中往往容易引起交感神经功能部分失调、心理疾病和人格障碍。

2001年，霍尔、亚历克斯（Alex）和帕森、杰弗里（Jeffrey）就过度使用互联网现象提出了另一种概念——网络行为依赖。他们认为，网络的过度使用弥补了现实生活中的满意感缺失，满意感缺失是普通人生活中都有可能遇到并需要克服的问题。同时，他们认为，网络行为依赖仅仅是一种适应不良的认知应对，虽然他们也提到包括意志消沉、冲动控制障碍和低自尊等"网络行为依赖"的并发症。

2007年，中国青少年心理成长基地的陶然等人提出，网络成瘾是指由于反复使用网络不断地刺激中枢神经系统，引起神经内分泌紊乱，以精神症状、躯体症状、心理障碍为主要临床表现，从而导致社会功能活动受损的一组症候群，并产生耐受性和戒断反应。这一定义是首次从医学角度对网络成瘾现象进行的探索和诠释，它清晰地描述了网络成瘾形成的神经心理机制和伴随症状，为网络成瘾的综合治疗提供了新的视角和方法。

2018年9月，国家卫生健康委员会发布的《中国青少年健康教育核心信息及释义（2018版）》，对网络成瘾的定义及其诊断标准进行了明确界定。网络成瘾是指在无成瘾物质作用下对互联网使用冲动的失控行为，表现为过度使用互联网后导致明显的学业、职业和社会功能损伤。其中，持续时间是诊断网络成瘾障碍的重要标准，一般情况下，相关行为需要至少持续12个月才能确诊。

在综合以往对网络成瘾定义的基础上，我们将网络成瘾界定为：由于过度地使用互联网而导致的一种慢性的或周期性的着迷状态，伴有不同程度的躯体不适，并在心理上和行为上产生难以抗拒的渴望再度使用网络的欲望，同时会出现想要增加网络使用时间、耐受性提高、戒断反应等症状，对上网带来的快感会一直有一种心理上和生理上的依赖性。

=== 知识链接 1-1 ===

成瘾行为

成瘾行为（addictive behaviors）是指一种额外的、超乎寻常的嗜好和习惯，这种嗜好和习惯是通过刺激中枢神经产生兴奋感或愉快感而形成的。

　　成瘾这一概念源自药物成瘾，是指个体不可自控地反复渴求从事某种活动或滥用某种药物，尽管其知晓这样做会给自身或已给自身带来各种不良后果，但仍然无法自我约束。有些嗜好对人体无害，甚至有益，如有人酷爱音乐，在其烦躁、焦虑的时候，一听到熟悉的天籁之声即刻就会心静神凝。然而，某些不良嗜好，如处方药滥用成瘾、吸毒、吸烟、酗酒、赌博、偷窃、电子游戏成瘾、网络成瘾、纵火癖等却会导致严重的心理问题，甚至危害社会，属于病态的成瘾。

　　成瘾行为包括物质成瘾、精神行为成瘾两大类。

　　目前，成瘾疾病的治疗在国内外仍然是一个难题。以前的治疗往往局限于药物治疗，多年的临床实践证明单纯的药物治疗复发率很高。因此，现在倾向于采用药物治疗、心理治疗和家庭治疗相结合的范式进行综合性治疗，采用较多的是"多维度成瘾快速治疗法"，又名"何式脱瘾法"。这是一种集药物治疗、心理治疗、行为矫正、感恩教育和社会支持"五位一体"的综合性成瘾性心理疾病的治疗模式，是由国内成瘾医学专家何日辉主任医师于 2006 年提出的。

　　（师建国：《成瘾医学》，北京，科学出版社，2002。）

第二节　网络成瘾研究的主要进展

　　随着网络成瘾发生率的日益增多，以及网络成瘾的负面影响和危害性的日趋显现，网络成瘾问题开始受到重视。它不但已经成为当今社会关注的焦点，而且已经成为教育学、心理学、临床医学、社会学、法学、管理学、体育学等领域的研究热点。纵观国内外有关网络成瘾的研究文献，主要涉及以下 4 个方面。

一、网络成瘾的诊断和评估研究

　　至今尚未制定统一的网络成瘾临床诊断标准。研究者一般以《精神病诊断与统计手册（第五版）》（DSM-Ⅴ）中用于其他类型成瘾现象的诊断标准作为替代性标准。目前，被采用频率较高、信效度较高的网络成瘾诊断量表主要有如下 4 种。

(一)《金伯利·扬网络成瘾量表》

该量表由美国匹兹堡大学的金伯利·扬（Kimberly Young）编制。扬在对比了 DSM-Ⅳ 上列出的所有成瘾诊断标准后，认为病理性赌博的症状最接近网络成瘾的病理特征。她在对病理性赌博的诊断标准加以修订后提出了包含 8 个题项的《网络成瘾量表》。如果被试对其中的 5 个题项做出了肯定回答，就可以被诊断为网络成瘾。

(二)比尔德和沃尔夫的"5＋1"诊断标准

美国马歇尔大学的两位心理学家比尔德（Beard）和沃尔夫（Wolf）在 2001 年对金伯利·扬网络成瘾量表进行了修改，认为扬给出的 8 个题项中，前 5 项是必需的，而后 3 项应该至少满足 1 项才能被诊断为网络成瘾，此即"5＋1"的诊断标准。

(三)《戴维斯在线认知量表》

《戴维斯在线认知量表》（Davis Online Cognition Scale，DOCS）由加拿大心理学家戴维斯（Davis）编制，共有 36 个题项，是一种采用 7 级评分制的自评量表，包含 4 个分量表：社交安慰、孤独/抑郁、冲动控制减弱、转移注意力。

(四)《陈氏网络成瘾量表》

《陈氏网络成瘾量表》（Chen Internet Addition Scale，CIAS，见附录一），亦称《中文网络成瘾量表》，由台湾地区学者陈淑惠教授编制，共有 26 个题项，是一种 4 级自评量表，分为"网络成瘾核心症状"及"网络成瘾相关问题"2 个因素，以量表总分分布中排序最高的 5%～10% 的受试群作为"高危险群"。

此外，比尔德认为，临床访谈也是诊断网络成瘾的有效方法，并以生物—心理—社会理论模型为框架提出了详细访谈提纲，访谈内容涉及被访问者的当前问题、躯体状况、心理状况、社会状况和复发因素 5 个方面。

研究大学生网络成瘾的学者在诊断网络成瘾时大多直接采用上述某

种诊断量表或者在参考上述量表的基础上进行适当修订。

<h2 align="center">═══ 知识链接 1-2 ═══</h2>

生物—心理—社会模型(Biopsychosocial Model，BPS 模型)

恩格尔(Engel)指出，大多数健康问题如果没有心理、社会构架就无法解释。他通过大量研究发现了如下 4 个可以显著表征个体的心理、社会变量重要性的医学问题。

①许多医学实验只是显示了疾病的潜在可能性，而没有显示出疾病的存在。病人经常会提供一些有病原体的检验样本，而他们本身却毫无症状。个人的差异(包括体质、心理状态、对疾病的了解)将共同决定谁会发病，而谁又会在被检验出有病原体后仍然保持健康。

②大量的疾病如癌症、动硬化脉、高血压、消化性溃疡、月经不调、流行性感冒等都对生活中压力的开始、紧张程度、持续时间和减轻有反应，即这些疾病与心理的压抑感有关，又称心身性疾病。

③只是治疗身体症状并不一定能够使病人恢复健康。换言之，治疗还需要补充一些心理学、社会学的治疗方法。

④治疗期间的心理、社会环境，包括医患关系，能够显著地影响治疗效果。

(《生物—心理—社会模型》，https://baike.so.com/doc/2690947—2841272.html，2018-12-20。)

二、网络成瘾的成因研究

网络成瘾的成因目前尚未有定论。一般认为，网络成瘾无法用单一模式来解释，它是由多种因素通过多种作用方式产生的结果。这些因素包括社会因素、家庭因素和自身因素。

(一)社会因素

刘树娟、张智君(2004)指出："社会文化和社会生活事件是影响大学生网络使用的重要社会因素。"王立皓、童杰辉(2003)研究发现，人际交往、社会支持等各种需要也是影响大学生网络成瘾的重要因素。

(二)家庭因素

家庭是影响青少年身心成长的重要因素。多项研究显示，家庭矛盾、家庭暴力、单亲家庭、不良的家庭功能、不佳的亲子关系、不当的父母教养方式(如过分迁就或溺爱)、家庭成员犯罪吸毒等家庭因素与网络成瘾关系密切。

(三)自身因素

自身因素包括人格特质、网络使用动机和精神病理因素。研究显示，具有依赖(如奖赏依赖、性别依赖)，害羞，孤独，低自尊等人格特质的人容易发生网络成瘾。一些学者研究发现，利用网络寻求心理满足、娱乐、社交、购物等动机和需求与网络成瘾呈正相关。游戏，影音，交际(如 QQ、微信)，色情(如色情图片、色情小说)是网络成瘾者的常见动机和需求。网络成瘾者的常见精神病理因素包括强迫、抑郁、焦虑、敌对和偏执。

三、网络成瘾的危害研究

尽管网络成瘾的成因迄今尚不十分明确，但其危害却已经被公认且较为明显。研究显示，网络成瘾可以导致网络成瘾者的生理机能下降(如有氧能力、肺活量、握力和下肢爆发力降低)，免疫力下降，躯体不适(如头晕、心烦、胸闷、憋气、视力下降、眼部干涩、肩周炎、颈椎病、腰椎病)；人际交往能力缺陷，容易形成双重人格，削弱学生网络成瘾者的学习动机，耗费其大量的学习时间和金钱，破坏家庭和谐，危害社会；少数网络成瘾者因此走上违法犯罪道路。值得关注的是，近年来因为网络成瘾导致的网络成瘾者猝死事件屡见不鲜。更令人担忧的是，这一现象似乎并未真正引起社会的高度重视，有关网络成瘾导致猝死的发生机制的研究也鲜见。

===== 知识链接 1-3 =====

有氧能力被美国医学界正式列为"临床生命体征"

生命体征(vital signs)，又称"生命征象"，是用以判断病人的病情轻重和危急程度的指征，主要有心率、脉搏、体温、血压、呼吸、瞳孔和角膜反射的改变。脉搏、体温、血压和呼吸是医学界常用的四大生命体征。

有氧能力（aerobic capacity），又称有氧耐力，指人体长时间进行有氧供能的工作能力。负荷强度为人体最大负荷强度的75%～85%，心率一般为140～170次/分。时间最少5分钟，一般在15分钟以上。决定机体有氧能力的生理因素主要是运动中氧气的供应因素和作为能量物质的糖原含量。

美国心脏协会2016年在《循环》（Circulation）杂志上发表了其专家团队在做了大量文献综述以后对"有氧能力"做出的科学声明，要点包括如下4个方面。

第一，有氧能力低下者容易患心血管疾病，导致死亡或各种疾病发生的风险增加。

第二，有氧能力不但比抽烟、高血压、高脂血症和2型糖尿病能够更加准确地预测因疾病而导致的死亡，还能够有效地帮助这些传统的健康风险指标对健康进行预测和评估。

第三，有氧能力这一指标能够帮助医务人员对病人的健康风险做出更加准确的评估，帮助病人通过生活方式干预，对其疾病进行科学管理，以更大程度地降低他们罹患心血管系统疾病及其他慢性疾病的可能。

第四，有氧能力应当列为临床生命体征（clinical vital sign）。

美国心脏协会将"有氧能力"定义为："人在做体力工作时把大气中的氧气输送到细胞中的线粒体的综合能力，因此有氧能力代表着人的整体健康水平。"

最大吸氧量（VO_2max）指在极限负荷运动情况下每分钟内每千克体重能吸收的氧气量[毫升/（千克体重×分钟）]，是评价机体有氧工作能力的重要标志之一。

有氧能力常用"有氧梅脱值"来表征。梅脱（Metabolic Equivalent of Energy，MET）指能量代谢当量，代表个体安静时的基础代谢率。成年人的平均梅脱值为3.5ml/kg·min。如果一个人的最大吸氧量为35ml/kg·min，则其有氧梅脱值就是10（35/3.5）。

美国心脏协会指出，增加有氧能力对人的健康作用很大，每增加一个有氧梅脱值，人的生存率可能会增加8%～35%！因此，有氧能力对健康的预测完全可以与抽烟、高血压、高脂血症、糖尿病等传统的健康危险因素相媲美，具体体现在以下 7 个方面。

①成年人有氧梅脱值＜5 时，死亡率明显增加；相反，有氧梅脱值＞8 时，生存率明显增加。

②有氧能力高的人群比有氧能力低的人群患肺癌、乳腺癌、消化系统癌症的可能性低 20％～30％。

③有氧能力高的老人比有氧能力低的老人患老年痴呆症的可能性低 36％。

④从有氧能力提高中受益最大的人群(50％以上受益)不是有氧能力非常高的马拉松选手，反而是有氧能力低下(有氧梅脱值＜5)和较低(有氧梅脱值为 5～7)的人群。

⑤略微提高有氧能力，如提高 1～2 个有氧梅脱值，就可使心血管系统疾病的发生率下降 10％～30％。

⑥幸运的是，不像抽烟、高血压、高脂血症等顽疾那么难以改变，一个人的有氧梅脱值通过科学运动 2～3 月就可以得到明显的改观。

⑦运动，尤其是有氧运动，是良药。

研究显示(Hu Gengdan，2018；胡耿丹，王丹，2015)，网络成瘾会破坏健康的生活方式(如缺少运动、熬夜、认知不清、膳食不规律不合理)，是导致体质下降、亚健康和猝死高发的主要诱因之一。可见，网络成瘾是健康的隐患、生命的杀手。珍爱生命应从合理上网、远离成瘾做起。

(朱为模：《"有氧能力"被美国医学界正式列为"临床生命体征"!!!》，http://www.365heart.com/show/116758.shtml，2018-12-20。)

══ 知识链接 1-4 ══

熬夜的危害

2017 年 11 月 2 日，国内某知名直播平台"王者荣耀"主播孤王，因为长期日夜颠倒，最终导致过度劳累不幸猝死。孤王在直播平台上有 17 万名粉丝、175 万份礼物，每天凌晨零点至早上 9 点进行直播。据粉丝称，孤王在去世前已经连续通宵直播数月，在猝死当日他仍然在进行直播。孤王之死绝非个案，仅仅是无数因熬夜猝死案例中的一个，令人唏嘘。

1. 熬夜真的会导致人猝死吗？

持续熬夜不眠不休的确是一些人猝死的诱因。熬夜猝死者，大多数死于突发的心脏疾病。其原因是熬夜导致生物钟紊乱，交感神经过度兴奋，使心跳加速，引发室速、室颤，造成心源性猝死。还有一些人死于脑中风，其原因是血压过高使脑血管破裂。

据中华医学科普平台报道，我国每年死于"心脏性猝死"的人数为 55 万人，平均每天上千人猝死，成为全球第一大"心脏性猝死"的国家。从发展趋势看，猝死现象越来越频繁发生，并且呈现年轻化、低龄化趋势，"80 后""90 后"被指是"心脏性猝死"的主力。

然而，熬夜并非猝死的根源，熬夜只是猝死的诱因，血管病变才是本质。只有那些已经表现出心血管疾病症状或者有心血管疾病家族史的人，熬夜才容易引起猝死。有猝死家族史的人更是熬夜猝死的高危人群。大多数猝死的年轻人患有心脏基础疾病或者脑血管先天畸形。不幸的是，这些病灶往往在解剖尸体后才被发现。

2. 对普通人群而言，熬夜会增加猝死风险吗？

那么，没有心血管疾病风险，自诩身体健康的人是否就可以毫无顾忌地熬夜呢？答案显然是否定的。因为熬夜会影响心血管系统健康，增加普通人群心源性猝死的风险。其原因在于，短期睡眠剥夺就已经足以使交感神经系统紧张，并导致血压升高，肾上腺素、去甲肾上腺素等压力激素分泌增加，糖耐量降低，心跳不规则。而所有这些因素都是冠心病发作的先兆和诱因。

慢性睡眠剥夺能促进高血压、肥胖和糖尿病的发展，而高血压、肥胖或代谢综合征等疾患恰恰是诱导心脏疾病发作的因素。此外，睡眠不足会使机体免疫系统失调，促使血管壁的炎症反应水平上调，促进动脉粥样硬化的发生，从而增加中风的危险。（见图 1-1）

3. 经常熬夜对机体衰老的影响

熬夜会对神经系统、心血管系统、骨骼和肌肉系统、消化系统、免疫系统等人体多个系统造成程度不一的负面影响。

①对神经系统的影响：导致烦躁易怒、认知功能障碍、记忆力衰退、决策力下降、道德约束降低、严重困倦、产生错觉和幻觉、注意力难以集中。

②对心血管系统的影响：导致心率变异性增加、心脏疾病患病

图 1-1　劳累＋加班＋熬夜＝猝死

风险增加。

③对骨骼和肌肉系统的影响：导致肌肉反应速度和精确度下降、出现震颤和疼痛。

④对消化系统的影响：导致 2 型糖尿病的患病风险增加、肥胖风险增加、生长发育迟缓。

⑤对免疫系统的影响：导致消化道疾病、呼吸道疾病、传染性疾病、心血管疾病的患病风险增加。

概括来说，经常熬夜除了造成猝死外，还会给机体衰老造成 5 个方面的危害。

（1）皮肤受损

衰老表现：干燥、皱纹、暗疮、色斑。晚上 10 点至凌晨 2 点是皮肤新陈代谢最旺盛的时间，如果身体在安睡，皮肤就可以游刃有余地处理代谢废物。如果身体在熬夜，皮肤便会张大毛孔，外界的有害物质就都吸收到皮肤上了。而且熬夜也会使激素水平失调，诱发粉刺和暗疮等状况。久而久之，浮肿、黑眼圈、眼睑松弛、干纹细纹、眼袋、皮肤粗糙等衰老迹象就会显露无遗。（见图 1-2）

（2）眼睛受损

衰老表现：视力下降、视力模糊。熬夜时最劳累的器官是眼睛，因为眼肌长时间疲劳会导致暂时性的视力下降。如果长期熬夜、劳累，可能在某次熬通宵之后，你就会出现视力模糊、视野有阴影或视物颜色改变的现象。（见图 1-3）

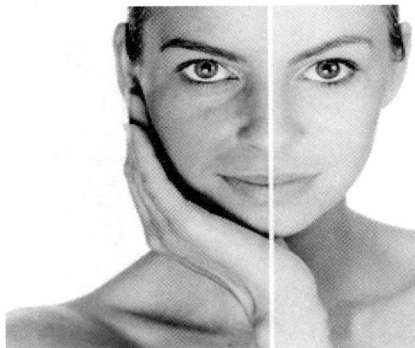

图 1-2　经常熬夜对皮肤的危害

图 1-3　经常熬夜对眼睛的危害

（3）肠胃受损

衰老表现：胃疼、胃酸，甚至引发胃溃疡及十二指肠溃疡。胃是身体中对时刻表比较敏感的器官，熬夜容易使胃酸分泌过多而诱发胃溃疡。同时，在熬夜时常用的烟、浓茶、咖啡对胃黏膜也是不良的刺激。

经常熬夜会严重干扰、破坏人体正常的生物钟，容易形成"晚上不想睡，早上不想起"的不良习惯。（见图 1-4）

（4）大脑受损

衰老表现：记忆力下降、反应迟钝、头痛、失眠。大脑在睡眠中会修复负责记忆的细胞，如果得不到充分的休息，这部分细胞就会损失得越来越多，导致记忆力下降。熬夜，意味着让人体负责工作的神经加班，神经系统疲劳的后果就是消极怠工，使身体出现注意力不集中、反应迟钝，甚至头痛、失眠的现象。

图 1-4　经常熬夜对正常生物钟和生活方式的危害

（5）免疫力受损

衰老表现：身体抵抗力下降、阴虚火旺、容易生病如消化道疾病、呼吸道传染性疾病。夜间是人体生产新细胞的高峰时间，熬夜让身体持续处于消耗状态，免疫系统抵抗外界影响、修补体内组织的工作就要加倍。有研究显示，成年人只要 3 个晚上不能保证 7～8 小时的睡眠，免疫系统的功效就可能下降 60％。

可见，睡眠在人的生理机能调节上起着重要的作用，千万不能掉以轻心，即便是没有心血管病史和家族史的健康人，为了长久的生活质量，也不应该不加限制地熬夜。上网，尤其是使用智能手机上网，是熬夜的重要推手和载体，因此人人必须自觉节制上网。（见图 1-5）

图 1-5　经常熬夜的推手和载体——智能手机

（《王者主播过度劳累猝死　长期通宵直播王者荣耀》，http://cnews.china-daily.com.cn/2017－11/14/content_34521098.htm，2018-12-20。）

四、网络成瘾的干预研究

关于网络成瘾干预方面的研究集中在 4 个方面。

(一)社会干预方面

一些学者提出了"营造良好的社会舆论氛围""客观认识大学生的社会角色特征,缓解其社会压力""建立健全网络管理法规,加强对网吧等场所的综合治理""建设优质校园网,加强对大学生上网的管理"等网络成瘾的防治策略。

(二)心理干预方面

目前,对网络成瘾的心理干预仍然处于探索阶段,大多借鉴针对其他成瘾行为的心理干预方法。例如,学者们提出采用强化干预法、厌恶干预法、延迟满足法、时间控制法、自我警示法、认知疗法、群体支持法、家庭治疗法等心理治疗方法来矫治网络成瘾。

(三)医学干预方面

已有少数研究采用药物疗法来治疗网络成瘾行为,采用的药物主要为抗抑郁药和心境稳定药。例如,原北京军区总医院成瘾医疗治疗中心在采用以心理辅导为主同时药物介入的治疗后,对网络成瘾患者的治疗成功率从 10% 上升至 85%。近年来,还有学者提出采用针灸、中西医结合手段治疗网络成瘾,经证实有一定效果。但总体来说,网络成瘾的药物治疗目前仍然处在尝试阶段,有待于进一步研究观察。

(四)其他干预方面

有学者证实,通过音乐疗法、运动疗法或军事训练等手段治疗网络成瘾,也能够取得一定的效果。

第三节　网络成瘾研究现存的不足

虽然网络成瘾的研究成果日益丰富,人们对网络成瘾的认识逐渐提高，但是该领域的研究尚存在一些明显的问题和不足。

首先，缺乏对网络成瘾行为过程的动态性研究，无法确定网络成瘾的形成、发展过程以及不同发展阶段的特征。对网络成瘾的单一影响因素的研究较多，缺少多因素多变量的整合研究；对各个因素在网络成瘾中的作用缺乏量化研究；对网络成瘾病因的研究大多是孤立地分析网络成瘾与个性特征、情绪、心理压力等因素的关系，鲜见系统研究各种因素在网络成瘾发生发展中的具体作用。

其次，对网络成瘾的发生发展过程及其机制的认识主要是基于对网络成瘾者心理和行为特征的研究，较少涉及生理学、生命科学等相关研究理论和手段的应用，对网络成瘾者的脑血氧含量、脑电、心电、内分泌、基因测序等生理变化、表观遗传特征以及与物质成瘾的对比研究较少。

再次，对网络成瘾的研究大多只将其概括为一个维度来探析，较少对网络成瘾加以类型和级别上的区分。实际上，网络成瘾类型不尽相同，不同类型的网络成瘾者在成瘾机制和诊疗方法上存在很大差异。

最后，对网络成瘾的干预研究尚处于起步阶段，干预方案大都未形成体系，可操作性不强，长期疗效也不确定，并且严格设计对照组变量的操作性综合干预研究较少，大多采用准实验设计范式，研究的信效度较低。

第二章

网络成瘾的发生机制

网络成瘾这一现象的形成并非由单方面因素独立诱导产生，而是多种内外因素（生物因素、心理因素和社会因素）交互作用的结果。因此，有关网络成瘾的发生机制研究，学界主要从生理学、心理学和社会学3个方面进行探讨。

随着认知神经科学向网络成瘾研究领域的不断渗透，人们逐渐认识到，认知神经科学是最终揭开网络成瘾发生发展机制的钥匙，而建立科学合理的网络成瘾发生脉络的模型，是透视网络成瘾现象本质、深入揭示网络成瘾发生发展机制的前提。对此，陶然、应力和岳晓东等人开创性地提出了"网络成瘾的神经心理链模型"。

第一节　网络成瘾的神经心理链模型

一、网络成瘾神经心理链的环节与概念

成瘾行为的一个显著特征是其发生过程的循环性，而洞悉这种循环性的规律和要素是理解和掌控这种行为的关键所在。通过大量的临床观察和实证研究，陶然、应力、岳晓东等人（2007）认为，网络成瘾的发生发展过程具有明显的连续性、循环性特征，并首次提出了网络成瘾发生发展的"网络成瘾的神经心理链"假说。（见图 2-1）

该假说认为，网络成瘾神经心理链由 9 个环节构成，并在动态的发展变化中周而复始，形成了一个循环链，其主要环节的概念解释如下。

（一）原始驱力

原始驱力是指个体趋利避害的本能，个体为了寻求及时行乐而可以不顾一切。因此，原始驱力代表了上网行为的各种动机和冲动。

上网

原始
驱力

欣快
体验

上网

反复
使用

复合
驱力

耐受
性

消极
应对

戒断
反应

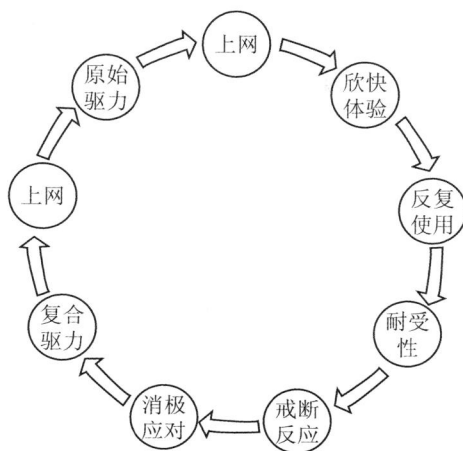

图 2-1　网络成瘾的神经心理链

（陶然、应力、岳晓东等：《网络成瘾探析与干预》，上海，上海人民出版社，2007。）

（二）欣快体验

欣快体验是指个体由于网络活动刺激中枢神经而产生的快乐和满足状态。它驱使个体不断上网，以扩大欣快体验。而一旦网络成瘾行为形成，这一欣快体验会很快进入麻木状态。

（三）耐受性

耐受性是指个体由于反复使用网络，感觉阈限增高，为了达到同样的快乐体验必须增加网络在线时间和投入程度。高耐受性是网络成瘾的触发点，也是网络欣快体验的强化结果。

（四）戒断反应

戒断反应是指个体因为停止或减少上网行为而产生的生理、心理的症候群，突出表现为烦躁不安、失眠、情绪不稳定、容易激惹。

（五）消极应对

消极应对是指个体受到挫折、失败或接受外界不良影响后而产生的一种被动顺应环境的行为。它包括不良的问题归因，认知的曲解，以及形成的压抑、逃避、攻击等负性行为。

（六）复合驱力（雪崩效应）

复合驱力是指个体在原始驱力的基础上，由耐受性、戒断反应导致的消极体验以及个体本身的消极应对方式构成的复合动力。

从行为心理学视角来看，网络依赖或网络成瘾是一种后天习得的行为。它的形成过程可以理解为：尝试—快感获得—正性强化，挫折—逃避困境—负性强化。这构成了网络成瘾自动循环的神经心理链。

二、网络成瘾神经心理链的循环

第一，网瘾神经心理链的循环始于原始驱力，一般是指各种各样的上网动机，如有人上网是为了释放考试失败、恋爱失意、朋友失和等事件产生的负性情绪，有人是为了在网上获取信息，有人是为了在网上寻求人际支持……

第二，个体由于已经在网上获得了种种快乐体验和情绪释放的经验，所以会在以后烦恼压抑时，本能地去寻求网上的快乐体验，并不断地如此反复强化，慢慢形成习惯。

第三，经过一段时间的反复使用后，个体的神经心理开始出现变化：趋向性的心理依赖与躯体依赖交互作用，产生耐受性，对原先的上网时间变得不敏感、不满足，需要增加上网时间和投入更多的精力，才能够突破兴奋感觉阈限。

第四，若个体停止或减少网络行为，则会出现戒断反应。依据神经心理学理论，神经系统会对习惯性上网产生的愉悦、满足、亢奋等欣快感觉刻板记录，并进入内隐式记忆系统，呈现无意识心理条件反射。从神经生理学视角来看，上网行为有可能会激活致瘾源，使突触前神经细胞的多巴胺释放增加，以及突触后神经细胞的兴奋性提高。而停止或减少该行为后，个人会因为这种情境记忆被暂时抑制而出现神经系统机能和心理功能部分失调。这表现为失眠、食欲下降、情绪抑郁、躁狂、注意力涣散、思维迟钝、冷漠、攻击、自残等负性躯体症状及心理和行为特征。

在这种境况下，现实生活给个体带来的种种压力将会更加突出。若个体采取的是消极应对方式，则会更加困惑、茫然，频繁地返回这个能给个体带来许多"安慰"的"家"，上网成了个体暂时逃避问题、麻痹自我的避难所，使个体深陷其中难以自拔。由此恶性循环，最终网络成瘾。

第二节　网络成瘾的生理学机制

网络成瘾的生理因素论者认为,人脑中存在"快乐中枢"系统,在上网时,上网者感兴趣的网络内容会对其大脑进行化学反应式的刺激,从而使大脑释放出多巴胺或谷氨酸等兴奋性神经递质。此类递质可以被大脑的"奖赏中枢"(主要位于边缘中脑腹侧被盖区和伏隔核等区域)接受,进而使人产生快感。如果这种刺激是经常性的,大脑会强化自身的这种化学反应,从而产生成瘾行为。

美国匹兹堡大学心理学教授吉姆·博雷(Jim Borre)博士的一项研究报告表明,网络成瘾的发生机理可能是由于沉溺者上网时间过长,使得大脑相关的高级神经中枢持续处于高度兴奋状态并使血压升高,进而令人更加颓废、消沉。这伴随着一系列复杂的生理学和生物化学变化,尤其是自主神经功能紊乱、体内激素水平失衡,会使免疫功能降低,使肌体处于亚健康状态或疾病状态。

生物神经学认为,网络成瘾有共同的发病基础——网络成瘾者的额叶功能相对低下,存在冲动控制缺陷。在通常情况下,个体会根据自身内在的动机(冲动)来调节自己的行为,同时脑内还存有抑制机制(如大脑释放抑制性神经递质)来控制自己的行为。抑制反应是一个对"刺激—反应"联系进行主动调节的过程,这种抑制机制使人能够根据环境做出快速反应,调节"刺激—犒赏—反应"之间的联系,使人从一个旧的联系转换到一个新的联系,并抑制不适当的联系,以利于个体适应环境。这种抑制反应功能主要由额叶负责完成。当额叶功能异常时,这种抑制反应就会出现异常,导致机体从选择性注意到"刺激—反应"联系都出现异常,使该类个体对"网络"强化因子更加重视,而对其他正常犒赏更加忽视,同时使他们对认识上的冲动(上网的愿望)和上网行为的冲动的控制能力下降,他们会更倾向于选择网络来得到即刻的满足,而不顾及过度上网的不良后果,从而导致网络成瘾。久而久之,机体的神经内分泌系统可能会产生成瘾特征性改变,以便逐渐适应成瘾行为。

随着脑影像技术的进步,近年来有关网络成瘾的脑功能核磁共振成像研究开始逐渐引起学者的重视。曹枫林(2007)研究发现，网络成瘾与冲动控制能力下降有关，在完成冲动控制任务时，网络成瘾患者组额叶、边缘叶的激活区域大于对照组，其他多处区域被激活(如顶叶、颞叶、豆状核、壳核)，提示网络成瘾患者额叶功能下降，需要动用其他多个补偿机制。科赫(Ko CH)等人(2009)研究发现，网络游戏成瘾患者组在游戏图片背景下，大脑激活区域有右侧前额脑区底部、右侧尾状核、两侧扣带回前面、额叶皮层中间和右侧前额叶皮层，这些激活区与实物背景下的激活区基本一致，说明网络游戏成瘾与物质成瘾可能有共同的神经生物学机制。然而，上述研究的样本量较小且被试仅仅涉及男性，其研究成果的科学性和可靠性有待于进一步研究证实。

艾布拉姆森(Abramson)等人(2009)的研究显示，"手机控"会更多地激活与大脑奖赏中枢密切相关的中脑腹侧被盖区(VTA)、杏仁核(amygdala)等脑区，激活边缘中脑多巴胺(dopamine)系统，促进多巴胺释放，使个体体验到"愉悦感"。这表明"手机控"会激发人类"追逐愉悦"的本能。罗伯茨(Roberts)等人(2014)指出，对手机和即时信息过分依赖的背后是物质主义与易冲动性在作祟，其本质是缺乏自我控制能力。该观点得到了认知神经科学研究的证实。例如，陈瑞、管民、娄江华等人(2017)研究发现，与对照组相比，"手机控"双侧海马与双侧额中回的功能连接显著降低。海马涉及学习、记忆和情绪管理等多种脑功能，额中回是认知控制的高级中枢，对皮层及皮层下结构具有"自上而下"的自我控制功能，这提示"手机控"的神经机制是缺乏自我控制能力。

越来越多的研究显示，网络成瘾不但会影响个体的生理、心理和社会三维健康，还会导致其大脑的结构受损。一项研究证实，沉迷于微信的网络成瘾者大脑结构发生了明显的改变。比如，前扣带回皮层(ACC)中的灰质容量减少，这种结构改变与强迫症、抑郁症和执行功能下降存在关联。(Montag C，Zhao Z，Sindermann C，et al.，2018)可见，低头玩手机已经成为一种生活习惯，人类迈入了一个"屏读"(screening)时代。(Kelly K，2016)如何采取有效的干预措施来防治青少年"手机控"行为，已经成为各界关注的重点。

知识链接 2-1

磁共振功能成像

1. 简述及概念

磁共振功能成像（functional Magnetic Resonance Imaging，fMRI），是通过刺激特定感官通道（如视觉、听觉、触觉），引起大脑皮层相应部位的神经活动（功能区激活），并通过磁共振图像来显示的一种研究方法。它不但能表征解剖学信息，而且能揭示神经系统的反应机制。作为一种无创、活体的研究方法，它为进一步了解人类中枢神经系统的作用机制以及临床研究提供了一条重要途径。

2. 基本原理

1990 年美国贝尔实验室小川（Ogawa）等人首次报告了血氧的 T2＊效应。在给定的任务刺激后，被试的血流量增加，即氧合血红蛋白增加，而脑的局部耗氧量增加不明显，即脱氧血红蛋白含量相对降低。一方面，脱氧血红蛋白与氧合血红蛋白相比，具有短 T2＊的特性；另一方面，脱氧血红蛋白较强的顺磁性破坏了局部主磁场的均匀性，使得局部脑组织的 T2＊缩短。这两种效应的共同结果是降低了局部磁共振信号强度。由于激活区脱氧血红蛋白含量相对降低，使得脑局部的信号强度增加，即获得了激活区的功能图像。由于这种成像方法取决于局部血氧含量，故称为血氧水平依赖功能成像。

3. 应用

fMRI 通过检测病人/被试接受视觉、听觉、触觉等刺激后的脑部皮层信号变化，开展皮层中枢功能区的定位及其他脑功能的深入研究。它主要用于正常脑功能的基础研究和临床应用研究，涉及神经生理学和神经心理学。

早期主要应用于神经生理活动的研究，尤其是视觉功能皮层的研究。随着刺激方案的精确、实验技术的进步，fMRI 的研究逐渐扩展到听觉、语言、认知与情绪等功能皮层及记忆等心理活动方面。

脑神经病变的 fMRI 研究，涉及癫痫（epilepsy）、帕金森综合征（AREP）、阿尔茨海默病（AD）、多发性脑硬化（MS）及脑梗死（ACI）等方面。由于其时间、空间的分辨率高，所以对疾病的早期诊断、鉴别、治疗和愈后的跟踪具有重要意义。在精神疾病方面，对精神分裂症患者、抑郁症患者也有相应的 fMRI 研究。

fMRI 对于神经疾病的研究、诊断、进展估计以及实验性干预治疗效果的评价，均能够提供敏感、客观精确的信息。

（《磁共振功能成像》，https://baike.so.com/doc/7052487－7275394.html，2018-12-20。）

第三节　网络成瘾的心理学机制

网络成瘾的心理机制比较复杂，不同类型的网络成瘾者的成瘾机制可能不同，同一网络成瘾者在不同时期、不同成瘾内容下，其成瘾机制也可能不同。有需要、动机等动力因素，有抑郁、孤独、自制力差等个性特质因素，有认知歪曲因素，也有社会压力过大、社会支持系统缺损等社会心理因素。有关成瘾行为的心理学机制研究成果较多，网络成瘾作为成瘾行为的一种，也可以借助其他成瘾行为的相关研究成果进行解释。总体来说，可以从 6 个方面对网络成瘾的心理学机制进行探析。

===== **知识链接 2-2** =====

社会压力、社会性压力事件

社会压力是指改变个人或团体的行为，使之走向特定目标的社会力量。它主要有两种表现形式：一是社会秩序对个人冲动的作用；二是团体对个人的非正式的约束或限制。社会压力应该以团体为研究单位，分析文化模式与团体压力的关系，进行不同团体压力的比较，这样才能对社会压力有一个全面的认识。

社会压力缤纷复杂、无处不在，如家庭压力、就业压力、感情压力、学习压力、工作压力、经济压力、交通压力、环境压力、人口压力、舆论压力、安全压力。

部分社会性压力事件以及压力量见表 2-1。

表 2-1　社会性压力事件以及压力量举例

社会性压力事件	压力量	社会性压力事件	压力量
丧偶	100	挚友死亡	37
离婚	73	婆媳不和	29
近亲死亡	63	开学	26
受伤及大病	53	生活情况改变	25
结婚	50	与上司争执	23
被辞退工作	47	迁居或转校	20
怀孕	40	改变社交活动	18
经济状况变化	38	改变饮食习惯	15

（俞国良：《社会心理学》，北京，北京师范大学出版社，2006。）

一、精神分析理论对网络成瘾行为的分析

（一）精神分析的人格理论对成瘾的解释

奥地利心理学家、著名精神病医生、精神分析学派创始人西格蒙德·弗洛伊德（Sigmund Freud，1856—1939）在其人格结构理论中，将人格划分为超我（super-ego）、本我（id）、自我（ego）3 个部分。超我由道德判断、价值观等组成；本我是人的各种欲望；自我介于超我与本我之间，协调本我和超我，既不能违反社会道德约束又不能太压抑。基于这种划分理念，弗洛伊德认为人的心理就像海面上的冰山一样，显露出来的仅仅只是一小部分，绝大部分是处于潜意识状态下的，而这绝大部分在某种程度上决定着人的发展和行为。

本我是人原始的力量源泉，有即刻要求满足的冲动倾向，处于潜意识的最深层，它遵循的是"享乐原则"。人类在漫长的理性进化过程中，形成了追求快乐和减轻痛苦的本能，快乐的获得就是得到了希望得到的事物，从而产生一种愉悦的感觉，此感觉往往具有强烈的主观体验和成瘾性。一旦人找到了可以满足快乐及减轻痛苦的方法，不管艰难与否、持续时间长短、对健康是否有害，都很可能不会受理智控制了。这种追求快乐的本性与成瘾介质密切接触，很容易使人沉湎于其中而不能自拔。网络作为一种可以让人们较容易获取快乐的介质，激发和强化了很多上网者追求快乐的本能，伴随的生理反应更为强烈持久，心理的主观体验

也更为深刻，其动机作用也更为强大。久而久之，借助网络寻求快乐将逐渐成为网络成瘾者的习惯，该现象尤其多见于存在自卑、羞怯、意志薄弱、与人沟通困难等人格缺陷的人群。

(二)精神分析的性心理发展理论对成瘾的解释

性心理发展阶段理论是弗洛伊德在 19 世纪末、20 世纪初提出的一个概念，是心理学理论的核心概念。该理论指出，生物有自我保护和种族延续两大目的，并将本能划分为自我本能和性本能两种，后者是弗洛伊德本能理论的核心。弗洛伊德认为一个人从出生到死亡的过程中，一切行为动机都带有性的色彩，都受性本能冲动的支配。性本能作为人类最原始的生命冲动，常常受到意识、社会伦理、道德准则的制约，在这种制约下，个体如果不能通过其他合理的途径进行宣泄，久而久之就会导致疾病的产生。弗洛伊德认为，性的背后就是潜在的心理能量力比多(libido)，也就是性力，常常驱使人们去寻找快感。当然这里的性不仅仅是指以生育为目的的两性行为，它还包括其他一切身体器官的快感，甚至还包括心情的愉快和友谊。年轻人尤其是青少年正处于性心理之后的性满足的延时期，该时期他们对性信息的好奇心和探究心理比较强。通过互联网获取性相关的信息或色情信息非常容易，这使得自制力薄弱的青少年易于沉迷于色情网站、色情游戏或网上的虚拟性爱，从而满足他们对性的需求。弗洛伊德还指出，对于成瘾者，成瘾物充当了其性满足的替代品，除非重建其正常的性功能，否则成瘾戒断后仍会复发。因此，对网络色情信息成瘾者而言，网络色情信息充当了其性满足的替代品，只有重建其正常的性功能取向或寻找其他健康的性满足替代品，才有可能戒断其网络色情信息成瘾。

二、行为主义理论对网络成瘾行为的分析

(一)强化理论对成瘾的解释

行为主义理论认为，人的大脑有 1/3 的结构属于行为强化系统。反复做同一件事情，可以使行为强化系统过度兴奋，交感神经系统高度变化，这样人便会对反复从事的行为成瘾。人们在首次使用成瘾物质后，体验到的成瘾物质带来的欣快感会成为一种正性的强化因素，它将通过大脑的"奖赏机制"促使人们不断重复行为，直至成瘾。而停用该成瘾物质引起的戒断症状，如易怒、烦躁不安、焦虑等痛苦体验，则会成为一

种负性强化作用。为了缓解这些戒断症状，成瘾者只好继续使用成瘾物质，这种现象被视为成瘾物质间接的正强化作用。上述成瘾物质的直接正强化作用和间接正强化作用，称为一级强化。此外，与成瘾物质有关的社会环境因素也有正性强化作用，这主要是指形成物质依赖的情境和条件形成的环境上的强化作用，称为二级强化。成瘾者所接触的群体的心理影响，便可以构成社会性的强化，促使成瘾行为更加牢固。网络游戏成瘾者与网友在一起玩游戏的过程中，自然会经常进行技术上甚至情感上的交流，共同讨论玩游戏的心得，少数高手还可以通过网络游戏获得可观的经济利益，这种群体网络游戏环境和经济利益的诱惑可以视为网络游戏成瘾者的社会环境强化因素。上述多种强化因素作用相互叠加，可以协同促进和巩固网络成瘾者的成瘾行为。

（二）操作条件反射理论对成瘾的解释

操作条件反射，是由美国心理学家、新行为主义学习理论的创始人伯尔赫斯·弗雷德里克·斯金纳（Burrhus Frederic Skinner，1904—1990）命名的，是一种由刺激引起的行为改变。操作条件反射与俄国生理学家伊凡·巴甫洛夫（Ivan Petrovich，1849—1936）创立的经典条件反射不同，操作条件反射与自愿行为有关，而巴甫洛夫的条件反射与非自愿行为有关。依据生理学的学习和记忆原理，"心瘾"的形成是通过操作式条件反射等执行的联合型学习过程。以网络游戏成瘾者为例，刚开始上网时，网友、网络环境（电脑和键盘）等刺激都是一些无关刺激，上网打游戏尤其是游戏升级或破关时则伴随这些刺激产生独特的欣快感。长期上网打游戏后上述无关刺激与欣快感反复同时出现，变成了条件刺激，网络游戏成瘾者表现为成瘾后一见到或一想到网友、网络游戏环境等客体，便会条件反射性引起对网络游戏欣快感的回忆，以至于产生强烈的打游戏渴求。由于上述操作条件反射是通过反复操作、激活大脑内源性奖赏系统来完成的，所以网络游戏成瘾者机体内神经内分泌网络可能已经产生了一定的适应性改变，导致成瘾行为难以戒断。

三、人本主义理论对网络成瘾行为的分析

需求层次理论（Maslow's Needs-Hierarchy Theory），亦称"基本需求层次理论"，是行为科学的基本理论之一，由美国著名的社会心理学家、人本主义心理学家亚伯拉罕·马斯洛（Abraham Maslow，1908—1970）于1943年在《人类激励理论》一文中首次提出。该理论将人类需求像阶梯一

样从低到高按层次划分为 5 种，分别是生理需求、安全需求、社交需求、尊重需求和自我实现需求。（见图 2-2）

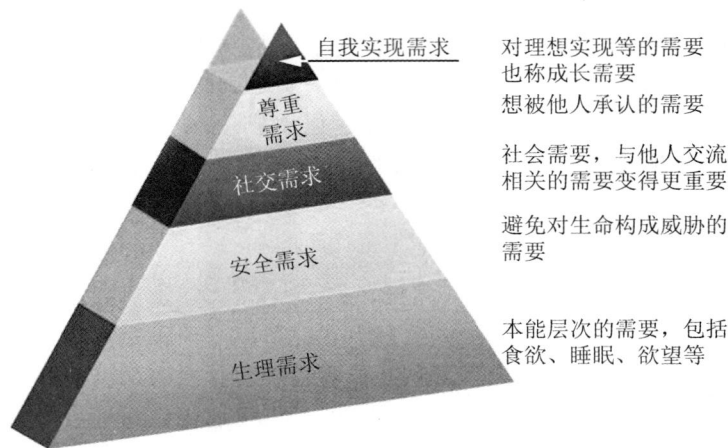

图 2-2　马斯洛需求层次理论模型

(一)网络有利于满足上网者对性的需求

根据前文所述的弗洛伊德的性心理发展理论，人的一切行为动机都带有性的色彩，都受性本能冲动的支配，如果不能通过正常或合理途径进行宣泄性本能的冲动，久而久之就会引发疾病。对于难以通过正常途经或合理途径宣泄性本能冲动的人，网络作为一种有用介质可以帮助他们获取性相关的信息或色情信息，进而宣泄其性本能冲动，满足其对性的需求。

(二)网络有利于满足上网者对社交的需求

人类是社会性动物，需要经常与人交往、沟通，然而少数人由于自身沟通交流能力低、性格缺陷、年龄过小或过大、外貌吸引力低等多种原因，在与人交往方面存在一定的困难。而通过网络进行交往可以较好地避免自身弱点，隐瞒自己的很多真实信息（如年龄、性格、外貌、身高），与对方轻松自如地交流，如图 2-3 所示。此外，物以类聚人以群分，虚拟网络社交可以让上网者根据自身的需要加入特殊的交流群体，从而可以较好地提高他们的社会归属感，满足其社交需求。

图 2-3 在互联网上，没人知道你是一条狗

（王乙乙：《互联网上，没人知道你是一条"狗"》，https://mp.weixin.qq.com/s?__biz=MzU1NjU4OTQyOQ%3D%3D&idx=3&mid=2247483665&sn=d007cac731da3b001466cac3279f29a0，2018-12-20。）

（三）网络有利于满足上网者对尊重的需求

人人都有尊重和被尊重的需求，网络有利于实现这一需求。例如，不少网络游戏高手在"游戏界"的地位较高，备受同道的尊敬和认可，拥有较高的自尊；并且随着游戏水平的提高，其"身份和地位"也会随之荣升，从而进一步提升了他们的自尊感。

（四）网络有利于满足上网者对自我实现的需求

在现实生活中，人们想要到达自我实现，即实现理想或自我价值，往往需要付出很大的努力，也需要各种机遇和外界助力，很多人甚至终生都难以达到自我实现。然而，在网络这一虚拟世界中，达到自我实现则相对容易很多，尤其是各类网络游戏成瘾者，只要舍得投入时间不断地练习，他们的游戏水平就会逐步提高，于是就可以逐步"攻关"，逐步"升级"，每次攻关或升级都会给他们带来一定的成就感或愉悦感，这种快乐体验又可以不断强化他们对网络的沉迷。

四、社会学习理论对网络成瘾行为的分析

(一)社会学习理论对成瘾的诠释

社会学习理论是由美国当代著名心理学家、新行为主义的主要代表人物之一的阿尔伯特·班杜拉(Albert Bandura, 1925—)于 1977 年创立的,包含观察学习、自我效能、行为适应与治疗等内容。社会学习理论认为,成瘾是个体在同外界社会的相互交往过程中学习的结果,是个体社会化的产物。对于青少年而言,父母和同伴的影响尤为重要。比如,父母抽烟、酗酒、长期打网络游戏甚至吸毒将给子女树立坏的榜样,导致子女认同父母的价值观,学习、模仿他们的成瘾行为。同时,同伴的压力和示范作用也是易感成瘾的一种重要外界因素。大量研究显示,18~25 岁是人一生中成瘾行为的易感期,这一时期也正是青年人最需要与同伴交往的时期。他们非常看重同伴群体的认同,而在某些同伴群体中,不健康的生活方式,如长期沉迷网络游戏、观看色情内容或微信聊天,可以通过同伴之间的交流不断地被仿效、传播和扩散。"近朱者赤,近墨者黑",经常与此类群体成员交往者很容易网络成瘾。

(二)心理控制感对成瘾的诠释

心理控制感是美国心理学家朱利安·B. 罗特(Julian B. Rotter)在其社会学习理论中提出的一个概念,它是指有些人会积极地应付困难处境,而另一些人则表现出消极态度的一种内心状态。这种状态主要表现为个体对自己的能力、努力等内部因素在影响和决定外部事件发生发展过程中所起作用的主观判断。它表现为内控和外控两种类型。罗特认为,内控者能够看到自己的行为与后果之间的一致性,并可以体会到控制感;而外控者则往往把行为的后果归结为机遇、运气或自己无法控制的力量。个体这种对心理控制源的期望决定了他对特定行为后果的态度(是内控还是外控)。内控者大多认为事情的结果是由于自身努力而产生的,外控者则大多认为事情的结果是由于机遇、命运或他人等外界因素引起的。自控知觉是一个人自控的一种意向,当一个人对某件事持有内控的观念时,他就有可能采取行动。它构成了自控的重要成分——自控倾向。人的心理控制源倾向不是一种特质,也不是一种先天性倾向,而是一种会随着环境条件的改变而变化的倾向。如果一个人的生活需要长期受人照顾或约束,则其心理控制源会向外控方向转变。

有关毒品成瘾的研究表明，毒品成瘾者的内控性低，有比较高的外控倾向；他们更多地相信行为的结果是由外部控制的，缺乏自我把握和控制的能力，所以他们可能更多地将戒毒失败归于外部因素。有关酒精成瘾者的研究表明，外控者会比内控者更多地使用酒精。

上述研究表明，若个体心理控制感倾向外控，则其更容易物质成瘾。据此可以推测，网络成瘾者以及网瘾戒断失败者更多的可能是外控者。

此外，据研究，男性在外控倾向方面高于女性，两者之间存在显著性差异。致因可能有二：其一是由于男性成瘾者在成瘾后容易给家庭和社会带来各种危害，如家庭暴力、抢劫犯罪，使得家庭和社会对男人的个人期望和要求比女性更低；其二是物质成瘾（如吸毒成瘾）后，吸毒者钱财散尽，会使男性谋生能力大大下降，容易导致其自我控制能力降低。据此可以推测，男性网络成瘾者的比例很可能会显著高于女性。

五、认知心理学对网络成瘾行为的分析

（一）注意缺陷对成瘾的诠释

成瘾的认知过程主要是成瘾者的信息加工产生缺陷，或者是其认知方式产生偏差的过程。信息加工缺陷主要是指成瘾者的注意缺陷、过分偏见和过分专注。例如，酗酒者总是一心一意地想着下一次饮酒，病理性赌博者则总想着下一次能够赢多少钱。同样，网络成瘾者过分地专注于上网，也很可能总是想着下一次上网仍然能够看到让自己着迷的、愉悦的网络内容。

此外，研究还显示，成瘾者常常以特定的方式对信息加以歪曲，并且这种歪曲与成瘾行为息息相关。例如，成瘾者有一套歪曲现实的逻辑原则和认知过程，具有混乱、刻板、片面的思维方式；对时间的认知、体验和管理都是短暂的，常以秒、分、天来计算；其思维常陷入保护性的防御机制。

对于人生观和价值观尚未成熟的青少年网络使用者来说，他们有着对书本之外信息的强烈渴求、对情感交流的强烈期盼、对单调学习生活的厌倦，从而会产生追求外部刺激的渴望，甚至会产生追逐新潮的强烈心理。如果这些愿望在他们的现实生活中难以实现，互联网则很可能成为其实现这些愿望的最好工具，加之其缺少有关合理使用网络的引导和教育，很可能会导致其无限制地反复使用网络。而他们从网络中获得的

"成功经验"或"愉悦感"又会加深他们对网络世界的歪曲认知和依赖，促进网络成瘾的形成和发展。

(二)自动加工理论对成瘾的解释

认知主义研究者针对药物成瘾者的研究发现，大多数关于渴求的理论直接地或间接地指出了药物渴求的 3 种成分。

①个体感到需要药物的主观体验。

②伴随寻求药物以及预期注射药物而产生的与享乐联系在一起的情绪状态。

③来自个体引发寻药行为体验的动机。

他们认为，成瘾是由储存在长时记忆中的自动化行为图式控制的，操作程序不需要注意就可以自动完成，并且显示出完整性和协调性。自动化的操作图式有快速、省力、无意识等特征，不需要注意的特征提示，当外部环境刺激足够强时，某些行为就会不由自主地发生，并且很难停止。因此，药物成瘾可能是一种可以预见行为后果的，由外部环境线索、不遗余力的觅药过程以及躯体和自主神经适应组成的混合体。借鉴该理论，可以推测网络成瘾的形成与网络环境、上网动机与愉悦感以及上网者对上网的身心适应息息相关。

六、人格特质观点对网络成瘾行为的分析

心理学家认为，人的心理承受力主要取决于行为者的人格特质和人格特点。个体的人格发展越完善，就越能对自我做出正确的评价，在压力面前对自我态度、自我行为的调节能力就越强，也就越能形成稳定的心理特征；反之就容易出现心理不稳定和心理危机。

有关人格与成瘾的研究显示，人格是成瘾发生的基础，成瘾者的人格往往有缺陷，称为"成瘾人格"或"易成瘾人格"（addictive personality）。例如，不少学者研究发现，许多酒精和药物依赖者往往存在人格缺陷，其主要特征是：被动、依赖、自我中心、反社会行为、容易生闷气、缺乏自尊、对人疏远。毒品成瘾的相关研究显示，一些心理承受能力差的人，由于缺乏自我调节能力，他们无法摆脱心理危机，以至于使用毒品来摆脱其不良情绪，满足追求快乐的欲望。

有关网络成瘾人格理论的研究显示，网络成瘾者往往具有自制力弱、依赖感强、人际关系敏感、孤独、抑郁、焦虑、性格内向、低自尊、缺乏自信、对外在压力承受力弱、需要满足受阻、无价值感、不良情绪较

多、害怕被拒绝、容易逃避现实、把上网作为最好的精神寄托等人格特征。网络成瘾者的上述人格特征具有一定的缺陷性或不稳定性，容易出现心理危机，不能及时地、合理地对自己的行为做出正确的评价，致使其越陷越深、难以自拔。

第四节　网络成瘾的社会学机制

网络成瘾的社会学机制也引起不少学者的关注，相关研究主要涉及家庭环境、学校教育、社会文化、社会支持等方面。

一、不良的家庭环境对网络成瘾的影响

由于长期受计划生育政策影响，我国目前存在很多"四二一"式的独生子女家庭，这种家庭结构容易使孩子形成以自我为中心的心理意识，并因为缺乏同伴而备感孤单。单亲家庭的孩子则通常因为缺乏父爱或母爱而导致其心理安全感较弱。不良的家庭环境对孩子的教育和孩子的成长需求不对位，不仅不能让孩子体会到家庭的温暖，反而更容易激起孩子的逆反心理，产生孩子的多疑敏感、自卑、孤独感增加等问题。因此，这些孩子更愿意通过互联网寻求心理慰藉和情绪宣泄。

二、长期应试教育对网络成瘾的影响

受长期应试教育体制的惯性、根深蒂固的社会文化等因素的多重影响，迄今我国大多数地区的学校教育模式依然是以应试教育为主导。在现行的中考和高考指挥棒下，学校教育尽管表面上大力倡导素质教育，但实际追求的目标仍然是一切为了成绩，一切追求分数，家庭、学校和社会也总是以学业成绩的好坏来衡量、评价学生。学生在学校主要的任务就是学习，以至于生活单调、枯燥无味；而且很多学校实行封闭式管理，学生成了名副其实的"笼中鸟"。

这样的教育环境使得相当一部分学生处于被忽视个体主体性的氛围中，无法以社会认可的方式来获得认同和尊重。于是，他们便会寻求其他方式来博取认同和尊重。恰好互联网上的诸多活动（如聊天、网络游戏）均可以满足学生在现实生活中无法获得的归属感、成就感，从而导致

越来越多的学生沉溺其中。

三、不良的社会文化对网络成瘾的影响

网络媒体又称第四媒体或自媒体。它是继报刊、广播、电视之后发展起来的、并与传统大众媒体并存的最先进媒体，包含了人类信息传播的两种基本方式——人际传播和大众传播，突破了大众传统传播的模式框架。网络媒体能够最大限度地超越时空的局限，及时汇集来自世界各地的信息，日益显现出文化传递、沟通、共享的强大功能，现已经成为文化传播的主要手段。

随着国内互联网的日益普及，近年来，社会文化中许多不健康的元素正在通过网络媒体无时不在、无处不在地影响着青少年学生，那些基调消极、颓废、低俗甚至淫秽的艺术，如消极的流行音乐、不健康的影视节目和黄色网站，严重污染了青少年健康成长的环境。这种消极的文化不但不能引领孩子走向光明的未来，而且极易使青少年沉湎其中，继而网络成瘾。

此外，社会舆论在有关如何健康地使用网络，以及远离网络成瘾的教育和宣传上的不充分，也在一定程度上助长了网络成瘾的发生发展。

四、社会支持不到位对网络成瘾的影响

大量研究表明，人际交往、社会支持等需求可能是导致青少年学生网络成瘾的动机之一。许多网络成瘾者尤其是网络游戏高手，可以在网上获得在现实生活中体会不到的满足感和虚荣感。一旦下网，他们就会有一种失落感，对社会支持的自身需求的渴望会促使他们重新投入网络。另外，互联网健康使用和管理的相关法规不完善，如网络游戏审核、制作和运营监管相关的法规不健全、执法不严，以及未成年人网络健康使用条例的缺失或不完善，都在一定程度上导致了网络成瘾现象的日趋严重。

第三章

网络成瘾的影响因素

随着网络成瘾现象的日趋严重及其导致的各种危害日渐凸显，网络成瘾的预防和干预已成为政府和社会各界，尤其是心理学界、教育界和医学界的重要议题和任务。由于网络成瘾的形成受多方面因素的影响，是多种因素协同作用的涌现性产物，因此只有先从学理层面全面地厘清这些影响因素以及因素之间的交互作用，才有可能对症下药，建立起有效的预防和干预措施。

从发展心理学的微观个体视角和社会心理学的宏观群体视角出发，我们大致可以将网络成瘾的影响因素概括为自身因素和外界因素两大类。自身因素包括网络成瘾者的生理特性、心理特性和使用网络的动机3个方面；外界因素包括家庭环境因素、学校教育因素、社会环境因素和互联网自身因素4个方面。

第一节　网络成瘾者的自身因素

随着网络成瘾研究的逐步深入，人们已经认识到网络成瘾不仅仅与网络自身特性、社会环境等外界因素有关，更是由于网络使用者在长期上网过程中产生了病态心理，又长期得不到纠正以至于无法自拔而网络成瘾。

一、网络成瘾者的生理特性

科学家在研究诱导网络成瘾的生理因素时主要将注意力放在多巴胺和易感性这两个方面。

研究显示，长时间上网会导致大脑中多巴胺水平升高，这种物质会使机体出现短时间的高度兴奋，产生极大的愉悦感，以至于下网后患者会产生颓废感和出现情绪低落现象，时间一长，机体就会出现一系列的生理变化，这被认为是导致网络成瘾的重要生理因素。另外有一种解释是，长期沉迷网络会引起脑内神经递质（如 5-羟色胺、乙酰胆碱、谷氨酸、多巴胺、去甲肾上腺素、内源性阿片肽、甘氨酸、神经肽 Y）的失衡，这些物质是控制行为和使神经安定必需的。

临床研究表明，网络成瘾组存在明显的快感、耐受性、冲动和戒断症状，这些症状与物质依赖的主要生理和病理生理改变相契合。这提示网络成瘾存在与物质依赖类似的心理学发生机制，网络成瘾可能是一种类似于物质依赖的行为成瘾。

二、网络成瘾者的心理特性

与网络有关的潜在病态心理，包括抑郁、焦虑、冲动和物质依赖，它们本身不会导致网络成瘾的出现，但却是网络成瘾病因学的必要组成部分。

以这种理论为前提，国内有专家认为，从某种程度上说，病态人格是网络成瘾的本质原因，是病态人格选择了网络成瘾。一些学者认为，网络成瘾的必要前提是易患素质。另有学者认为，一些与抑郁症相关的人格特征，如害怕被拒绝、低自尊、缺乏动机、愉快感低下，都有可能是网络成瘾的诱发因素。英国大不列颠心理学会近期的调查结果显示，年龄为 20～30 岁，受过良好教育、性格内向的年轻人是网络成瘾的易患人群，其中忧郁特质和焦虑特质人群的网络成瘾易患性尤其偏高。另外，20 世纪 90 年代末美国卡内基梅隆大学和匹兹堡大学的研究显示，网络成瘾者往往具有下列人格特点：喜欢独处、敏感、忧郁、倾向于抽象思维、警觉和不服从社会规范。

还有学者探讨了网络成瘾与气质类型的相关性。例如，刘连龙、胡明利（2008）的研究表明，抑郁质和胆汁质这两种类型的气质人群与网络成瘾相关性较高，尤其是抑郁质人群，其心理特征的突出性与网络成瘾症状的严重性呈正相关；而黏液质和多血质类型的人群则与无网络成瘾的关系较为密切，特别是多血质人群，其心理特征的突出性与网络成瘾的易患性呈负相关。

从心理动力学（psychodynamic，又称精神动力学或精神分析学）观点和人格理论来看，成瘾与某一人格特点或人格失调和遗传心理、气质类型关系密切。由于种种因素，一些人先天沉溺于某些事物的可能性较大，如酒精、赌博、海洛因、购物甚至网络，当有充分的环境压力或压迫感刺激时，这些事物便会对人产生影响。也有一些人可能在其整个生命历程中不会对任何事物成瘾。

有一种观点认为，网络成瘾患者往往存在冲动控制失调的特征。心理学相关研究已证实，控制能力与心理成熟以及自我效能感相联系。美国佛罗里达大学的 5 位精神病学专家（Shapira，N A，et al.，2000）对网络沉迷者的精神特征进行了相关研究，首先对被试进行访谈，了解其网络使用情况，然后利用 SCID-Ⅳ（*The Structured Clinical Interview for Diagnostic and Statistical Manual Disorders-*Ⅳ）及修订的 Y-BOCS（*Yale-Brown Obessive-Compulsive Scale*）对被试的上网行为进行评价。结果表明，病态使用网络者具有与 DSM-Ⅳ 的冲动控制障碍相符的特征，从而可判定网络成瘾是一种冲动性行为而非强迫性行为。

2001 年，加拿大约克大学心理学家里查德·戴维斯主张用"病理性互联网使用（Pathological Internet Use，PIU）"来代替"网络成瘾"，并提出了认知—行为模型来试图解释病理性互联网使用的发展和维持。他认为，影响病理性互联网使用的核心因素（网络成瘾形成的心理基础）是上网形成的非适应性认知（maladaptive congnition）。非适应性认知涉及关于自我的认知、关于世界的认知两个方面。对世界的非适应性认知或扭曲认知会使网络成瘾者以为，网络给了他一切，而现实则一无是处。该模型相信，病理性互联网使用的情感症状和行为症状是由认知症状诱发的，而非适应性认知又会进一步强化网络成瘾者的上网行为，即非适应性认知是病理性网络使用发生的充分条件，而个体的易患素质和网络压力源（不断发展的互联网技术）是病理性互联网使用形成的必要条件。

应该指出的是，与金伯利·扬（Young，1999）的"ACE 模型"一样，戴维斯的认知—行为模型从网络的物理特性和人的认知特点来解释网络成瘾现象，没有考虑环境的影响。对此，我国的刘树娟、张智君（2004）提出了网络成瘾的"社会—心理—生理模型"，认为网络成瘾是一个复杂的社会和心理现象，受社会、心理和生理各方面因素的制约，并可显示出社会、心理和生理各种效应。

三、网络成瘾者使用网络的动机

网络成瘾者使用网络的动机明显不同于非网络成瘾者。相关研究表明，网络使用方式的不同是导致网络成瘾的主要原因。金伯利·扬

（Young，1998）研究发现，非网络成瘾者使用的网络功能以收集资料为主，如信息协议、全球资讯网及电子邮件。而网络成瘾者最常使用的网络功能则以具备双向沟通的网络功能为主，依序为聊天室，MUD游戏（Multiple User Domain），多用户虚拟空间游戏（这是文字网游的统称，也是最早的网络游戏，没有图形，全部用文字和字符画构成，通常是武侠题材，像著名的风云、书剑、英雄坛等），新闻群组及电子邮件。对于非网络成瘾者来说，网络是一个资料库，并且可以当成私人或生意上沟通的工具；但对于网络成瘾者来说，网络则提供了他们认识朋友、社交与交换意见的一个便捷场所。莫拉汉-马丁和舒马赫（Morahan-Martin & Schumacher，1997，2000）的研究也显示，网络成瘾者比非网络成瘾者较常通过网络认识新朋友、寻求情感支持、与兴趣相投的人聊天、玩在线互动游戏，如MUD游戏。他们也常常通过互联网从事网络赌博或网络性爱，并且网络成瘾者会比非网络成瘾者使用较多种类的网络功能。谢勒（Schere，1997）研究发现，网络成瘾者比非网络成瘾者更有可能使用互联网遇见新人、进行社会试验，相应地，他们面对面的社会交往行为就会减少。金伯利·扬（Young，1998）也证实，网络成瘾者主要使用互联网进行社会交往活动，而不存在与互联网相关问题的人则倾向于主要使用互联网来保持已有的人际关系。

第二节 网络成瘾者的外界因素

简单看来，网络成瘾似乎只是某个个体自身的问题，但是因涉及网络成瘾的人数较多，而且各种网瘾者表征的多样性和特异性也决定了网络成瘾的诱发因素是多种多样的。这表明外部环境因素作为重要的客观原因在网络成瘾的形成和发展过程中起到了不容忽视的作用。

一、家庭环境因素

国内外相关研究一致认为，不良的家庭环境，如家庭矛盾、家庭功能不良、亲子关系差、家庭成员犯罪和不健康上网行为、家庭暴力、对子女教养不当等因素均容易导致子女网络成瘾。青少年的大部分时间是在家庭环境中度过的，家长是他们接受知识、接受教育的主要来源之一，家长更是青少年人格和教养形成的启蒙教师，因此家庭在青少年成长成人过程中的重要作用是无可替代的。

大量研究证实，有网络成瘾倾向的青少年的家庭环境或家庭教育都存在不同程度的不和谐因素。一项专项调查显示，未成年网络成瘾者中，90%是由于家庭教育方式不当，超过80%的孩子认为无法与家长良好沟通，父母除了学习成绩之外对其他事情很少过问，忽视了孩子渴望被重视、被关注的需求，造成了孩子心理上的极大创伤。同时，一部分家长在知识、思想观念、教育方法等方面跟不上孩子成长教育的需要，他们的教育态度和方式存在极大的问题，在接触网络的问题上，他们通常会采用两种极端的教育方式，一种是放任自流，另一种则视网络为洪水猛兽，严厉禁止。这两种方法均不能正确引导孩子面对网络世界，致使孩子对上网行为缺乏正确的认知。

应该指出的是，如果家长缺乏必要的计算机和互联网知识，不能察觉不良网络信息对孩子的各种危害，那么就难以对孩子如何使用互联网进行有效的引导和控制。在实际家庭环境中，处处充满着各种各样的问题和矛盾，甚至危机。例如，在家庭教育中，家长对孩子过分溺爱、事事包办代替或管教过严，均会刺激孩子自我意识的觉醒，要求摆脱束缚，自己做主，但这种独立的愿望往往又得不到满足；家长对孩子放任自流，缺乏必要的引导和教育，容易造成孩子为所欲为，不能抗拒外界的诱惑和刺激；父母关系紧张、家庭暴力、家庭不和睦，常常使孩子在家庭生活中感受不到应有的关爱与温暖；家庭成员存在犯罪或不健康的上网行为，往往会给孩子树立不好的榜样；等等。如此种种，都会导致青少年想方设法地寻求出路以满足自己的愿望和需求，获得心理平衡。于是，网络便自然成为青少年逃避现实的好去处。

══ 知识链接 3-1 ══

网络成瘾的家庭因素

1. 家庭结构与网络成瘾

家庭结构通常可以划分为两种类型。从代际关系角度划分，其包括核心家庭（由夫妻及其未成年子女组成），主干家庭（以一对夫妻为核心，加上其父母、子女及其未成年的弟妹组成）和联合家庭（以长辈为核心，由数对夫妻及其子女组成）。从夫妻关系角度划分，其包括完整家庭、单亲家庭和再婚家庭。

据调查，我国目前约有 20.00% 的独生子女是由祖辈抚养的，抚养方式的不同会导致孩子心理发育的不同。在案例治疗中，青少年网络成瘾者与祖父母生活在一起的约占 27.62%。这表明，孩子由父母抚养的网瘾发生率较非父母抚养的低。

相关的调查和研究显示，单亲或随母亲重组的家庭中的孩子比完整家庭的孩子更容易网络成瘾。单亲家庭的孩子通常由于缺乏父爱或母爱，心理安全感较弱，容易产生不良情绪并压抑自己，变得多疑敏感、自卑和性格孤僻，并往往在一些不良的同龄交往中寻求解脱。最终便有可能学习不良、离家出走、过早发生性行为、网络成瘾甚至产生反社会行为。在再婚家庭中，大多数孩子面对继父或继母新的抚养方式，需要适应新的规则，这会对他们的心理造成巨大压力。

在原北京军区总医院中国青少年心理成长基地收治的 641 名住院网络成瘾患者中，来自单亲家庭的占 10.70%，来自再婚家庭的占 3.30%。这说明，单亲家庭的孩子尤其需要关注。

2. 家庭功能与网络成瘾

家庭功能是影响家庭成员心理发展的深层变量。爱泼斯坦（Epp-stein）等人提出的麦克马斯特（McMaster）家庭功能模式认为，家庭的基本功能是为家庭成员生理、心理、社会等方面的健康发展提供一定的环境条件。

中国青少年心理成长基地的一项调查表明，在 128 例网络成瘾个案中，网络成瘾者突出的人格特点为缺乏自信、不能悦纳自己、不愿面对现实、逃避困难、缺乏独立、自理能力差。这些人格缺陷大多与家庭功能失调有关。

3. 家庭教养方式与网络成瘾

家庭是孩子的第一所学校，孩子的社会性发展始于家庭，他们的社会知识、道德规范和社会行为首先是从家庭中获得的。同时，社会的价值观念和社会化的目标也是首先通过父母传递给孩子的。不同的家庭教养方式会使家庭的功能发生变化，不良的家庭教养风格必然会导致孩子各种心理问题的产生。家庭教养方式通常分为民主权威型、严厉专制型、放任溺爱型和忽视冷漠型 4 种。其中，民主权威型的教养方式被公认为效果最好。

国内外研究均显示，网络成瘾者与非网络成瘾者在父母教养方式的惩罚严厉、过度干涉、过度保护、拒绝否认等因素上有显著性差异。不良教养方式导致的各种问题同样是网络成瘾的重要原因。

原北京军区总医院中国青少年成长基地的一项调查表明，在641名青少年网络成瘾者中：76.30％的人，其父母感情不和谐；61.10％的人，其父母的家教方式不一致（父亲以专制型或忽视型教养较多，母亲以溺爱型教养较多）；66.10％的人有退缩行为或攻击行为；1.40％的人在6岁以前开始上网玩游戏；46.20％的人在12岁以前开始玩网络游戏。

（陶然、应力、岳晓东等：《网络成瘾探析与干预》，上海，上海人民出版社，2007。）

二、学校教育因素

据研究，学校的教学评价体系不完善、课程设置不科学、教学方法和手段不合理、课外活动不丰富多彩等因素均可能促使青少年学生网络成瘾。

尽管教育改革连年不断，各种举措层出不穷，但国内教育体制在本质上仍然属于应试教育。在这种教育体制下，我国很多学校尤其是中学评价学生好坏的标准比较单一，分数依然是评价学生优劣的重要标准，甚至是唯一标准。部分学校为了追求升学率，一味地填充知识而忽视了学生的性格特点及年龄局限性，导致学生对所受的教育内容与外部现实世界之间的矛盾迷惑不解，对为什么学习以及学习的重要性感到迷茫，从而使其出现厌学情绪和对道德观的疑虑，造成德育的漏洞。客观地说，这种现象在短期内还难以从根本上得以改变。

在应试教育体制下，一部分学生长期处于被忽视、被批评甚至被歧视的教育环境中，会不断地产生自卑、孤僻、焦虑等负性情绪。这种压抑的情绪若得不到及时的舒缓、宣泄会迫使他们寻找其他的释放途径。在接触网络后，他们很容易被无拘无束、自由轻松的网络环境吸引。在网络世界里，他们可以随心所欲地释放内心的焦虑和压力，可以暂时逃避和忘却现实生活中的烦恼，长此以往，便会深深地陷入对网络的依赖而不能自拔。

目前，我国不少学校的课程设置缺乏性知识教育、人文素质教育、心理健康教育、科学上网教育等课程内容。这些课程内容的缺失会导致学生在学校中难以从正常渠道获取有关的常识，不懂得心理健康的标准和心理调适的方法，缺乏与人交往的技巧，不懂得如何提升人文素养，不清楚如何科学合理地使用网络和避免网络带来的危害。因此，不少学生尤其是好奇心重的学生经常借助网络来满足上述需求。此外，教师教学方式不合理、课外活动的缺失或单一枯燥也迫使学生寻找替代品。例如，教师的教学方式刻板、不注重培养学生的学习兴趣、不注意引导鼓励学生、经常贬低或惩罚学生，很可能会使部分学生失去对学习的兴趣和自信心，甚至产生厌学情绪和出现逃学行为，这些学生会转而去寻找课外的替代品（如上网）来寻求安慰和乐趣。

知识链接 3-2

网络成瘾的学校因素

学校教育的问题与网络成瘾的发生密切关联。陶然等人指出，我国学校教育主要存在如下问题。

1．单一评价机制

各级教育部门单一的教学评估方法、高考制度等因素，使得学校以分数为标志构成单一评价体系，忽视了对学生各种兴趣的培养和追求。加之学习成绩差会引来教师的批评，这使学生经常在学校体验到挫败感。这时，网络就会以特有的角色进入学生的学习与生活中，并与其个性因素相合导致成瘾。

2．课程设置不合理

（1）缺乏人性化的性教育

我国性教育的滞后使得学生对性的认知普遍存在神秘感。为了获得有关的性知识，一些学生可能会上网浏览黄色网站。

（2）缺乏珍爱生命教育

生命教育的目标在于让学生树立正确的生命观，培养对自己和他人生命珍惜和尊重的态度。学生暴力事件表现在两个方面：不尊重他人与伤害他人生命的暴力；自我伤害或自杀。究其原因，这与长期以来学校教育奉行成绩至上，对学生的生命关注不够有密切关联，更与社会大环境价值准则的迷失与暴力文化的泛滥直接相关。

这种生命虚无主义的观念会促使学生在网络中寻求虚拟的生命轮回。

（3）缺乏心理健康及网络教育

很多网络成瘾学生不懂得如何与人交往，只好到网上寻求朋友；一些学生个性孤僻、胆怯，在现实中得不到有效的调节与帮助，只好通过上网来展现性格中理想的一面；很多学生在遇到挫折、心情低落或感到无聊时，会选择上网来发泄或者逃避问题。这说明，我国的心理健康教育还未被真正重视，学校如何引导学生正确地使用网络，不被网络驾驭，已经成为迫在眉睫的教育任务。

3．教学手段刻板

沉迷于网络游戏并上瘾的玩家以厌学、逃学、辍学的学生居多，这说明我国当前的教育缺乏做中学、学中做的精神，缺乏激发学生动机的策略（如发现式教学和合作性学习的教学手段明显落后），这些均容易造成孩子厌学，甚至使他们选择逃避现实而投奔网络。

4．学校活动单一

教育与游戏是本为一体的，它们都指向个体发展，作为人类成长的必然手段和过程而存在。青春期的孩子依然需要游戏，他们需要社会角色更丰富的游戏，需要有象征意义的游戏以促进他们成长。现在的中学除了传统的体育、文艺活动之外，与时代紧密相接的课外活动不仅少，而且活动的形式单一，缺乏时尚感。当现实生活中的游戏活动无法得到满足时，学生就极有可能去寻找替代品。

原北京军区总医院中国青少年心理成长基地的一项调查表明，在 641 名青少年网络成瘾者中：在学习表现上，有 98.2％的人成绩下降，83.0％的人出现逃学，60.0％的人辍学；在与同伴互动中，有 50.6％的人持被动态度，84.9％的人感到朋友较少，85.0％的人不愿参加社交活动，没有亲密朋友，94.5％的人与父母情绪敌对，55.4％的人交异性朋友（其中 15.6％的人在 12 岁以前交异性朋友）。

（陶然、应力、岳晓东等：《网络成瘾探析与干预》，上海，上海人民出版社，2007。）

三、社会环境因素

网络成瘾问题的出现，可以在一定程度上折射出当今现实社会中存在的诸多问题，网络成瘾问题不能完全简单地归因于网络的某些特性或者网络使用者。在网络世界中，一开始人们是被动的接受者，其接触网络的初衷是合理的，大多是出于对某种知识、技能和应用的需求。然而，网络信息纷繁复杂，不乏黄色、暴力、血腥的内容充斥其中，而网站建设又往往缺乏规范有序、严格管理。虽说使用者应当自主地趋利避害，然而在全国几亿网民中，青少年和青年所占比例超过75%，青少年人群的年龄特点决定了其自控能力与辨别是非的能力都相对较差，而且社会能提供的健康娱乐、休闲场所极度匮乏，根本无法满足其成长的需求。此外，政府对于网站建设、网吧管理以及智能手机上网缺乏有效的管理和监督手段，法制建设也相对滞后和不完备，这些不足都为网络成瘾的形成提供了便利条件。

现实中并不存在理想的社会，网络媒体的误导、健康文明上网宣传不到位、社会期待过高导致的压力等因素均可能促使网络成瘾的发生。在传统文化模式下，人们接受的是来自社区、学校、家庭、媒体的正统教育，但是当网络日益盛行后，网络媒体的兴起和发展使得网络文化逐渐成为一种主流文化，人们接受的多半信息是从网上获得的。因此，不可避免的是，网络中的错误或虚假信息经常会对人们的认知产生误导，而互联网是一种新兴产业，为了使其发展壮大以创造更大的商机与财富，人们对其带来的负面影响往往也会采取宽容以对的态度。然而，对于价值观、人生观未固化，思想欠成熟的青少年来说，他们辨别和抵御这种以耻为荣、以丑为美、大肆流行的不良网络"文化"的能力较低，容易使其"三观"不正、人格偏执、行为失范、道德下滑甚至走向犯罪。

同时，我国日趋高效率、高竞争、快节奏的社会环境对国民尤其是青少年群体提出了越来越高的要求，各种竞争压力越来越大。在这种压力感、紧张感、无助感和危机感日益逼人的社会环境下，自由、虚拟、轻松的网络世界便自然成为一些人首选的逃避场所和宣泄途径。

═══ 知识链接 3-3 ═══

"三观"诠释

"三观"指世界观、人生观、价值观。三者属于包容与被包容关系，相互作用，互相制约。世界观指人对世界的总的根本的看法，包括了人生观和价值观；人生观指对人的生存价值和意义的看法；价值观是指对体现在商品里的社会必要劳动的看法。世界观直接影响着人生观和价值观；反之，人生观和价值观又反作用于世界观，高尚的人生观和价值观是净化世界观的清新剂。

1. 世界观

人们的社会地位不同，观察问题的角度不同，形成了不同的世界观。世界观总是处于最高层次，对个人的理想和信念起支配作用和导向作用；同时世界观也是个性倾向性的最高层次，它是人的行为的最高调节器，制约着人的整个心理面貌，直接影响人的个性品质。

2. 人生观

人生观是个体对人生的目的、意义和道路的根本看法和态度，是世界观的重要组成部分，受世界观的制约，包括幸福观、苦乐观、生死观、荣辱观、恋爱观等。人生观是一定社会或阶层的意识形态，是一定社会历史条件和社会关系的产物，是在人们实际生活过程中逐步产生和发展起来的。

3. 价值观

价值观是指社会成员用来评价行为、事物以及从各种可能的目标中选择自己合意目标的准则。价值观通过人们的行为取向及对事物的评价、态度反映出来，是世界观的核心，是驱使行为的内部动力。它支配和调节一切社会行为，涉及社会生活的各个领域。价值观是人们对社会存在的反映。人们所处的自然环境和社会环境，包括人的社会地位和物质生活条件，决定着人们的价值观念。处于相同的自然环境和社会环境的人，会产生基本相同的价值观念，每一个社会都有一些公认的价值标准、社会行为模式。

（《三观不正》，https://baike.so.com/doc/5418565-5656730.html，2018-12-20。）

四、互联网自身因素

许多研究表明，网络的某些特性能够促进甚至直接导致网络成瘾的形成与发展。对此，1999年金伯利·扬提出了"ACE模型"，A、C、E分别是指匿名性（Anonymity）、便利性（Convenience）和逃避现实性（Es-cape）。

(一)匿名性

匿名性是指人们在网络里可以隐藏自己的真实身份。因此，用户在网络里可以随心所欲地做任何自己想做的事、说自己想说的话，不用担心谁会对自己造成伤害，而且自己也可以彻底无拘无束，补偿现实生活中无法满足的一些事情，如虚拟旅游、网络恋爱。

(二)便利性

便利性是指网络使用户足不出户，只需操作键盘便可以做自己想做的事，如网上游戏、订票、购物、交友；动动手指就可以开展各种猎奇活动，如浏览网上色情信息、网络互动游戏比拼。

(三)逃避现实性

逃避现实性是指当遇到工作、学习、生活或情感方面的挫折、苦恼、压抑或打击时，用户可以通过上网发泄、寻找安慰和刺激。因为在网上，他们可以做任何事，可以成为任何人，这种自由而无限制的心理感觉时刻引诱着个体逃避现实生活而进入网络的自由世界。

ACE模型认为，网络的匿名性、便利性和逃避现实性是促进网络成瘾过程的3种潜在因素，即它们是导致网络成瘾的3个主要原因。

美国心理学家大卫·格林菲尔德（David Greenfield）曾说过，网络之所以有让这么多人上瘾的强大力量，是因为它能让使用者产生亲密感、无时空感和无压抑感，而这种力量是其他任何事物都不曾有过的。在网络世界中，人们可以虚拟自己的所有信息，不受现实生活的道德准则和社会规范的束缚，其信息的多样性、快捷性可以满足不同个体的多种需要，使网络使用者获得极大的愉悦感和满足感。

台湾地区学者（Chou C.，2001）访谈了83位重度网络成瘾者，要求他们说出自己是因为网络的哪些特征而被吸引并沉迷其中的，访谈结果包括网络的互动性、易得性和信息的海量性。漆文烨、葛明贵（2009）将网络游戏与传统游戏进行比较，结果显示，在网络游戏中，玩家获得较高的分数可以极大地满足他们渴望被认可的心理需求，这样的结果可以大大地提升玩家的自尊、自信、自我价值感等感受，当在现实生活中受到批评责备时，苦恼、无助、无价值感这些消极感受反过来又可强化使用网络带来的成就感、满足感。可见，参与者通过网络游戏可以较容易地获得"成就感""愉悦感""自信感"等良好的感受，同时，参与网络游戏又可协助他们比较容易地逃避现实生活中的苦恼、自卑、无助、无价值感等消极感受。

第四章

网络成瘾的多元危害

　　网络成瘾的危害是多方面的，可以概括为内源性危害和外源性危害两大类。内源性危害主要体现在网络对成瘾者自身的生理危害（包括视疲劳、颈肩痛等各种躯体不适，以及出现肌肉组织丢失、静脉曲张和体质下降），心理危害（如人格发展不健全、负面情绪增加），社会功能危害（如学习成绩下降、社会交往能力下降或工作能力下降）等方面；外源性危害是指网络成瘾对成瘾者的家庭、学校、社会和其他方面的危害，主要体现在引起家庭矛盾的产生和激化，教育资源的效率低下和浪费，社会不安定因素的增加（如道德修养下滑、社会犯罪率升高），以及意外伤害、交通事故、军事泄密等事件的发生率大幅增加。

第一节　网络成瘾的生理危害

　　适度上网，或者上网后及时休息和进行科学运动，可以有效地避免因上网带来的各种生理危害。然而，网络成瘾者由于上网时间过长、生物钟紊乱、长期保持某一姿势尤其是久坐，不注意适当休息和锻炼，日积月累，很容易出现多种躯体不适症状，严重者甚至可以引发猝死。网络成瘾可能带来的生理危害包括如下 12 个方面。

======= 知识链接 4-1 =======

久坐的危害

　　2007 年 WHO 发布的一份报告指出，全球每年有 200 多万人的死因是久坐不动；该报告还预计，到 2020 年全球将有 70％的病症是因坐得太久、缺乏运动引起的。

　　（《久坐一族：少跷二郎腿多"摇头晃脑"》，https://www.jianke.com/news/153185.html，2018-12-20。）

一、眼睛危害

网络成瘾者由于长时间地注视电脑或智能手机屏幕，所以首当其冲的生理器官便是眼睛。大量研究证实，眼睛长时间注视电脑、平板或手机屏幕时，会引起视网膜上的感光物质"视紫红质"消耗过多，其合成所需的维生素 A 和相关蛋白质若未能及时补充，则会导致视力下降、近视、眼睛疼痛、怕光、暗适应能力下降等症状，眼睛过度疲劳又可以引起房水运行不畅，导致眼压升高甚至形成青光眼。

现在，国内公共场所随处可以看到拿着智能手机的"低头族"，他们或是在刷屏看微信，或是在看影视剧，或是在看言情小说，或是在打游戏……然而，双眼老是盯着巴掌大的屏幕，是非常容易疲劳的。研究显示，人们通过手机阅读信息或上网时，眼睛会比看书或看电视时间距离更近，即眼睛聚焦手机图文更费劲，会迫使眼部睫状肌处于调节紧张的状态，时间过长则会导致睫状肌调节痉挛，因此与看书或看电视相比，看手机时眼睛更容易产生视疲劳。看手机时间过长，就会出现屏幕上的字重叠串行的视觉效应，抬头再看面前的物体时，眼睛会出现短暂的模糊不清现象。

上述现象都是眼睛睫状肌调节紊乱的表现，是由视疲劳导致的。同时，手机的屏幕色彩鲜艳，并且亮度很高，使得人们通过手机玩游戏、看影视剧时，视觉、听觉通道的注意资源会高度集中，闪烁的光线造成的对视网膜上的视细胞及大脑中枢的过度刺激，更容易引起视疲劳。同时，使用手机时姿势不恰当，如经常趴着、躺着、侧着身体使用手机，会导致双眼的焦距不一致，出现双眼配合不协调，可能会引起双眼的近视度数不一样，双眼视差过大，甚至出现斜视。

此外，通过电脑或手机玩游戏时，操作者的注意力高度集中于屏幕，眨眼频率不自觉地会显著减少，降到每十几秒甚至几十秒才眨眼 1 次，而正常人每五六秒就眨眼 1 次，眨眼频率的下降可使泪液蒸发过多过快，加之注意力高度集中，容易引起眼睛神经调节紊乱而导致泪液分泌不足，从而造成眼干、眼涩等问题，出现"干眼症"，这些正是眼睛过度疲劳的表现。临床上将长时间操作电脑、电视、手机等视频终端引起的视疲劳称为"视频终端综合征"，重者还会引起重影、视力模糊等多种并发症。

更应警醒人们的是：经常在黑暗中看手机，容易造成眼底黄斑病变，导致双眼失明！

眼底黄斑病变，又称青年性出血性黄斑病变。本病为发生于黄斑部及其周围的孤立的渗出性脉络膜视网膜病灶，伴有视网膜下新生血管及出血，病理改变为肉芽肿性炎症。确切病因不明，可能与慢性光损伤、血管硬化、代谢营养等因素有关。

眼科门诊的统计数据显示，黄斑部病变原来多半是发生于老年人的眼部疾病，但近年来却日益呈现发病年轻化的趋势，其中 30～40 岁的患者增加了三成，他们大多是智能手机重度使用者。他们习惯于在就寝关灯后，仍在床上继续使用智能手机上网。

眼科专家指出，黑暗中手机强光直射眼睛 30 分钟以上，就可能造成眼睛黄斑部病变，导致视力急速恶化，长此以往就会形成不可逆转的黄斑病。人一旦得了眼底黄斑病——眼睛癌症，只有等着失明！

研究还显示，关灯后看手机，不只会引起黄斑部病变，还会引发干眼症，严重者会导致白内障提早发生，甚至视力高度减退和失明。

药物治疗对眼底黄斑病变无效，患者在病变初期及时接受激光治疗才有可能治愈，因为激光光凝术是目前治疗脉络膜新生血管的有效方法。在活动期，病灶位于黄斑中心 1/4 视盘直径(PD)以外者可以施行激光治疗。专家建议，上网者除了多补充叶黄素，最重要的是必须戒除在昏暗处使用手机的不良习惯。睡前忍不住刷屏看微信或平板，造成的恐怕是一辈子的伤害。因此，人人应该切记关灯后不要看手机或平板电脑。

═══ 案例回顾 4-1 ═══

手机与眼底病变

2016 年 7 月 11 日凤凰青年网刊登了一篇读者来信，以下是其中一段内容。

100 年前，我们注意力持续的时间平均是 20 分钟，因为干扰因素少。然而，今天我们的平均注意持续只有 8 秒，比金鱼的平均注意持续还短 1 秒。人们总是不断渴望跳到下一个话题、下一条微博、下一条朋友圈。

2015 年的最后一天我去眼科医院检查眼底，这是高度近视眼患者每年的例行公事。在医院等待区点了扩瞳眼药水，等待世界越变越亮的无聊的一刻钟里，我至少 3 次举起手机，回复消息或者翻看朋友圈、微博。当时还是工作时间，缤纷的公关活动、资讯分享、鸡汤以及惯常的社评，一切都是那么热闹。这时我注意到，隔着我一个座位的一位 20 岁出头的姑娘已经扭头看了我好几眼，最后她忍不住出声劝我："别看手机了，眼睛很脆弱的。"她絮絮叨叨地讲："我曾经视力好到 2.0，直到几天前还是这样……睡觉前侧躺着刷朋友圈，突然右眼中间爆炸出一个黑点，接着世界从这个黑点里陷进去了，直线不再是直的，一切都闪烁着眩光，就像眼睛里长出一个黑洞一样。医生对我说，这是眼底黄斑病变。"

"她会好吗？"轮到我检查时，我轻声问医生。"她可能会盲。"医生用特有的飘忽语气宣判了这位姑娘眼睛的死缓，过了一会又补了一句："像你们这样玩手机，再过几年，医院的眼底科会很热门的。"

（《碎片时代，别让手机继续吸食你的灵魂》，https://young. ifeng. com/a/ 20160711/41637118_0. shtml，2018-12-20。）

二、"键盘手"和"鼠标手"

随着电脑的日益普及，"键盘手"和"鼠标手"的发生率大幅提高，这两者都属于手指、腕部的肌肉和关节因为持续承压超载导致的疾病。"键盘手"即医学上所指的腱鞘炎。网络成瘾者经常使用电脑键盘、鼠标，或者频繁使用手机玩游戏、发短信、刷微博，这会让特定的几个手指长时间、重复、用力地屈伸，容易引起手指、腕部的肌肉和关节过度疲劳而受损，最终可以引起腱鞘发炎。因为当手部固定在一定位置做重复、过度的活动时，肌腱与腱鞘会频繁地发生摩擦，导致水肿、纤维性变，活动时会引起疼痛和运动障碍。而腱鞘炎又可以引起关节发育畸形，指间关节长期固定于屈曲位会导致关节囊挛缩。

"鼠标手"，临床医学称为腕管综合征，是指人体的正中神经以及进入手部的血管在腕管处受到压迫产生的症状，主要会导致食指和中指僵硬疼痛、麻木以及拇指肌肉无力。网络成瘾者由于长时间地使用电脑，反复地在键盘上操作和移动鼠标，会使手腕关节处于持续的、密集的、反复的和过度的受力状态，这可导致腕部肌肉或关节麻痹、肿胀、疼痛和痉挛，重症患者甚至会出现手部肌肉萎缩、瘫痪。

三、肌肉慢性劳损

个体长时间（连续地保持同一姿势超过半小时以上）地使用电脑/智能

手机，尤其是在身体姿势不正确的情况下进行操作，并且缺乏规律的体育锻炼和休息时，会使颈、肩、腰、背、肘、腕等部位的肌肉持续地处于紧张收缩的状态，逐渐形成肌肉酸痛。

长期的肌肉酸痛如果不能得到及时地缓解或消除，久而久之便会引起慢性肌肉劳损。因此，肌肉酸痛是引起慢性肌肉劳损的重要因素。

依据现代医学理论，引起肌肉酸痛的理论机制主要有组织牵引损伤理论和乳酸堆积理论两种。组织牵引损伤理论指出，肌肉活动过多（肌肉动力性工作导致的过高运动负荷）或静态姿势下肌肉持久紧张（肌肉静力性工作导致的过高运动负荷），可以引起肌肉反复积累的微细损伤，而肌肉损伤可以产生大量的炎症介质（如 TNF-α、IL-1β、IL-6、TGF-β、IL-8、IL-10），进而引起机体炎症反应而导致肌肉酸痛。乳酸堆积理论认为，乳酸是运动过程中，体内葡萄糖代谢过程产生的中间产物。肌肉长时间地保持某种形式的运动（动力性运动或静力性运动），会导致机体运动强度过大，超过其无氧运动的强度，使得机体内产生的乳酸不能在短时间内进一步分解为水和二氧化碳，氧气供应不足会使机体进行无氧代谢，从而导致大量的乳酸在体内堆积，引起局部肌肉的酸痛。

综上可见，这两种理论能够很好地解释"长时间保持同一姿势操作电脑/智能手机会导致肌肉静力性工作负荷过大，引起颈、肩、腰、背、肘、腕等部位的肌肉酸痛以及慢性肌肉劳损的发生"，这对于如何科学地、健康地使用电脑/智能手机具有重要的指导意义。

四、脊柱疾病

正常情况下，脊柱存在 4 个生理弯曲：颈前、胸后、腰前和骶后。如果生理弯曲变形或消失，甚至向相反的方向弯曲，则被称为椎体反弓。颈椎反弓是颈椎病最常见的病理基础，长时间上网或低头看手机都会牵拉颈椎，导致正常的生理曲线变形，甚至反弓，久而久之容易压迫椎动脉而诱发颈椎病。（见图 4-1）

长期地弯腰操作电脑，可以引起腰椎劳损、腰椎生理曲度变直，加速腰椎退行性变，导致腰椎间盘膨出或突出，促进骨刺的形成并不断增大，从而出现腰痛、下肢放射痛（坐骨神经痛），以及马尾神经症状（大、小便障碍，会阴和肛周感觉异常）。（见图 4-2）

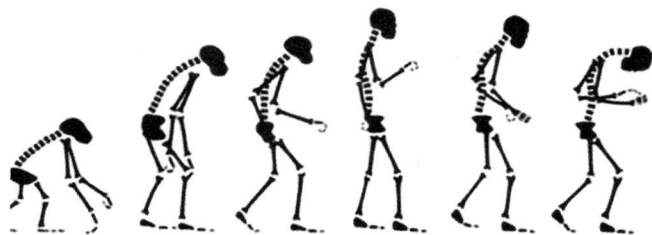

图 4-1　"手机控"使人类进化环节逆转示意图

（《手机癌：进化论的终极版》，http://www.sohu.com/a/192511305_774499，2018-12-20。）

图 4-2　"电脑控"使人类进化环节逆转示意图

（《人类还在进化吗？》，http://tech.ifeng.com/discovery/quizs/detail_2013_11/05/30981487_0.shtml，2018-12-20。）

五、心肺功能下降

"生命在于适度运动。"体育运动是各种慢性病防治的有效途径，这早已经成为共识。长期上网、久坐不动，可以致使胸腔血液不足；加之电脑会产生诸如二氧化硫、一氧化碳、二氧化氮、臭氧等有害气体，它们可以引起机体的耐力、肺活量和免疫力下降，导致心、肺功能降低，进而使人罹患心血管系统和呼吸系统疾病。前者可使动脉硬化、冠心病、高血压等病症的发病年龄提前 10～20 年；后者可诱使中老年人发生肺部感染、哮喘发作、慢性阻塞性肺气肿的急性发作、呼吸困难等病症。

六、静脉病变

长期久坐上网，不注意活动下肢，还可以引发依赖骨骼肌收缩回流的下肢静脉的压力升高、静脉瓣膜关闭不全，进一步导致下肢静脉曲张、血液淤滞，甚至引起静脉血栓。此外，久坐还可使直肠附近的静脉丛长期充血，淤血程度加重，从而使人的痔疮加重，发生大便出血、肛裂等病症。

七、泌尿生殖系统危害

女性网络成瘾者可能会出现痛经、经期延长等症状，少数孕妇还可能发生早产或流产，这主要是由于电脑屏幕发出的低频电磁波引起的。WHO的一项研究指出，孕妇如果每周使用电脑超过20小时，其流产发生率将大幅增加；同时，还可能导致胎儿畸形。据报道，国内"80后""90后"30%的白领女性的卵子质量低于生殖标准。白领女性，由于长期久坐，月经前及月经期常有剧烈疼痛，这是由久坐加上缺乏正常运动导致气血循环障碍引起的；有些气滞血瘀也容易导致淋巴或血行性的栓塞，使输卵管不通；更有人因为久坐及体质上的关系，形成子宫内膜异位症。这些都是不孕的原因。

久坐会导致人体静脉回流不畅。对于男性而言，则会使局部温度升高、通气性差，容易感染包皮龟头炎。同时，电脑或手机的电磁辐射、久坐带来的高温和静脉血反流至睾丸，还会伤害睾丸的生精功能，导致精子细胞生成减少及活性降低，时间长了可以导致男子不育，甚至发生睾丸坏死。

另外，男性网络成瘾者，经常熬夜久坐上网还容易患前列腺炎。原因有二：一是久坐时前列腺长期处于压迫状态，受到摩擦、刺激，进而发生肿胀、充血，前列腺液排泄不畅，从而诱发前列腺炎；二是经常熬夜上网者，其正常的免疫系统功能很容易受到损害，机体抵抗病原微生物的能力下降，隐藏在前列腺周围的各种细菌就会趁机作乱。

八、消化系统疾病

长时间高强度地上网、久坐不动容易引起人体的胃肠蠕动减慢、消化腺分泌消化液减少，出现食欲不振、腹胀、便秘、消化不良等消化系统症状。中山大学附属肿瘤医院结直肠科潘志忠教授认为，长期便秘可导致滞留在大便中的致癌物浓度越来越高，肠壁与这些致癌物质长期接触，有可能就是结直肠癌的一个诱发因素。（张华，黄金娟，2013）

九、睡眠障碍

经常熬夜操作电脑或玩手机可以影响睡眠质量，甚至引起睡眠障碍。很多人在临睡前喜欢在床上玩手机，如上网、看小说、QQ 聊天、玩游戏或发微信。如今，玩手机就好比婴儿在睡前要喝奶一样，逐渐成为一种睡前习惯。很多人早晨睁开眼第一件事是摸摸手机在哪里，晚上睡之前最后一件事还是玩手机，似乎离了手机就会像与世隔绝一般的孤独，内心就无法安宁。网络成瘾者更是如此。（见图 4-3）

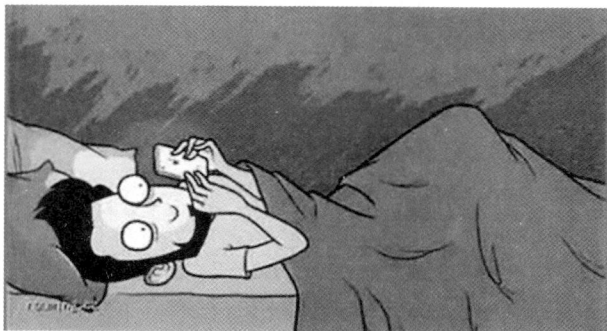

图 4-3　网络成瘾者的灵魂卖给了手机

（《手机癌：进化论的终极版》，http://www.sohu.com/a/192511305_774499，2018-12-20。）

对此，中国睡眠研究会副秘书长、广东省人民医院睡眠研究室副主任张斌博士指出，睡前玩手机会影响睡眠质量，因为手机屏幕发出的强光线，对人体褪黑素的生成有一定的影响。（黄蓉芳，2014）褪黑素，又称褪黑激素。它能缩短睡前觉醒时间和入睡时间，改善睡眠质量，使睡眠中觉醒次数明显减少，浅睡眠阶段缩短，深睡眠阶段延长，次日早晨唤醒阈值下降，还有较强的调节时差功能。一项相关研究显示，在床上看手机可导致机体褪黑素生成总量减少 22%。一旦褪黑素受到了抑制，人们便会始终处于浅睡眠阶段，甚至会大大减少睡眠时间。经常长时间在床上玩手机，还会导致入睡时间的推迟，打乱人体的正常生物节律，导致失眠。

十、发生"斑秃"

病理性脱发说的是头发不明原因一撮撮地掉。这是一种自身免疫性的非瘢痕性脱发，临床上称为"斑秃"。

一般掉头发比较严重的季节是秋季，但是若在这个季节大量掉头发，则是身体免疫力降低引起的。一些白领经常加班至深夜 12 点，早上又要早起，本身睡眠时间就不够，再加上熬夜会导致身体免疫力低下，就引起了头皮毛囊生命力减弱，使头发类似"枯叶"一样凋零，大量脱落。专家表示，每个人的免疫机制和反应不一样，并不是所有人免疫力低时都会表现为突然大量脱发。不过，需要提醒的是，熬夜族都要注意，出现一撮一撮掉头发时要警惕。除了必要时服用一些激素、增强免疫力的药物外，可以用姜汁涂抹在脱发的位置，这样可以活血促进毛囊的生长。更重要的是，我们要注意作息时间，最好晚上 11 点前就入睡。

══════ 案例回顾 4-2 ══════

熬夜玩手机，遭遇病理性脱发

目前，熬夜上网者发生病理性脱发的案例日趋频发。例如，据东南快报 2014 年 3 月 14 日讯，美女天天熬夜玩手机，最近一周遭遇病理性脱发。

小柳刚大学毕业一年，在某中专院校从事教育工作，每天早上 6 点半就得起床。由于学校要坐班，小柳中午也都不休息，直接在办公室聊天或者玩电脑。小柳说，跟以前在大学时轻松的时间相比，现在每天都觉得昏昏欲睡。因为自己是个"手机控"，晚上没事的时候她都是抱着手机，不是聊 QQ、刷微博，就是刷微信，不撑到深夜 12 点以后不会去睡觉。

然而，从上周开始，连续一周，小柳发现自己一撮一撮地大量掉头发，尤其是洗头和梳头的时候，一抓就是一大把，这几天情况更为严重，头皮出现了 4 处花生大小的秃块。

2014 年 3 月 13 日，害怕自己生了什么大病的小柳赶紧到市皮肤病防治院就诊，诊断结果让她出乎意料，病因竟与她熬夜玩手机导致机体免疫力下降有关。

接诊小柳的市皮肤病防治院皮肤科副主任医师介绍说，小柳这样的病理性脱发也不是严重的疾病，一般只要休息好，三四个月后秃掉的头皮处就会重新生发。

（黄淑平：《福州美女天天熬夜玩手机　遭鬼剃头头发一撮撮掉》，http://fj.sina.com.cn/news/s/2014-03-14/080652788.html，2018-12-20。）

十一、手机辐射危害

2011年，WHO下属的国际癌症研究机构（IARC）将手机定义为"可能致癌"的物品，称其与神经胶质瘤（一种脑瘤）有关联。这也是WHO首次为手机辐射定性。一时间，人们对手机辐射的关注达到了前所未有的程度。

目前，全球已经有50多亿手机用户，中国的手机用户早已突破7.5亿。伴随着手机普及率越来越高，有关手机辐射危害的争议也一直未停下。

2009年，瑞典等多个欧洲国家的研究表明，使用手机10年以上，可能会增加患脑癌和口腔癌的风险。荷兰的研究显示，手机辐射与失眠、老年痴呆症、儿童行为问题、男性不育等有密切关系。2010年3月，英国一名癌症专家通过研究得出惊人结论——使用手机致死人数将会超过吸烟。这是迄今为止关于手机对健康危害的最严重警告。2011年年初，法国和德国则警告人们不要过度使用手机，尤其是儿童。

关于手机致癌的结论，也有不少专家持保守意见，英国癌症研究所的卫生信息部负责人埃德·勇（Ed Yong）说："现有研究都还未找到手机与癌症之间的必然联系，不足以得出强有力的证明。"调查还显示，使用手机的人群发生脑瘤的风险，与不使用手机的人群发生脑瘤的风险类似。

虽然目前为止，手机致癌还只停留在"可能"的层面上，但WHO做出这样的裁定，说明手机与癌症之间确实存在一定联系。"这一裁定对最终揭示手机对健康的潜在后果的长期研究非常重要。"国际癌症研究机构的主管克利斯朵夫·瓦尔德（Christophe Wald）说。

其实，手机本身并不会伤害人体健康，罪魁祸首是手机释放的辐射。电磁环境专家指出，人们使用手机时，手机会向发射基站传送无线电波，而无线电波或多或少会被人体吸收，这些电波就是手机辐射，由高到低依次为天线部、听筒部、键盘部和话筒部。手机的辐射主要来自天线，包括外置天线和内置天线。辐射的强度跟手机与人体的距离成反比，距离远一倍，辐射衰减至 1/10；距离缩短一半，辐射强度增加 10 倍。

从天线位置看，外置天线的辐射比内置的大。直板机的天线离头部最近，所以它的辐射最大，翻盖机的天线离头部最远，所以辐射较小，滑盖机介于两者之间。事实上，手机的功能多少对辐射强度没有影响。

另外，每款手机的辐射量也不同，"美国有线电视新闻网"刊登了手机辐射量排行榜，分低辐射手机排行榜和高辐射手机排行榜两类，其中数字代表的含义是每千克体重吸收的辐射量（瓦/千克）。当然，实际的辐射吸收量还取决于使用方法、运营商和环境。

═══ 知识链接 4-2 ═══

如何降低手机辐射的危害

美国《悦己》杂志最新刊文，教你如何将手机辐射危害最小化。

1. 用耳机

用耳机虽然不能直接"消灭"辐射，但能够将人体与辐射源隔离开。手机距离头部越远，大脑受到的辐射影响就越小。距离手机天线越远，身体接受的辐射量就越少。

2. 发短信比打电话辐射小

短信交流可以大大地减少头部和身体接触到的手机辐射。男性发短信时，不要将手机置于双腿之间。大量研究表明，手机辐射会伤害精子活力，但对女性卵巢影响不大。

3. 打电话时常换手

长时间打手机时，最好左右手经常交替。

4. 别在封闭空间打手机

不要在电梯、火车、地铁等相对封闭的空间打手机。因为，此时手机需要不断地尝试连接中断的信号，从而会使辐射增加到最大值。

5. 信号弱时别打手机

在信号弱时或者在高速行驶的交通工具上时，手机产生的辐射会更强。

6. 别用手机煲"电话粥"

长时间通话时，最好使用座机。研究显示，使用手机通话 2 分钟后，个体脑电波受到的影响至少会持续 1 小时。

7. 智能手机辐射较大

智能手机内置有无线装置，其产生的辐射比普通手机更强，因为这些设备主要靠电池驱动才可以接收电子邮件、上网等。因此，个体应该尽量少用手机上网。

8. 拨号后，伸展手臂

手机接通的一刹那产生的辐射最强，因此接听或者拨打手机之后，最好伸展手臂，让手机远离身体，稍等片刻后再通话。

9. 别将手机放进裤兜

研究证实，经常将手机放在裤兜的男性，其精子数比正常男性约少 25%。手机辐射对身体各部位的影响不同，男性生殖系统最容易受到手机辐射伤害。

10. 别将手机带进卧室

睡觉时，不要把手机放在枕边。辐射会降低褪黑激素分泌量，既会影响睡眠质量，又会加速人体自由基的破坏作用，最终导致冠心病、癌症等疾病发生。

（《世界卫生组织首次界定手机为致癌物》，https://wenku.baidu.com/view/5f61aefdaef8941ea76e056e.html，2018-12-20。）

十二、其他危害

长期久坐操作电脑或玩手机会引起大脑供血不足，导致大脑供氧和营养物质减少、机体交感神经功能失调，进而加重人体乏力、头痛、失眠、记忆力减退、大脑反应能力下降并增大患老年性痴呆症的可能性。

长期熬夜上网还可以对人的皮肤造成较大的伤害。中医理论认为，晚上 11 点到凌晨 3 点是美容的最佳时间，因为此段时间是胆、肝两个器官充分休息的时段，若这两个器官没有得到充分休息，就会影响其排毒，会在皮肤上表现出粗糙、脸色偏黄、黑斑、黑眼圈、青春痘等问题。西医理论则认为，长期熬夜会影响机体内分泌代谢功能，造成皮肤水分流失，进而出现上述皮肤问题。

关于网络成瘾者长时间熬夜上网引发猝死的事件也经常见诸报端，其猝死原因主要与上网者存在潜在的心血管疾病（如先天性心脏病、心律失常、冠脉供血不足）或呼吸道疾病（如肺结核、肺气肿）等有关，长期上网会导致其机体免疫力下降，促进原发病恶化，如原有心血管疾病恶化引发心肌梗死、室颤等急危病症，若救治不及时则可能会导致死亡。

===== **案例回顾 4-3** =====

大学生跨年夜网吧通宵 4 小时猝死，年仅 21 岁

安徽网 2016 年 1 月 2 日发表了一篇题为《大学生跨年夜网吧通宵 4 小时猝死，年仅 21 岁》的新闻报道。跨年夜原本是个热热闹闹的时段，然而在青岛市市北区广饶路附近的一所网吧里却发生了一起悲剧，岛城一所高校一名 21 岁的大学生在网吧内玩通宵时突然倒下，最终抢救无效身亡，经诊断为心源性猝死。

据介绍，事情发生在 1 日凌晨 2 时 30 分许，当时这名大学生与其他 3 名同学在网吧内玩得兴起，突然间这名学生歪倒过去，同学立即对他进行心肺复苏，同时拨打 120 急救电话。据了解，这名大学生是 2015 年 12 月 31 日晚上 10 点前后来到网吧，到发生意外共 4 小时多。

医务人员提醒，长时间上网，久坐不动，容易造成血管内栓塞、肺梗死，特别是在晚上熬夜上网，容易导致神经持续兴奋而造成心律失常，网友连续上网玩游戏时间不宜过长，一般不要超过 4 小时。

近年来，中学生因为上网而猝死的新闻也时有报道，令人唏嘘。

2016 年 4 月 20 日，湖南经视新闻报道，4 月 15 日下午益阳市高级技工学校一名 16 岁的学生小飞，在学校电子阅览室内玩了 4 小时网络游戏，在返回寝室途中突然倒地，经送医抢救无效不幸死亡。死因：病毒性心肌炎导致猝死。

2014 年 5 月 12 日，四川在线广元消息，一名 17 岁的高中生吴某于 5 月 10 日晚上到广元市极乐网络会所中的网吧上网至次日早晨 7 时，突发昏迷猝死。

……

（《大学生跨年夜网吧通宵 4 小时猝死 年仅 21 岁》，http://news. sohu. com/20160102/n433277779. shtml，2018-12-20。）

===== **案例回顾 4-4** =====

男子下班后在网吧猝死，还有一个多月就要当爸爸

　　重庆晨报 2016 年 8 月 5 日讯，男子下班后在网吧猝死，还有一个多月就要当爸爸。死者小易是四川泸县人，在江北观音桥步行街附近的一家公司当库管员。7 月 11 日下午 5 点 30 分，因为晚上还要加班，小易就来到观音桥一家网吧上网玩游戏。当晚 7 点 7 分左右，坐在电脑屏幕前的小易突然低下头，身体开始抽搐，然后从沙发上滑下仰躺在地上，不省人事。网吧管理员通过监控发现了异常，随即拨打 120，但最终因为抢救无效，小易不幸身亡。

　　本来再过一个多月，24 岁的小易就要当爸爸了，但他却再也无法看到孩子的降生。"小易平时身体不错，以前也没检查出有病，怎么说没就没了呢？"这让已有 8 个月身孕的妻子夏女士想不通。

　　对此，新桥医院急诊部主任史忠称，先天性基础疾病、上网时间过长、网吧空气环境不好等都有可能是猝死诱发的因素。从小易上网不到 2 小时来看，先天性基础疾病及过度疲劳导致其猝死的可能性较大。

　　史忠提醒年轻人，要少熬夜、保持生活规律。如果上网，每次时间不宜过长。此外，如果在公共场所发现有人晕倒，在医生还没有及时赶到的情况下，周围的人可以先将患者平躺、侧头，按压其人中。如果还不行，那么可以通过心肺复苏方法进行急救，并拨打 120 求助。

　　（邢爽：《男子下班后网吧猝死　还有一个多月就要当爸爸》，http://games.ifeng.com/a/20160805/44433151_0.shtml，2018-12-20。）

===== **案例回顾 4-5** =====

21 岁男子长期过度上网而猝死

　　2016 年 5 月 13 日重庆商报讯，重庆市大足区一名 21 岁男子在本月 9 日凌晨上网回家后，于 10 日晚才被家人发现躺在床上一直没起来的他已经无呼吸。

　　据了解，该男子在不到半年的时间里，就上了 180 余次网吧，而且经常是 24 小时通宵吃住在网吧。经警方调查，判断小华因身体

透支猝死。

医学专家提醒，长时间上网，久坐不动，容易引发心血管系统疾病。特别是在玩网络游戏时，大脑一直处于高度紧张状态，身体负荷加重，而晚上熬夜上网，更加容易造成心律失常。因此，上网时须注意劳逸结合，以避免类似情况的发生。

（《24小时通宵吃住在网吧 21岁小伙因身体透支猝死》，http://news.sohu.com/20160513/n449134632.shtml，2018-12-20。）

据统计，近年来过度上网（通宵上网、连续上网）导致的猝死事件层出不穷，可谓触目惊心。

中国甘肃网2013年8月13日报道，一名20多岁小伙子朱某，在兰州市西固区一家网吧连续玩12小时（从8月9日上午9时到晚上10时左右）游戏后，突然昏倒在座位上，随即被送往医院抢救，但仍然不治身亡。

专家指出，玩网游会令人神经紧张，不适宜长时间沉浸其中。长时间让身体保持紧张，再加上休息时间不足，可能会出现心律失常，进而导致猝死发生。

据2015年6月18日的新闻报道，27岁的常山媳妇董冰（化名）通宵玩手机猝死，6月14日早上8点被发现时，她身体已经没有了温度。当时她侧卧在床上，手里还捏着智能手机，眼睛还盯在手机上，手机屏幕定格在淘宝毛线类商品页面。

家属反映，死者生前喜欢玩手机，并且经常玩到很晚，还有失眠和心动过速情况。法医经过尸检后确定，她应该是疲劳过度引起心源性猝死。法医说："长时间无法保证充足睡眠，经常通宵玩手机，人会很疲劳。一旦发生心室性心动过速，极有可能在短时间内突然死亡"。

扬子晚报2016年7月22日讯，南京一名男子王某在连续玩网游35小时（从18日中午到19日晚上11点）后，猝死在网吧。

……

上述列举的不幸案例，仅仅是众多因上网猝死人群中的冰山一角。

猝死又称"过劳死"。据报道，目前国内主流城市白领的亚健康比例高达76%，近6成白领处于过劳状态，如果我国知识分子不注意调整亚健康状态，则其中2/3的人将提前死于心脑血管疾病。我国每年"过劳死"人数达到60万人，已经超过日本成为全球第一的"过劳死"大国，"80

后""90 后"被指是"过劳死"主力。

胡耿丹(Hu Gengdan，2008)对"过劳死"的原因进行了深入的探析，认为过劳只是猝死的诱因，血管病变才是本质。导致血管病变年轻化的原因，与网络成瘾密切相关。如果青少年网络成瘾的现状无法得到有效的改善，那么我国的"过劳死"状况预期将会进一步恶化，每年猝死的总人数、发生率将会继续攀升。

光明网 2014 年 4 月 30 日发布的关于"大学生究竟每天有多少时间在上网"的调查结果显示，超过 50％的大学生每天上网 4 小时，游戏聊天是常事。

在受访的近 300 名西安高校大学生中，几乎每天都使用电脑上网的人占 61.0％，每天都用手机上网的人占 94.5％。关于上网时长的调查显示，48.0％的大学生选择了"4 小时以上"，32.0％的大学生选择了"3～4 小时"，17.0％的大学生选择了"1～3 小时"，仅有 3.0％的大学生选择了"1 小时以内或者不上网"。

在采访中发现，上网已经成为大学生日常生活中不可或缺的一部分。西安石油大学材料专业的一名学生说出了大多数学生的心声："一天不上网就很难受，上网就跟吃饭、睡觉一样，每天都需要。"

沉迷于上网，必然挤压了本来应该属于体育锻炼和睡眠的时间，形成了不健康的生活习惯，导致过早地发生血管病变，为猝死埋下了伏笔。相关文献报道，目前，肥胖、脂肪肝、高脂血症、糖尿病、高血压、动脉硬化、颈椎病、腰椎病等代谢性疾病开始肆虐中华大地，并频发于青少年，导致患病年龄提前 10～20 年，这意味着我国年青一代很有可能活不到父辈的寿命，除非他们从现在起做到适度远离网络，积极参加体育锻炼和践行健康的生活方式、学习方式。

═══ 知识链接 4-3 ═══

猝死

1. 定义

WHO 对猝死(Sudden Death，SD)的定义："平素身体健康或貌似健康的患者，在出乎意料的短时间内，因自然疾病而突然死亡即为猝死。"从发病到死亡，多长时间才能被认定为猝死呢？WHO 认为的时间是 6 小时之内。目前，公认的是发病 1 小时内的死亡者大多为心源性猝死。

2．内涵——三要素

猝死的内涵可以表征为 6 个字："因病突然死亡。"这 6 个字精准地概括了猝死内涵的三要素。

要素一：患者已经死亡。患者没有死的，一律不能认定为猝死。猝死是终结性诊断。因此，猝死是只能预防而不能治疗的疾病，任何能够治疗甚至治愈或复苏成功的情况都不能被称为猝死。

要素二：患者属于自然死亡。患者因为自身疾病而死亡，死因源自身体的内部因素，而非源自外部因素（如溺水、触电、自缢、中毒、低温、高温、暴力、失血、外伤、麻醉、手术等非自然原因）。

要素三：猝死是突然发生的，其发生时间不可预料。患者并没有出现即将死亡的征兆，故没有人认为该患者将要死亡，但死亡却偏偏发生了。因此，凡能预料的死亡都不属于猝死。临床上最常见的终末期疾病，如癌症晚期、心脑血管系统疾病的晚期，患者的生命逐渐走向尽头，其临床相关表现有目共睹，一旦患者离去，此类死亡就不是猝死。

3．特征

①危害极大。猝死是危害人类健康最严重、最可怕的疾病。就疾病的突发性、紧急性、严重性、恶性程度和后果而言，世界上没有任何一种疾病能够与猝死相比。

②发病突然。猝死是指患者猝然而死，无论是患者本人还是亲友，都是始料不及的。有时发病后患者甚至无法留下一句话。

③发病率高。绝大部分的猝死患者是死于心脏停搏（Cardiac Arrest，CA）。2013 年，美国心脏协会指出，心脏停搏是美国最致命的公共卫生问题之一，它导致的死亡超过大肠癌、乳腺癌、前列腺癌、流感、肺炎、车祸、艾滋病、枪支案件和家庭火灾致死人数的总和。中国每年约有 180 万人猝死，平均每分钟有 3～4 人猝死。

④多发生在医院外。研究显示，发生在院外或家中的猝死比例占 72%～88%。在院外发病就意味着发病后患者无法及时得到医护人员的急救。

4．分类

临床上将猝死分为心源性猝死和非心源性猝死两大类。

(1)心源性猝死

心源性猝死，又称为心脏性猝死，指由于心脏原因导致的患者突然死亡。其概念是："由于心脏原因导致的非预见性的自然死亡，患者既往可以患有心脏病史或无心脏病史，从发病到死亡的时间一般在瞬间或 1 小时之内。"心脏性猝死约占全部猝死患者的 75%，其中最常见的病因是冠心病猝死，见于急性冠脉综合征(包括急性心肌梗死、不稳定心绞痛)。

(2)非心源性猝死

非心源性猝死，也称非心脏性猝死，指患者因为心脏以外原因的疾病导致的突然死亡，约占全部猝死的 25%。这些疾病包括呼吸系统疾病(如肺梗死、支气管哮喘)，神经内科疾病的急性脑血管病(如脑出血、脑栓塞)，消化系统疾病(如急性消化道出血、急性弥漫性腹膜炎、急性出血坏死性胰腺炎)，以及主动脉夹层、严重的电解质紊乱(如内源性高血钾、代谢性酸中毒)。

5. 检查

猝死发生后需要进行体格检查、实验室检查、心电图检查。

①体格检查。猝死发生后血液循环立即停止，查体可以发现：心音消失、意识丧失、瞳孔散大、大动脉搏动消失、血压测不出、呼吸停止或断续等一系列症状和体征。

②实验室检查。猝死患者的血酸度增高，另外，由电解质紊乱引起的猝死经过血生化检查可以发现相应的病因，如低血钾、高血钾、低血钙等。

③心电图检查。其不仅可以对病因进行诊断，还能够对心肺复苏提供重要依据。猝死的心电图表现有 3 种类型：心室颤动(多见于冠心病及其他器质性心脏病、低血钾等)，心室停搏心电图呈直线(多发生于病态窦房结综合征)，电—机械分离呈现缓慢而不规则的心室自主节律或电蠕动波(多见于器质性心脏病泵衰竭的临终期，或心肌梗死心脏破裂后，复苏常无效)。

6. 诊断

依据病史(短时间内突然死亡，如从开始发作到死亡仅数秒或半小时以内者，多属心脏性猝死)，临床表现(心搏骤停、呼吸停止)和检查(心电图检查是必备的)可以做出诊断。

7. 抢救

一旦诊断出心脏骤停,应该立即进行心肺复苏,包括:基本生命支持(打开气道、人工呼吸、胸外按压),高级生命支持(静脉用药、心电监护、电除颤、心脏起搏)和复苏后处理(维持有效循环、维持有效呼吸、防治脑缺氧和脑水肿、维持水电解质和酸碱平衡、防治肾衰竭和继发感染、补充营养)。

8. 预防

①定期体检,早期发现健康危险因素。

②避免过度疲劳和精神紧张,切忌经常熬夜。

③践行良好的生活方式,包括戒烟限酒、平衡膳食、适度运动、心理平衡、合理上网、按时作息,控制"三高"(高血压、高血脂及高血糖)。

④冠心病、高血压等疾病的患者,还应该在医生指导下坚持规律服药,控制好血压、血脂水平。

⑤注意对室性心律失常进行危险评估,明确心律失常的类型,评估心源性猝死的风险,做出治疗决策。

⑥注意加强心肌梗死后心源性猝死的预防。

(冯庚:《猝死》,https://www. baikemy. com/disease/detail/1398/1,2018-12-20。)

===== 知识链接 4-4 =====

诺贝尔医学奖揭开"人体生物钟"之谜,诠释了为何不能熬夜

2017 年诺贝尔医学奖授予了 3 位美国科学家(Jeffrey C. Hall, Michael Rosbash & Michael W. Young),以表彰他们发现了"调控昼夜节律的分子机制",揭示了生物钟的内在原理,阐释了植物、动物以及人类如何调节自己的生物节律,使其与地球的旋转保持同步。

生物钟,又称生物节律或生物韵律,是指不同生物体内各种随时间变化而做周期性变化的生理生化活动。广义的生物钟是指生物体所表现的所有的生物节律,如我们心脏的跳动、胃肠的蠕动、昆虫翅膀的扇动。平常所说的生物钟是指地球上的生命随地球的周期性运动而产生的各种周期性变化的生理生化活动。例如,以 24 小时为周期的人的血压、体温、体力、情绪等生理指标的律动，花的开闭和叶子的光合作用，都是随地球的自转而产生的昼夜变化律动。众多生物以年为周期的、在春秋季的繁衍以及冬眠则是由于光照时间随地球围绕太阳的公转而呈现的周期为一年的变化。绕地球旋转的月球又给地球上的环境，特别是海水的环境，造成了一个以月和半月等时长为周期的韵律，从而使海洋沿岸的动物产卵、排精等活动都具有相应的周期性。这种地球上的生命随地球和其他星球的节律性运动而表现出的节律性现象就是通常所说的生物钟。

生物钟有助于我们为日常的生理机能做好准备，这种规律性的适应被称为"昼夜节律"。但是，人体内部生物钟的工作原理仍然是个谜。这也正是3位美国科学家的贡献之处——他们发现了调控昼夜节律的分子机制。1984年，他们用果蝇做了相关实验，结果显示：果蝇的体内有一组特殊的基因，叫作周期基因。由这组基因编码的蛋白，在夜晚浓度会升高，此时会让果蝇产生睡意，果蝇可以很容易地主动睡觉；而在白天时，这种蛋白浓度会降低，果蝇就会保持清醒。

人体内也有类似果蝇的机制。晚上人体内的某组基因会让体内某些蛋白浓度升高，调节体温以及产生皮质醇和褪黑素等激素，提醒我们该去睡了。然而，此时我们如果坚持熬夜，就会感到不舒服，即所谓的"生物钟被打乱"。人们"倒时差"时会感觉不适也是因为这个原因。科学研究表明，长期的"生物钟被打乱"与心脏病、胃病、多种癌症、神经疾病、神经退行性病变以及精神疾病存在一定关系，长期熬夜的人，体内激素水平会出现紊乱，更加容易患代谢性疾病、心脑血管疾病及胃肠道疾病。近年来，由于熬夜工作、上网而发生猝死的报道经常见诸报端。

由此可见，"生物钟"的正常运转对生物体具有重要意义，"生物钟被打乱"将严重影响我们的健康，因此我们应该遵从"生物钟"节律，该吃的时候就吃，该睡的时候就去睡，千万不要熬夜，尤其是长时间熬夜！保养"生物钟"其实很简单，只需要按照人体生物钟来调节作息(见图 4-4)，别轻易打乱它就行了。

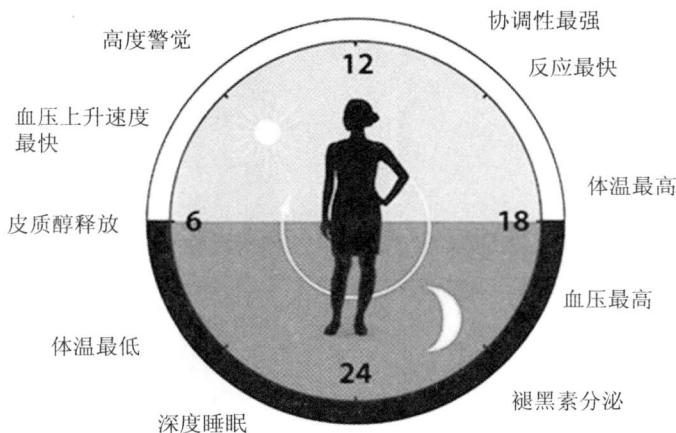

图 4-4　人体 24 小时"生物钟"示意图
（魏辉：《诺贝尔医学奖揭开"人体生物钟"之谜，教你如何规律生活！》，http://
blog. sina. com. cn/s/blog_43e4ded40102ypih. html，2018-12-20。）

第二节　网络成瘾的心理危害

　　网络成瘾的心理危害较广泛，它可以导致网络成瘾者出现心理和行
为活动的异常，甚至可以引发严重的精神心理疾病。症状轻者可能出现
情绪不稳定、情感偏差、注意力和记忆力下降，重者则可能出现人格障
碍、意志行为障碍甚至引发孤独症、焦虑症、社交恐怖症、抑郁症等精
神心理疾病。常见的网络成瘾的心理危害包括以下 5 方面。

一、认知障碍

　　认知是指人认识外界事物的过程，或者说是对作用于人的感觉器官
的外界事物进行信息加工的过程。因此，认知是机体认识和获取知识的
智能加工过程，涉及学习、记忆、语言、思维、精神、情感等一系列心
理和社会行为。认知过程障碍是指与上述学习、记忆以及思维判断有关
的大脑高级智能加工过程出现异常，从而引起严重的学习障碍和记忆障
碍，同时伴有失语、失用、失认或失行等改变的病理过程。研究显示，

网络成瘾者的认知障碍表现为思维障碍、注意障碍、记忆障碍或定向力障碍等不同的形式。

网络成瘾者的思维障碍表现为思维迟缓、贫乏或散漫，青少年网络成瘾者思维障碍的发生率则更高。这主要是因为青少年时期是逻辑能力、空间分析能力、发散性创新思维能力发展的关键时期，如果给予正确的引导和培养，青少年的上述能力可以获得很好的发展；反之，如果该时期青少年过于迷恋网络，其正常思维发展就会受阻，思维就会过于局限，就会失去平衡、全面和多元化发展思维的大好时期，导致思维局限单一，这可能会引起机体的相关神经系统突触交联次数减少，产生神经回路废用现象。久而久之，上述神经生理学改变就会使网络成瘾者尤其是青少年网瘾者出现思维迟缓、贫乏或散漫等症状。

网络成瘾者的注意障碍表现为注意涣散、减退、狭窄等症状。网络成瘾者因为长期过于专注或迷恋网络上某一项或某一类主题内容，而漠不关心其他人或事物，从而出现对其迷恋的网络内容以外的事物注意涣散、减退或狭窄。注意障碍的出现又会促进记忆力减退甚至遗忘症的发生，进而对网络成瘾者正常的学习、工作等活动产生严重的负面影响。

网络成瘾者的记忆障碍或定向力障碍主要表现为物理时间知觉错乱或对物理时间的认知能力下降。据研究，网络成瘾者在上网过程中，时间感会发生改变，容易出现时间观念下降甚至丧失。比如，少数网络成瘾者对较短时间估计与较长时间估计呈现大体一致的趋势，他们对时间的长短概念比较模糊或混乱。

二、情感障碍

情感过程是人们对客观事物采取什么态度的过程。人们在认识客观事物时，不是冷漠无情、无动于衷的，而总是带有某种倾向性，表现出鲜明的态度体验，充满着感情的色彩。因此，情感过程是心理过程的一个重要内容，也是人与动物相区别的一个重要标志。

国内外相关研究均显示，部分网络成瘾者存在情感低落、焦虑、情感脆弱、情感不稳、情感淡漠、容易激惹、矛盾情感等情感过程障碍。据分析，产生情感低落、焦虑、情感脆弱、情感不稳、情感淡漠等情感障碍可能与网络成瘾者具有"逃避心理"有关。面对激烈的社会竞争和必须承担的社会责任，缺乏竞争力的个体常会采取上网来逃避，因为网上的言行具有匿名性、自由性，为其设置了安全屏障，当遭受挫折和压力时，个体会因为寻求解脱而沉溺于网络。容易激惹、矛盾情感等情感障碍的产生可能与长期接触网络使人变得偏执、注意狭窄、思维贫乏有关。

三、意志行为障碍

为了达到预定目的，经过努力、克服困难而采取的一系列自觉行动称为意志或意志活动。其中，每一种有动机、有目的的行动谓之行为。

据研究，部分网络成瘾者可能存在的意志行为障碍类型包括意志减弱/缺乏、矛盾意向、精神运动性兴奋（如躁狂状态）、精神运动性抑制（如缄默症）、刻板动作、持续动作、重复动作等。意志减弱/缺乏主要针对网络成瘾者对于正常的学习、工作或生活而言，由于过度沉迷于网络导致其正常学习、工作或生活规律紊乱，缺乏奋斗意志。作为特种症状的缄默症是指言语器官无器质性病变，智力发育也无障碍而表现出沉默不语。网络成瘾有此症者多为选择性缄默症，其大多发生于敏感、胆怯、孤僻性格的儿童或青少年。

网络成瘾者可能会因为过于专注某项网络活动（如网络游戏），引起精神运动性兴奋（如躁狂状态）以及与游戏操作有关的刻板动作、持续动作或重复动作。

四、自我意识障碍

自我意识是指一个人对自己的存在状态和所思所为的看法和态度。例如，"我觉得我脾气很坏""我认为我很诚实""我相信我很能干""我发现我很孤独"，这些关于自己对自己的情感、性格、能力以及对人际关系的认识都属于自我意识范畴。

自我意识障碍是指以上诸方面中的某个或某几个方面均受到不同程度的影响，以至于患者对自身当前主观状态不能正确认识，包括不能感知自身的存在，不能意识到自身是一个单一的、独立的个体，不能正确地认识现在的"我"与既往的"我"的区别，以及失去精神活动的自我支配和控制。总之，患者不能正确地认识自己的人格特质。有研究显示，部分网络成瘾者的自我意识障碍可表现为双重/多重人格、"虚拟人格"和自知力缺乏。

双重人格是指同一个人在不同的时间内产生两种完全不同的内心体验，表现出两种不同的性格，也就是两种不同的人格在同一个人身上先后交替出现。当一种人格占优势时，另一种人格特质就被完全排除在他的意识之外。当同一个人先后表现出两种以上的人格特质时被称为多重人格。不少学者研究发现，网络成瘾者尤其是学生群体中的网络成瘾者，他们的人际交往能力大多存在缺陷；长期沉迷于网络则容易形成双重或多重人格。

网络成瘾者长期沉迷于虚拟的网络世界，其生活方式、行为方式也受到网络世界的影响，导致其逐渐迷恋和适应好奇、新颖、刺激且富有挑战性的虚拟环境，对客观现实中的事物则可能会失去兴趣，逐渐失去现实中已经形成的真实人格特质，转而可能会形成与网络虚拟世界相适应的缄默、孤僻、紧张、自恋、缺乏责任感、角色倒错甚至欺诈等性格特质，进而导致网络"虚拟人格"的形成。

自知力又称领悟力或内省力，是指将患者对自己精神状态的认识和判断能力，作为判定病情轻重和疾病好转程度的重要指标。自知力缺乏是重性精神病特有的表现，而自知力完整是精神病痊愈的重要指标之一。少数网络成瘾患者可能存在自知力缺乏的情况，具体表现为患者并不认为自己存在网络成瘾问题，仍然我行我素、执迷不悟。

五、精神心理疾病

当多种精神心理症状并存于同一个体，且达到《疾病和有关健康问题的国际统计分类（第 10 次修订本）》(ICD-10)的诊断标准时，即可以诊断为患有某种精神心理疾病。

20 世纪 90 年代末，美国匹兹堡大学和卡内基梅隆大学对过度使用互联网的青少年的研究显示，过多地使用互联网会导致孤独症和抑郁症的发生率增加，并会导致其社会参与的减少与心理幸福感的降低。另有研究证实，网络成瘾还容易引发焦虑症、社交恐怖症等精神心理疾病。孤独症、抑郁症和焦虑症是比较常见的精神心理疾病，社交恐怖症与之相比较少见。

网络成瘾者由于长期沉溺于虚拟的网络交际，缺乏在现实社会中与人交往的动机，因而常常表现为在社会活动中不愿意或不敢与他人交往。有人是自我保护意识太强，怕别人发现自己的弱点；有人属于挫折性恐惧，因为某些原因而对某些场合、某些人存在或强或弱的恐惧心理；比较严重的情况则是见生人就脸红紧张，说不出话。由于轻微的症状一般不会影响人的正常生活，所以"社交恐怖症"很难被旁人察觉。

第三节 网络成瘾的社会功能危害

　　人与动物的最大区别在于人具有社会性，人可以与人交流、与人协作、与周围的环境和谐共处。虽然当今社会给予人们很多压力，但是大多数人都能够在不断消除压力的同时获得成长并积累社会经验。相反，网络成瘾者由于成天沉迷于虚拟的网络世界，较少与现实社会交往，他们的人际交往能力、与外界环境共处的能力必然会降低。网络成瘾的社会功能危害主要体现在 3 个方面。

一、对学习的影响

　　对学生群体而言，网络成瘾对学习的危害较大。

　　首先，沉迷于网络客观上会大幅度减少学生的学习时间，转移其学习兴趣，导致其无法在课堂上集中精力学习，从而影响其掌握相关知识和技能，久而久之便会形成学习障碍。（见图 4-5）

图 4-5　网络成瘾会使学生厌学，成为"学困生"

===== **案例回顾 4-6** =====

因为网络游戏成瘾而成为"学困生"

小周是某学校的一名女生，刚考上高中。由于家离学校很远，她成了住校生，所以父母难以监管她，加上自律性差，她很快便迷恋于网络游戏，逐渐发展到在电子游戏室通宵玩游戏，白天上课时昏昏欲睡，注意力分散，根本无法集中精力学习，从而导致学习成绩迅速下滑，成为"学困生"。每当父母责骂她时，她都瞧不起他们地说："不懂生活，老土!"有一次其母就跟她去"懂生活"，结果被暴力游戏吓得毛骨悚然，可女儿却玩得面不改色、心不跳，看上去很享受。

在这以后，这位母亲便毅然把女儿转到自己家门口的一所普通学校，严加看管。

多数教师对网络游戏持否定态度，一些甚至深恶痛绝，他们认为："如果这种腐蚀孩子心灵的充满色情和暴力的网络游戏不能引起社会各界的重视，有关部门不加大执法、处罚力度，孩子将会深受其害甚至一生毁于此。"

(《"中学生网瘾"个案分析》，http://blog. sina. com. cn/s/blog _ 678acaa70100kibq.html，2018-12-20。)

其次，学生网络成瘾者往往会因为过度使用和依赖网络的某些功能和内容而影响了自己构建基础知识和技能的能力，限制了自己获取知识的来源渠道，造成基础知识不扎实、知识面狭窄、知识碎片化、成绩无法提高甚至急剧下降，从而产生自卑或者厌学情绪。少数学生网络成瘾者会发展到逃学、辍学、休学，甚至因为不可抑制地违反校规校纪被学校劝退或开除而彻底丧失学习机会。(见图 4-6)

图 4-6　少数网络成瘾者会发展到逃学、辍学、休学

====== **案例回顾 4-7** ======

因为网络游戏成瘾而退学

某中学的一名男生小王，一贯品学兼优、善良活泼，还是班干部，但是最近却突然变得沉默寡言，对同学一句话不对就举拳相向，对家长和邻居也动不动喊打，最后竟然对谁都不说话，父母从其书包里还找到一把匕首。

后来，在心理医生的帮助下才弄明白，原来小王已经背着父母悄悄地玩了差不多一年的网络暴力游戏，头脑已被暴力色情搞得混乱不堪，产生了心理紊乱和障碍，已经分不清现实与游戏了，最后不得不退学治疗。

（《上网成瘾　影响学业的素材》，https://wenku. baidu. com/view/ed57dd820 242a8956bece4f3. html，2018-12-20。）

最后，诚如专家指出的，过度依赖互联网会让人懒于思考，盲目遵从或照搬他人总结式的发言。以前读书时遇到不认识的字，人们会选择查字典，现在人们不仅可以通过网络查字典，还可以查到这个字的用法和例句。以前人们在现实生活中遇到问题，如煮鸡蛋应该煮多长时间，会选择向身边的长辈求助，而现在只需要搜索一下。网络几乎无所不知，这导致人们对其产生依赖，遇到任何事，首先想到的都是通过网络寻求帮助。

于是，人们不再尝试着通过自己的思考解决问题，而是在网上照搬他人总结好的方法和经验。尽管他人的经验并不一定适合自己，偶尔也会有不奏效的情况出现，但是网络依然成为人们解决问题的首选，并被视为权威。久而久之人们都变得不愿意思考了。

在这方面，一个典型的例子就是论文的抄袭成风。毕业论文、学术论文抄袭的案例层出不穷。假如要较起真来，恐怕现在的不少论文很难通过查重检验。

二、对人际关系的影响

国内外学者均指出，网络成瘾者尤其是未成年人网瘾者比正常人更加容易在人际沟通、社会交往和社会适应方面产生明显的障碍。

长期沉迷于网络会导致网络成瘾者与亲友的关系越来越冷漠，无法

适应现实生活，难以应付复杂的外界环境。由于网络成瘾者长期将自己
束缚于虚拟的网络世界，疏于与外界交往，久而久之他们便会自我封
闭、脱离群体，逐渐不适应群体生活、不熟悉群体交往规则，加上不少
网络成瘾者的心理健康状况比较差，缺乏社会支持，面对压力时大多采
用不成熟的应对方式，从而进一步降低了其适应外界环境的能力。即使
网络成瘾者参与网络交际（如 QQ 聊天、微信）或互动网络游戏等群体活
动，也不能有效地提高其现实交际能力，因为上述的网络群体活动大多
是匿名性、虚拟性的，缺乏真实感情的交流，网络成瘾者如果长期从事
这种方式的交流，会使其对现实交际缺乏信心和耐心，从而大大降低其
人际交往能力。（见图 4-7）

图 4-7 智能手机会严重影响人际沟通和社会交往能力

（《手机癌：进化论的终极版》，http://www.sohu.com/a/192511305_774499，
2018-12-20。）

此外，互联网占据了人们的零散时间，使人们无暇享受生活和真实
社交带来的乐趣，疏远了亲友关系。互联网几乎挤占了人们所有的零散
时间，如上下班的路上、上厕所、等待上餐的时间，这些已经严重影响
到人们现实中的人际关系，对部分情况严重的网络沉迷者而言，互联网
几乎已经成为其业余生活的全部，现实生活则被置于无关紧要的位置。

总之，互联网带给人们的新鲜感和刺激程度，逐渐让人们对现实生活失去了原有的兴趣，也让人失去了对美好事物的欣赏能力，让人既没有时间，也没有能力去享受生活的美好和真实社交带来的乐趣，继而使得现实中的亲友关系走向疏远。

好在现在这一情况已开始引起人们的关注和重视，一些聚餐会要求参与者事先收起手机，以防止大家坐在一起玩手机。还有一些公共场所设置了醒目的广告语：这里没有 WiFi，请与您身边的人交谈。

三、对道德修养的影响

儒家认为，通过道德修养，人才能作为主体通过"格致正诚、修齐治平"的途径成为一个合格的社会人或真正的人。

儒家倡导的修养或修行，其实质都在于人格的一种自我超越或人性的一种自我提升，它将贯穿于人的一生。

然而，虚拟网络世界中四处泛滥的不良信息或行为活动严重影响了网民尤其是未成年网民的道德修养，甚至导致少数网络成瘾者道德失范、恶习形成。随着市场经济和网络商业化的不断发展，互联网上不可避免地充斥着许多虚假信息、粗言恶语、人身攻击、网上多角恋、虚拟性爱、网络色情或暴力视频、黑客入侵等不良现象或行为，这对网民尤其是对未成年网络成瘾者的道德规范、人生观和价值观造成了严重的破坏，诱导其对这些不良行为成瘾甚至在现实社会中效仿，促进了其不良生活方式的形成，如作息颠倒、饮食不规律、经常吃零食、吸烟、酗酒甚至吸毒。

越来越多的事实证明，"互联网会助长人们投机心理，为博得他人关注而不择手段"。互联网造就了一个个网络红人，这些红人无一不是用哗众取宠的方式在短时间内获得他人关注，成为"一夜爆红"的典范的。网民在网络世界里本身就缺乏存在感，想要博得他人关注，就难免会效仿这些红人的做法，在言行上走极端。

更重要的是，这些所谓网络红人在成为万众瞩目的焦点之后，一些人居然还获得了商业上的成功。这就更加助长了人们的投机心理，试图复制他们的路线，为博得他人关注不择手段。

第四节 网络成瘾的家庭危害

舒适宜人的家庭环境、完整稳定的家庭结构、和谐温馨的家庭氛围是人人都向往和追求的目标。然而，网络成瘾会对家庭产生较大的危害，严重影响这一目标的实现，主要体现在以下 5 个方面。

一、家庭关系淡漠

家庭关系是指基于婚姻、血缘或法律拟制而形成的一定范围的亲属之间的权利和义务关系。家庭关系以主体为标准可以分为夫妻关系、亲子关系和其他家庭成员之间的关系。

网络成瘾者（不论是子女，还是父母或其他家庭成员）长期沉迷于网络，会疏于与家人交流，导致家庭关系疏远。结果是，患者可能没有时间去亲子，可能没有时间去尽孝，却可以花大把的时间捧着手机沉思、傻笑。（见图 4-8、图 4-9）

图 4-8 智能手机居然是亲子关系和孝道的杀手

图 4-9   智能手机加速了中华传统文化的丢失

二、加重经济负担

网络成瘾者长期上网所需的投入及开销，在一定程度上增加了家庭经济支出，对成年网络成瘾者而言，过度上网也同时减少了正常的工作时间（IT 行业、传媒产业等互联网工作者除外），从而减少了家庭收入来源。

三、影响婚姻关系

调查研究显示，网络成瘾会破坏家庭和谐温馨的氛围，使得夫妻之间懒得交流、懒得倾听，导致关系生疏；长期上网可能会影响性欲或性功能，并且有可能会使夫妻双方的感情出现严重裂痕。有的妻子甚至对网络成瘾的丈夫抱怨道："你干脆和电脑结婚吧，省得让我守活寡！"

可以毫不夸张地说，因为智能手机，人们可能会失去另外一半，以后人们离婚的原因大部分可能是智能手机的过度使用。（见图 4-10）

四、婚外情剧增

一些已婚网络成瘾者长期热衷于"网恋"，不可控制地与网友发生婚外情，甚至计划与其结婚，从而导致原来家庭破裂。

图 4-10　智能手机居然是夫妻双方的感情出现裂痕甚至离婚的致因

（《手机癌：进化论的终极版》，http://www.sohu.com/a/192511305_774499，2018-12-20。）

五、亲子关系恶化

一些未成年网络成瘾者会因上网问题与父母闹矛盾，甚至发生剧烈冲突。当与父母就使用网络问题无法达成一致时，他们为了满足继续无节制上网的不合理要求，经常会发生失去理性的行为或者离家出走。

===== **案例回顾 4-8** =====

少年因为迷恋网游行为失控

14岁的孩子明明，由于长期迷恋网络游戏，学习成绩直线下降，而且经常和社会上不三不四的人称兄道弟。一天，愤怒的父亲把网线扯断了。明明就像疯了一样，将电脑屏幕砸了个粉碎。事后，明明还以"离家出走""断绝亲子关系"等手段来威胁父母不得"干涉"他的爱好。父亲为此已经病倒在床，母亲声泪俱下地在电话中求助："救救我们的孩子吧，孩子要毁了！我们这个家快完了！"

应指出的是，被望子成龙的父母视若剧毒农药的电脑，当初却是他们主动为明明购买的，家中的互联网也是他们自愿安装的。

（《"中学生网瘾"个案分析》，http://blog.sina.com.cn/s/blog_678acaa70100kibq.html，2018-12-20。）

第五节 网络成瘾的社会危害

关于网络成瘾的社会危害的研究引起了不少学者的关注，如耿丽丽、金志成（2011）调查研究发现，犯罪青少年的网络成瘾发生率高达50.6%，显著性地高于在校青少年的网络成瘾发生率。陶宏开教授（丁文亚，2005）指出，北京青少年网络犯罪惊人，90.0%的青少年犯罪与网络成瘾有关。

据分析，网络成瘾者尤其是思想未成熟的青少年网络游戏成瘾者可以被网络游戏的角色同化，会把游戏角色带到现实生活中来，从而引发自杀、自残、暴力对待他人等行为，甚至走上违法犯罪的道路。长期沉溺于虚拟的网络，容易使人产生社会隔离感以及沮丧、孤僻、悲观等心理障碍，加之网络充斥着大量的黄赌毒和暴力等不良信息，极易诱发犯罪率的升高。

尤其值得关注的是，少数网络成瘾者因为受到网络游戏或影视中血腥、暴力等场景的影响，会在现实社会中效仿甚至付诸行动。

===== **案例回顾 4-9** =====

"11·12"河南平舆特大系列杀人案

　　"11·12"河南平舆特大系列杀人案曾经一度震惊国内，被告人黄勇就是一位自幼深受暴力游戏和影视剧的影响而走上犯罪道路的典型。

　　黄勇因长期受到暴力题材游戏和系列影视剧的影响，沉迷于当"武士"的杀人快感之中，梦想成为一名职业杀手。在 2001 年 9 月至 2003 年 11 月，黄勇先后从网吧、录像厅、游戏厅等场所，以资助上学、帮助提高学习成绩、外出游玩和介绍工作等好处为诱饵将被害人欺骗到自己家中。至案发时共计杀死无辜青少年 17 人，轻伤 1 人。

　　可见，此类因为迷恋暴力网络游戏或影视剧而引发的犯罪活动会对人民群众的人身安全造成严重的危害。

　　（闫乃川、韦宇龙：《平舆特大系列杀人案庭审现场直击实录》，http://news.sina.com.cn/c/2003－12－09/09282323349.shtml，2018-12-20。）

===== **案例回顾 4-10** =====

16 岁孙子伙同两同学为要钱上网砍死爷爷奶奶

　　2008 年 3 月 3 日中国法院网讯报道，为了要钱上网，16 岁的未成年人刘小伟（化名），曾在 2007 年 6 月、7 月，伙同以前两名同学张某和陈某（均不满 18 岁），先后两次到被告人刘小伟的爷爷 73 岁的刘某家，趁家中无人之机盗窃现金共计 1000 余元。

　　同年 7 月 17 日下午，被告人刘小伟、张某和陈某再次商议到刘某家行窃。当日 18 时，3 名被告人乘车赶到刘某家时，发现刘家有人，无法实施盗窃，遂预谋杀人抢劫。当晚 3 名被告人联手残忍地砍死了刘小伟的爷爷、奶奶，并在浩劫财物后仓皇逃离。

　　2007 年 7 月 23 日，公安机关将 3 名被告人抓获。2008 年 3 月 3 日，当地中级人民法院以被告人刘小伟犯抢劫罪，判处其无期徒刑，剥夺政治权利终身。

　　（刘万青、张君：《16 岁孙子伙同两同学为要钱上网砍死爷爷奶奶》，https://www.chinacourt.org/article/detail/2008/03/id/290803.shtml，2018-12-20。）

　　另外，一些网络成瘾者则沉迷于网络诈骗、网络传销、网络赌博、制作网络病毒等不法活动并从中获利，受经济利益的驱使，这种网络成瘾者往往更加难以自拔，直至某一天被公安机关抓获为止。据报道，在实施网络诈骗时，不法分子通常利用各类诱惑信息欺骗"网银"用户首先进行一个小额支付（通常为 1 元），发来的链接却是钓鱼网页，以此偷取受害用户的"网银"信息，或者通过聊天或邮件植入木马程序窃取用户的"网银"信息。近年来，随着互联网金融的日益普及，加上广大群众对网络诈骗的安全防范意识普遍不强以及人性的弱点使然，此类网络犯罪活动呈现逐年上升趋势，受害群众和涉案金额数量均大幅度增加。这对广大人民群众的财产和社会公信力造成了重大伤害，严重影响了社会的和谐稳定。

第五章

网络成瘾的诊断、分型和鉴别诊断

　　合理有效的网络成瘾预防、干预和矫治必须建立在对网络成瘾的科学诊断评估基础之上，不同个体的网络成瘾成因、症状和程度各不相同，既有共性症状，也有个性特征。网络成瘾问题是一种非常复杂的生物现象和社会现象的多元交互作用及其呈现，它涉及个人、家庭、学校、社会等各个层面的多个因素，因此对网络成瘾的诊断评估必须依据复杂性研究思想，从多层次、多视角、多方面进行系统的考察、分析和验证。本章着重探讨以下相关问题：网络成瘾诊断标准是如何形成与演进的；如何对网络成瘾进行分型；网络成瘾的症状主要有哪些；如何对网络成瘾进行科学诊断；如何对网络成瘾与其他心理疾病和精神疾病(如精神分裂症、抑郁症、焦虑症、恐惧症、强迫症、人格障碍、冲动控制障碍、物质成瘾)进行鉴别诊断。

第一节　网络成瘾诊断标准的研究概况

　　网络成瘾仍然是一个比较新的研究领域，其诊断标准还处于摸索阶段，没有形成统一的标准。不同的研究者提出了不同的诊断方法。目前使用较广、认可度比较高的诊断方法有金伯利·扬的诊断法、戴维斯的诊断法、美国心理学会的网瘾诊断法、陈淑惠的诊断法、柯志鸿的诊断法、陶然的诊断法、陶宏开的诊断法。

一、金伯利·扬的网瘾诊断法

　　1996 年，美国匹兹堡大学心理学家金伯利·扬基于网络成瘾在线调查及临床治疗的结果，参照 DSM-Ⅳ 中赌博成瘾的 10 个鉴别标准编订了《八题项网络成瘾诊断问卷》(Young's Diagnostic Questionnaire of Internet

Addiction，IAD-DQ），具体内容如下。

①我会全神贯注于网络或在线服务活动，并且在下网后总是念念不忘网事。

②我觉得需要花费更多的时间在线上才能够得到满足。

③我曾经努力过多次想控制或者停止使用网络，但都没有成功。

④当我企图减少或停止使用网络时，我会觉得沮丧、心情低落或容易发脾气。

⑤我实际花费在网络上的时间比原定的时间要长。

⑥我会为了上网而甘愿冒重要的人际关系、教育或工作机会损失的危险。

⑦我曾经向家人、朋友或他人说谎以隐瞒我涉入网络的状态。

⑧我上网是为了逃避问题或试着释放一些感觉，诸如无助、罪恶感、焦虑或沮丧。

杨的量表题项较少，上述 8 个题项中只要符合其中的 5 项就可以诊断为网络成瘾，即杨采用的是"八分之五"的模式，十分简单易行。杨的这 8 项标准可以概括为 3 个维度：过度使用网络、冲动控制障碍、戒断的负面效应。

杨的诊断量表虽然具有简便实用的优点，但它在方法学上存在如下缺陷。

①该量表的名称、题项内容过于明晰，被试能够清晰地知晓该量表及题项要测量的是什么，且题项只是对网瘾病态症状的简单罗列，属于定性的描述。

②该量表未按照严格的心理测量学程序编制，缺乏信度、效度检验和常模值。

③该量表有 8 个题项，其中的 5 个题项被给予肯定的回答，即被诊断为网络成瘾，这一分界点的划分缺乏充分的依据。

针对此，2001 年，比尔德和沃尔夫在上述标准的基础上进行了修订，制定了"5＋1"的诊断标准。

他们将杨的 8 项标准分成两部分。第一部分是成瘾必须具备的，由前 5 项构成。

①网络使用成为生活的中心。

②需要增加网络使用的时间。

③不能有效地减少、控制或停止网络的使用。

④停止或减少网络使用会导致无聊、抑郁和愤怒。

⑤网络在线时间超出预期计划。

第二部分由后 3 项构成。

⑥重要的人际关系、工作、职业机遇因上网而遭到破坏。

⑦对他人撒谎自身对网络的卷入程度。

⑧使用网络逃避现实问题。

只要符合其中一项即可以被诊断为网络成瘾。相比较而言，比尔德和沃尔夫的改进没有增加量表及操作的复杂性，但诊断更加严格、准确。

二、戴维斯的网瘾诊断法

加拿大约克大学戴维斯编制的《戴维斯在线认知量表》(Davis Online Cognition Scale，DOCS)共有 36 个题项，属于七级自陈量表，1 表示最不赞成，7 表示最赞成，其中第 12 个题项采用反向计分。分数越高代表网络成瘾程度越深。如果被测出的总分超过 100 或在任一维度上的得分达到或超过 24，则被认为是网络成瘾。该量表包括 5 个维度：安全感(security)、社会化(socialization)、冲动性(impulsivity)、压力应对(stress response)、孤独—现实(loneliness-reality)。

《戴维斯在线认知量表》是国际心理学界研究网络成瘾心理机制的一份重要的量表，它具有许多测验网络成瘾量表没有的优点。

①量表的名称"DOCS"未明确告诉被试量表要测的内容。

②题项不是对网络成瘾病态症状的简单罗列，要测量的是被试的思维过程(认知)，而非行为表现。

因此，该量表具有一定的预测性，研究表明其具有较好的信度和效度(内部一致性系数 $\alpha=0.87$)。用此量表作为探讨网络成瘾者内部心理机制的测验工具，测量效果十分理想。

三、美国心理学会的网瘾诊断法

在 1996 年和 1997 年的美国心理学年会上，学者们提出了网络成瘾的 7 个题项诊断方法，列出了以下 7 种网络成瘾的症状。

①耐受性增强。它是指符合下面两种情况之一：需要明显增加上网时间才能够获得满足感；上网时间不变的情况下，获得的满足感明显下降。

②停止上网后，出现下列任何一种症状：明显的戒断综合征，如烦躁、焦虑、强迫性思考网上的事情、幻想或梦想与网络有关的事情；迫不及待地想借助网络或相似的上网服务来减轻或避免戒断症状。

③上网次数总是比原先计划的多，上网时间总是比原先计划的长。

④企图缩短上网时间的努力，总是以失败告终。

⑤把大量的时间花费在与网络有关的事情上，如网上购物、尝试新的浏览器、整理下载资料。

⑥因为上网而放弃或减少重要的社交、工作和娱乐活动，家庭生活受到严重影响。

⑦虽然知道上网可能已经导致了持续性或复发性的躯体问题、社交问题、工作问题或心理问题，但是仍然无视这些问题而继续花费大量时间上网。

该诊断方法规定，如果网络使用者在1年中的任何时期有多于上述所列的3种症状出现，即可以诊断为网络成瘾。

四、陈淑惠的网瘾诊断法

1999—2000年，台湾地区学者陈淑惠通过1336名大学生被试，综合DSM-Ⅳ对于各种成瘾症状的鉴别标准，以及临床个案的观察结果，按照严格的心理测量学程序编制了CIAS。CIAS先前亦称《中文网络成瘾量表》，是一个具有合理的可靠性和稳定度的筛选、研究工具，它包含以下5个诊断标准。

①强迫性上网行为。指的是一种难以自拔的上网苛求与冲动。

②戒断行为与退瘾反应。指的是如果突然被迫离开电脑或网络，会出现挫败的情绪反应。

③网络成瘾耐受性提高。指的是随着网络使用的经验或程度增加，原先上网获得的乐趣和成就感，必须通过更多的网络内容或更长的上网时间，才能得到与原先程度相当的满足感。

④人际关系及健康问题。因为花费在网上的时间太久，忽视了原有的家居生活和社会生活，与家人、朋友疏远，耽误了工作或学业；为了掩饰自己的上网行为而撒谎；身体出现不适反应。

⑤时间管理问题。不能合理有效地安排时间，花费大量的时间上网。

上述5个诊断标准可以概括为3个方面：过度使用网络（上网时间），冲动控制障碍（上网耐受性、上网欲望），上网导致的负面影响（身心、人际关系和戒断症状）。CIAS 共有 26 个题项，是一种四级自评量表。总分代表个人网络成瘾的程度，总分越高表示网络成瘾的可能性越大。全量表的内部一致性系数为 0.94，两周后再测信度为 0.83，具有良好的信度和效度。相对于金伯利·扬的量表，陈淑惠的量表具备必要的统计数据，因而作为科学研究的价值更大。

五、柯志鸿的网瘾诊断法

2005 年，台湾地区高雄医学大学柯志鸿研究团队提出了一种适用于临床的网络成瘾诊断标准。该诊断标准包括 3 个部分。

第一部分：由以下 9 个题项构成，须符合 6 项及以上。

①整天想着网络上的活动。

②多次无法控制上网的冲动。

③耐受性：需要更长的上网时间才能够满足。

④戒断症状：产生焦虑、生气等情绪。

⑤实际使用网络的时间超过自己原先的期待。

⑥持续地想要将网络活动停止或减少，或有多次失败的经验。

⑦耗费大量的时间在网络活动或离开网络上。

⑧竭尽所能来获得上网的机会。

⑨即使知道网络已经对自己造成了生理或心理问题，也仍然持续上网。

第二部分：功能受损。须至少符合 1 项。

①学校或家庭角色受到影响。

②人际关系受到影响。

③违反了法律或校规。

第三部分：网络成瘾的行为无法以其他精神疾患或躁郁症做最佳解释。此项须完全符合。

六、陶然的网瘾诊断法

2008 年，由原解放军总后卫生部组织、原北京军区总医院牵头初步制定了我国《网络成瘾临床诊断标准》，该诊断法被业内称为"陶然诊断法"。根据该标准，如果个人平均每天非工作、非学习目的的连续上网超过 6 小时，并且符合以下症状标准超过 3 个月，即可以诊断为网络成瘾。

①对网络的使用有强烈的渴求或冲动感。

②减少或停止上网时会出现周身不适、烦躁、容易激惹、注意力不集中、睡眠障碍等戒断反应；上述戒断反应可通过使用其他类似电子媒介（如电视、掌上游戏机）来缓解。

同时，以下5条中至少符合1条。

①为了达到满足感而不断增加使用网络的时间和投入程度。

②使用网络的开始、结束及持续时间难以控制，经多次努力后均未成功。

③固执地使用网络而不顾其明显的危害性后果，即使知道网络使用的危害仍然难以停止。

④因为使用网络而减少或放弃了其他兴趣、娱乐或社交活动。

⑤将使用网络作为一种逃避问题或缓解不良情绪的途径。

===== 知识链接 5-1 =====

中国网络游戏成瘾标准首次成为世界诊断标准

2013年5月18日，美国精神病协会首次将原北京军区总医院医学成瘾科、中国青少年心理成长基地主任陶然的《网络成瘾临床诊断标准》纳入《精神障碍诊断与统计手册（第五版）》(DSM-5)第三部分中的网络游戏成瘾。这标志着中国人制定的标准首次在世界精神疾病诊断领域被认可，填补了非物质成瘾领域的空白，确立了一个新病种。这次出版是DSM近20年来的第一次重大更新。

中国青少年心理成长基地是由原北京军区总医院、中国青少年网络协会在中央文明办、团中央、文化部、原新闻出版总署等九部委支持下于2006年正式成立的。成立以来，它帮助"问题少年"5500余人，免费咨询5.5万人次，绝大部分学员重返课堂，回归社会，解决了近万个家庭的困苦。中国青少年心理成长基地在网络游戏成瘾研究领域处于世界领先地位。

DSM-5中的网络游戏成瘾一共9条诊断标准，全部来自陶然教授制定的临床诊断标准中的8条症状标准加1条严重程度标准。

①渴求症状（对网络使用有强烈的渴求或冲动感）。

②戒断症状（易怒、焦虑和悲伤）。

③耐受性（为了达到满足感而不断地增加使用网络的时间和投入

的程度）。

　　④难以停止上网。

　　⑤因为游戏而减少了其他兴趣。

　　⑥即使知道后果仍然过度游戏。

　　⑦向他人撒谎玩游戏的时间和费用。

　　⑧用游戏来回避现实或缓解负性情绪。

　　⑨玩游戏危害到或失去了友谊、工作、教育或就业机会。

　　据中国青少年网络协会第三次网瘾调查研究报告显示，截至 2013 年 5 月，我国城市青少年网民中网瘾青少年约占 14.1%，人数约为 2404.2 万；在城市非网瘾青少年中，约有 12.7% 的青少年有网瘾倾向，人数约为 1858.5 万。将网络游戏成瘾纳入 DSM-5，可以为更多的青少年尽早地提供科学的诊断和治疗。

　　（吴楚：《中国网络游戏成瘾标准首次成为世界诊断标准》，http://games.ifeng.com/shehui/detail_2013_05/18/25453832_0.shtml，2018-12-20。）

七、陶宏开的网瘾诊断法

　　2009—2010 年，陶宏开教授从大量的网瘾诊断实践中认识到，网络成瘾主要是心理问题和不良行为习惯问题，判断网瘾的主要标准是上网后出现的非理性行为表现程度。为了早期预防和对症治疗，根据青少年在接触不良网络文化、玩网络游戏和网上聊天后不理性的言行表征，以及其对网络依赖的非理性程度的高低，陶宏开把网瘾划分为以下 10 个级别。

　　①在正常的学习或工作时段里，下意识地喜欢偶尔上上网，但没有产生明显的、自己或他人能觉察到的负面影响。

　　②不自觉地上网次数增多，或时间逐渐加长，甚或兼而有之，但在感觉到上网行为对学习或工作有所影响后，自己基本上还能够控制得住。

　　③对上网产生了比较浓厚的兴趣，开始有些失控了，虽然在家长、教师或他人的提醒教育下，能够有所改进，但对学习或工作已经造成了一些负面影响。

　　④开始依恋上网，并对家长的注意和限制产生反感情绪，对教师的提醒和批评抵触不满，但在外界的压力之下，行为表现没有明显地恶化，基本上还能够继续学习或工作。

⑤有时瞒着家长、教师去上网，为了躲避批评，渐渐地以撒谎的方式为自己的上网行为进行掩饰；开始喜欢泡吧，但在经过严厉的批评和适当的帮助后，还能够有所认识和暂时地收敛。

⑥一离开网吧或不上网就会感到烦躁不安，对网络产生了依恋，放学后不按时回家，周末或节假日常常见不着人，表现出厌学情绪，找借口旷课，省下吃饭的钱去网吧打游戏、聊天，在家里不愿意与父母沟通，在学校里欺骗教师。

⑦明确表示对上网的浓厚兴趣和迫切要求，把任何人的劝导、帮助都当作耳边风；为了要上网，时常与父母或教师发生冲突；为了筹措网资，在家里想方设法地向父母要钱、骗钱，在外面以种种理由向他人借钱，公然把学习或工作不当回事。

⑧已经对网络产生严重的依赖，上网已经成为生活中最主要的内容，长时间地逃学，公开连续上网，在家里通宵达旦地打游戏、聊天，或在网吧里彻夜不归、连日不回，在生理上和心理上都有不正常的表露，甚至出现暴力倾向，摔打、毁坏东西，有时偷父母的钱。

⑨完全放弃学习、工作，不顾一切地天天上网、泡网吧，对网络生活产生强烈的依赖感；对试图干涉的父母非骂即打，暴力逼钱，离家出走，对家人基本上毫无亲情，有的还因"瘾"生恨，威迫父母分居或离婚；在外面，强行向他人要钱、骗钱，甚至有偷他人的钱或其他小偷小摸的恶性行为表现。

⑩为了上网，失去理性地走上犯罪道路，或者猝死，甚至自残自杀。

依此标准，如果上网者表现出的非理性程度在 5 级以下，还只是属于一般的上网行为或者有了一定的网瘾倾向。出现 5 级以上的非理性程度的行为表现，那就是有了网瘾。其中，5～6 级为轻度网瘾，7～8 级为中度网瘾，9～10 级为重度网瘾。

八、网络成瘾的自测评估法

在表 5-1 的 20 个题项中，如果有 15 个以上的回答是肯定的，那么测试者可能需要接受网瘾戒除的综合干预与治疗。

表 5-1　网瘾自测评估表

题目	选择	
	是	否
1. 你是否常有易怒、抑郁、焦虑、恐惧、强迫等症状？		
2. 你是否常出现头痛、头晕、食欲不振、睡眠不佳、倦怠等症状？		
3. 如果你在上网时被人打扰，你是否常会因此而愤怒、叫喊？		
4. 你是否感觉到在网络迷恋前后自身个性有明显的改变？		
5. 你是否常会想着先前的上网活动，有期待再次上网时间的冲动？		
6. 你是否发现在网上逗留的时间比原先计划的时间长？		
7. 你想减少、控制或停止上网的努力是否一再失败？		
8. 你的学业、工作和人际关系是否因为上网而遭到重大影响？		
9. 你是否会对家人、亲友为隐瞒自身网络迷恋程度而撒谎？		
10. 你是否将上网当成了逃避现实问题或减轻烦恼的主要手段？		
11. 你是否会经常担心没有网络，生活就会变得烦闷、空虚？		
12. 你是否会经常有沮丧感，而一到网上，这种情绪就无影无踪？		
13. 你是否在下网后，常常出神地幻想自己在网上的种种体验？		
14. 你是否更多次地宁愿选择上网，而不是与家人、朋友在一起？		
15. 你是否抗拒性强，欠缺主动与人交流的欲望？		
16. 你是否经常否认自身网络成瘾问题的严重程度？		
17. 你是否每天在网上休闲娱乐的时间超过 4 小时？		
18. 你是否经常会在网上形成新的朋友关系？		
19. 你是否经常会不由自主地做手指敲击键盘的动作？		
20. 你是否缺乏明确的生活目标，自控力差？		

（陶然、应力、岳晓东等：《网络成瘾探析与干预》，上海，上海人民出版社，2007。）

第二节　网络成瘾的分型

1994 年，纽约市精神病理学家伊凡·戈登伯格，借用 DSM-Ⅳ 中关于药物依赖的判断标准，在国际上最早提出了网络成瘾症的概念，认为网络成瘾是一种应对机制的行为成瘾，其主要症状是过度地使用网络，造成学业、工作、社会、家庭等身心功能的减弱。这一定义从过度使用网络、一系列日常行为和人际关系的身心功能减弱两个方面来界定网络成瘾的概念。然而，许多学者提出了异议，认为网络本身不可能造成上瘾，只是对网络的应用存在行为成瘾，即网络使用者是对网上的内容和信息成瘾，如对色情内容成瘾、对玩游戏成瘾。这些异议一方面直接导致戈登伯格在保持原有定义内涵不变的前提下，将网络成瘾一词改为病理性网络使用（Pathological Internet Use，PIU）；另一方面，这些异议还提示，网络的吸引力可能在于内容和信息，从而促进了人们对网络成瘾本质的认识和理解，加快了学界对网络成瘾进行分类的进程。

不同的个体偏好的网络内容和信息不尽相同，一般会表现出对某种网络内容和信息的特殊沉迷。那么，网络上的哪些内容和信息最容易导致个体网络成瘾呢？

2001 年，美国心理学家阿姆斯特朗（Armstrong）对网络成瘾的概念做了较全面的描述，认为网络成瘾是一个很广泛的概念，成瘾者存有大量行为和冲动控制上的问题。并根据网络成瘾者使用网络的目的和浏览的网络内容，将网络成瘾分为以下 5 种类型。

①网络关系成瘾（cyber-relational addiction）。

②电脑成瘾（computer addiction）。

③网络性成瘾（cyber-sexual addiction）。

④网络强迫行为（net compulsions）。

⑤信息收集成瘾（information overload）。

近年来，网络自身及其内容、信息在不断地更新变化，这使得网络成瘾类型在内涵和形式上发生了较大的演进，如电脑成瘾已演化为网络游戏成瘾，网络强迫行为演化为网络交易成瘾。据此，结合网络成瘾者使用网络的主要目的、内容，大致可以将网络成瘾分为以下 5 种类型：网络关系成瘾、网络游戏成瘾、网络色情成瘾、网络交易成瘾、网络信息成瘾。

大多数网络成瘾者通常只会沉迷于某一种网络内容，但也有成瘾者会沉迷于多种网络内容，如有的上网者会同时对网络色情、网络游戏或网络关系等内容成瘾。据统计，在所有的网络成瘾类型中，以网络关系成瘾、网络游戏成瘾和网络色情成瘾为最多，约占 90% 以上。

一、网络关系成瘾

网络关系成瘾是指沉溺于通过网上聊天来结识朋友，进行社会交往活动，以女性上网者占多数。其主要表现为上网者每天花费大量时间，利用各种聊天软件和网站开设的聊天室进行人际交流，过于轻信、迷恋通过网络上的人际交往来建立彼此的友谊、恋情甚至婚姻关系，并用这些关系来取代现实生活中真实的人际关系，至此网上朋友已经变得比现实生活中的家人、亲友更为重要。

网络关系成瘾可分为 3 种类型——网络交友成瘾、网恋成瘾和网婚成瘾，都是通过网络形成了朋友、恋人、情人甚至夫妻关系。为了维持这种关系，双方往往不惜经常投入大量的时间联络，有的还会不惜代价地在现实生活中见面。

让人担忧和警醒的是，不少网友见面后往往被骗上当、人身受伤害甚至家破人亡、悔恨交加，诸如此类的报道屡见不鲜。这是因为互联网具有天然的隐匿性、虚拟性，正如互联网上流行的名言"在网上，没有人知道你是一只狼"所说的一样，互联网已成为一些犯罪分子实施诈骗、抢劫、绑架、强奸、杀人等传统犯罪的新工具。

下面三起案例引自《最高人民法院公布七起通过网络犯罪典型案例》（中国法院网讯，2014 年 10 月 21 日）。

$$=====\ 案例回顾\ 5\text{-}1\ =====$$

被告人王道红故意杀人案

1. 基本案情

2008 年年初，被告人王道红与有夫之妇刘某（被害人，殁年 33 岁）通过网络聊天相识，后发展为情人关系。2009 年 7 月，王道红结识了新女友并致女友怀孕。2009 年 11 月，王道红与刘某相约见面后发生了性关系。次日王道红以女友怀孕为名向刘某借钱 5000 元，遭到刘某拒绝。王道红心生恼怒，先后用手掐、用毛巾勒刘某颈部，还用胶带封住刘某口鼻，致刘某机械性窒息死亡。王道红将刘某的尸体掩埋后，持刘某手机向刘某家人发短信诈骗钱财未果。

2. 裁判结果

湖南省常德市中级人民法院经审理认为，被告人王道红因琐事采取掐、勒颈部等方式致被害人死亡，其行为构成故意杀人罪。王道红杀人手段残忍，后果严重，且杀人后向被害人亲属骗取钱财，主观恶性极大，犯罪情节恶劣，罪行极其严重，依法应予严惩。依照刑法有关规定，认定被告人王道红犯故意杀人罪，判处死刑，剥夺政治权利终身。宣判后，王道红提出上诉。湖南省高级人民法院经依法开庭审理，驳回上诉，维持原判，并依法报请最高人民法院核准。最高人民法院经依法复核，裁定核准被告人王道红死刑。

3. 典型意义

迅速发展和广泛应用的互联网技术在现代生活中起着至关重要的作用。但是，网络也存在虚拟性等弊端。据悉，国内某些流行网络社交软件的注册用户已达数亿人，在线用户也以千万计。在现实生活中，不少人沉迷于网络交友，甚至将感情完全寄托在网络上结交的"情人"身上，被网络情人在网络上展示的"魅力"迷惑，过于轻信他人。但是，当虚拟的网络与现实发生碰撞后，情人的真实面目最终暴露，很多人如梦初醒，悔不当初。

本案被害人刘某系有夫之妇，通过网络聊天结识了被告人王道红，并与之发展为情人关系。至案发前，刘某与被告人已经交往一年有余，但刘某仍未能真正了解、认清被告人的真实性情和人品，最终导致悲剧发生。希望此案能引起公众的警觉，不要被网络恋情迷惑，网络交友要谨慎。

（周利航：《最高人民法院公布七起通过网络犯罪典型案例》，http://money.163.com/14/1021/15/A93FG8EJ00253B0H.html，2018-12-20。）

═══ 案例回顾 5-2 ═══

被告人赵小明等非法拘禁案

1. 基本案情

2011年3月始，被告人赵小明、曹金胜、张乐良等人聚集在山东省青岛市黄岛区某房间内进行传销活动，由赵小明担任业务主任负责日常管理。同年8月22日，张乐良以帮助找工作为名，通过QQ聊天将被害人江某某（女，时年20岁）骗至其进行传销的房间后，由赵小明安排曹金胜、张乐良等人对江某某讲授传销课程，并贴身看护以防江某某离开。8月25日凌晨，江某某发现被骗入传销组织后，从该房间翻窗逃离时坠楼身亡。

2. 裁判结果

山东省青岛市黄岛区人民法院经审理认为，被告人赵小明、曹金胜、张乐良非法限制他人人身自由，其行为均构成非法拘禁罪。赵小明在缓刑考验期内犯罪，依法应当撤销缓刑，数罪并罚；在共同犯罪中起主要作用，系主犯。张乐良、曹金胜系从犯。依照刑法有关规定，认定被告人赵小明犯非法拘禁罪，与前罪数罪并罚，决定执行有期徒刑 11 年，剥夺政治权利 1 年；被告人张乐良犯非法拘禁罪，判处有期徒刑 9 年；被告人曹金胜犯非法拘禁罪，判处有期徒刑 7 年。现判决已发生法律效力。

3. 典型意义

本案是一起采取非法拘禁手段强制女青年参加传销活动致人死亡的案件。随着网络技术的迅速发展，利用网络建立传销组织实施犯罪的案件日益增多。本案被害人江某某即利用网络找工作，不幸被传销分子盯上，被非法拘禁，终至逃生时不幸身亡，令人扼腕叹息。

（周利航：《最高人民法院公布七起通过网络犯罪典型案例》，http://money.163.com/14/1021/15/A93FG8EJ00253B0H.html，2018-12-20。）

案例回顾 5-3

被告人肖克臣绑架、强奸案

1. 基本案情

被告人肖克臣、肖生坤（另案处理）预谋用网络实施绑架，并租赁广东省佛山市南海区里水镇一房屋用于作案。2013 年 6 月 13 日晚，肖克臣以外出游玩为名，将通过手机微信"摇一摇"结识的被害人梁某某（女，时年 15 岁）骗出后，与肖生坤一起将梁某某骗至租赁房屋内。二人持美工刀威吓并用胶带捆绑梁某某，肖生坤从梁某某的手提包内搜得现金 350 元、小米手机 1 部。其间，肖克臣强行奸淫了梁某某。尔后，二人打电话联系梁某某的母亲，索得赎金 2 万元。后即逃离现场。

2. 裁判结果

广东省佛山市南海区人民法院经审理认为，被告人肖克臣结伙以勒索财物为目的绑架他人，绑架过程中又违背被害人意志，强行与被害人发生性关系，其行为分别构成绑架罪、强奸罪，依法应当数罪并罚。肖克臣曾经因诈骗罪被判处有期徒刑，刑满释放后不到半年又犯罪，系累犯，依法应当从重处罚。依照刑法有关规定，认定被告人肖克臣犯绑架罪，判处有期徒刑 11 年，剥夺政治权利 3 年，并处罚金人民币 1 万元；犯强奸罪，判处有期徒刑 4 年 6 个月；决定执行有期徒刑 14 年，剥夺政治权利 3 年，并处罚金人民币 1 万元。宣判后，被告人肖克臣提出上诉。佛山市中级人民法院经依法审理，裁定驳回上诉，维持原判。

3. 典型意义

本案是一起利用网络交友实施绑架、强奸犯罪的案件。随着网络应用的发展和日渐普及，网络社交平台，特别是网络聊天工具，为人际交往带来了极大便利。与此同时，因其公共性、匿名性、便捷性等特点，网络交友也成为不法分子实施犯罪的新平台，由此引发的刑事案件呈上升趋势。一些年轻女性和青少年缺乏防范意识和能力，往往容易成为不法侵害的对象。

本案中，被告人肖克臣伙同他人预谋绑架，事先租赁作案场所，通过微信搜索功能，选定尚未成年的女网友作为作案对象，借外出游玩之名骗出后绑架、强奸，犯罪性质恶劣，情节后果严重，社会危害性大，又系累犯，佛山市中级人民法院依法对其所犯之罪从重处罚，一方面显示了人民法院严厉打击利用网络实施犯罪的坚定立场，另一方面通过真实案例警示公众，网络交友要保持警惕，不要轻信陌生人，特别是广大青少年和年轻女性，要不断提高防范意识和能力，保护自己及家人的人身和财产不受侵犯。

（周利航：《最高人民法院公布七起通过网络犯罪典型案例》，http://money.163.com/14/1021/15/A93FG8EJ00253B0H.html，2018-12-20。）

随着智能手机和平板等移动上网设备的日益普及，不论在大街小巷，还是在家里，满眼尽是"低头族"，不少人沉浸在微信的世界里忘乎所以，被称为"微信控"（smartphone addiction）、"手机控"（phone freak）。微信几乎已经构成了他们的整个生活，一切的交际与消遣都可以在微信上实现和达成，不停地"狂刷"与"滥晒"。这种新的网络关系成瘾也可以称为"微信成瘾"（WeChat addiction）。可以肯定的是，利用微信实施各种犯罪将成为未来互联网犯罪的主要方式和途径，每位智能手机使用者都应该加强这方面的防范意识和对策。

二、网络游戏成瘾

网络游戏成瘾（Online Game Addiction，OGA），亦称电脑成瘾，是指不惜花费大量时间、精力和金钱沉迷于各种不同的网络游戏，体验好玩、刺激、惊险的过程，以获得成就感和自我价值感。对男性为主体的网络游戏玩家来说，那些网络联机游戏具有更大的吸引性、刺激性和挑战性。

国内外的相关调查一致显示，青少年学生群体尤其是男生沉溺于网络游戏的比例较高。2013 年，日本有一家综合研究所对 785 名小学生进行了一个调查，调查结果表明：其中有 1 成左右的小学生常用智能手机和平板电脑，有大约 3 成的受访小学生最想得到的礼物就是这两样礼物；小学 4～6 年级的男、女学生每天使用电脑的时间分别是 39 分钟、27 分钟，玩游戏的平均时间分别是 2 小时 19 分钟、1 小时 8 分钟，看电视超过 3 小时，而每天看书的时间分别只有 34 分钟、54 分钟。

另外，还有一家日本公司也同时对 617 名青少年进行了一个与网络使用相关的问卷调查。这些受访青少年的电脑使用率达到 44.2%，接触网络的比率高达 86.4%，有 40.0% 的受访者会观看下载视频，还有 30.0% 的受访者会玩网络游戏。这项调查的数据还表明，有 8 成以上的青少年母亲表示非常在意子女在网上做什么，大约有 6 成的母亲在孩子们上网的时间里进行陪伴，有 5 成的母亲会采取一些措施，以避免孩子浏览那些有害的网站。

2005—2015 年，中国互联网信息中心对中国互联网做的调查数据显示，大约 35.0% 的网络使用者上网的主要目的是为了享受"网上游戏娱乐"。

假如说网络色情成瘾、网络关系成瘾的致因是为了满足爱与归属的需要，那么网络游戏成瘾者则更多的是为了获取一种认同感、成就感、自我价值感。

专家认为，从青少年网络成瘾者自身因素来分析，网络游戏成瘾主要有以下 3 个原因：①缺乏自我控制能力。青少年尚未形成完整稳定的世界观、人生观和价值观，对新鲜事物好奇与探究的欲望十分强烈。少数人经受不住其他玩家的蛊惑、宣传，在猎奇心理的驱使下，往往因为自制力薄弱而深陷其中。②沟通和社交能力低。孤独感与网络游戏使用的增加呈正相关。自卑造成孤独，使人难以与他人建立良好的人际关系。有的人因为内心压抑，通过玩游戏可以得到宣泄和释放，在虚拟世界获得满足感。③存在焦虑、抑郁等心理问题。青少年网络游戏成瘾是患者焦虑、抑郁症状的表现之一，患者将玩网络游戏作为缓解焦虑、抑郁的重要手段，与"借酒浇愁"类似。

原北京军区总医院成瘾医学中心的临床观察研究显示，过分沉迷于网络游戏会使青少年在认知信息的途径上发生严重扭曲，大脑就像接受了网络编辑程序那样，长时间的游戏文化会渗透于青少年的思想、语言和行为中，从而使他们在许多方面都变得游戏化，导致他们在现实环境中表现出表情呆滞、容易冲动和发怒的特征。

关于沉迷于网络游戏而荒废学业、耽误前程，甚至违法犯罪或猝死的案例已是不胜枚举。

═══ 案例回顾 5-4 ═══

网络游戏成瘾

陈婧怡是漳州市龙文区法院少年庭的法官。2015 年 8 月，她受理了一起未成年人寻衅滋事案。16 岁的小何在网吧偶遇出手阔绰的小翁，便盯上了对方，多次在校门口向其强行索要钱财，甚至不惜动用暴力手段。经办案件时，陈婧怡得知，小何是外来工子女，父母对其疏于管教。初中辍学后，他成了网吧常客，迷上了各种暴力网游，在他眼中，现实世界与游戏世界一样，暴力可以解决任何问题。

陈婧怡有着数年少年犯罪案的审判工作经验，在她看来，暴力网游已经成为青少年犯罪的主要诱因之一。据她统计，近年来，涉嫌犯罪的青少年中，超 8 成有过痴迷暴力网游的经历。

"比如，外来务工子女，由于他们的父母工作忙、文化程度低，无暇无力监管孩子，于是网吧就成了他们的乐园，一泡就是几小时。"陈婧怡说，暴力网游痴迷者大多表现出亢奋、恍惚、喜怒无常、分不清虚拟与现实等特征。她以近期的一件故意伤人案为例。几个青少年在网吧门口朝马路丢棍子寻开心，被绊倒的路人埋怨了一句。于是，他们就追到对方家门口，手持镀锌管与刀具，将人捅伤。这类犯罪还呈现出群体性特征。2015 年上半年，当地朝阳镇发生了一起连环盗窃案。多名青少年撬开沿街店铺，偷遍了一整排食杂店。"这些孩子在现实中结成帮派，年龄最大的 16 岁，最小的不过 13 岁，平时他们就经常在网上组队打怪。"陈婧怡说。

（张辉：《亟待建立网游分级管理制度　对症"电子海洛因"（图）》，http://news.163.com/15/0926/00/B4D8GIIB00014AEE.html，2018-12-20。）

<hr>

知识链接 5-2

网络关系成瘾与网络游戏成瘾的比较

不同类型的网络成瘾既具有成瘾行为的某些共性特征，也会表现出一些明显的个性差异。

北京大学心理与认知科学学院钱铭怡教授对此问题做的调研结果如下。

①网络游戏成瘾倾向与网络关系成瘾倾向在性别之间存在显著性差异。这可能是因为网络行为与现实生活行为是息息相关的，男女不同性别的人可能会把各自现实生活的习惯与方式延伸到网络上来。

②网络游戏成瘾倾向与网络关系成瘾倾向在人格特质方面存在一定差异。网络游戏成瘾与高成就动机特质呈现明显的正相关。成就动机是人们在完成任务的过程中，力求获得成功的内部动因。

③网络游戏成瘾倾向还与感觉寻求特质呈现出明显的正相关。感觉寻求是一种寻求变化、奇异和复杂感觉或体验的人格特质。这可能是因为电脑游戏往往具有生动的感观效果，而游戏品种层出不穷，对于具有高感觉寻求特质的人来说，可能是获得满足的途径之一。

④网络关系成瘾倾向与外向性的人格特质之间呈正相关，而与神经质的人格特质之间呈现负相关。这一结果与前人的研究和假设显示了不一致的倾向性。个性外向、神经质程度较低的人，更容易在网络的人际交往中投注时间和精力，从中满足其人际交往的需要。

⑤网络游戏成瘾倾向与网络关系成瘾倾向都与羞耻感呈正相关。这种趋势与其他物质成瘾和行为成瘾（如赌博成瘾、性成瘾和神经性贪食症）的研究结论相一致。成瘾者常常对自己的行为感到羞耻，并

试图向生活中的重要他人隐瞒自己的成瘾行为。网络关系成瘾倾向与自尊之间显示了显著的正相关，而网络游戏成瘾倾向与自尊之间没有相关。

⑥网络游戏成瘾倾向与对人际交往中的自我和环境的负性评价、对个人才智的正性评价的认知方面都存在显著的正相关，而网络关系成瘾倾向则与这三者都无明显关系。

（陶然、应力、岳晓东等：《网络成瘾探析与干预》，上海，上海人民出版社，2007。）

三、网络色情成瘾

网络色情成瘾通常是指个体沉迷于成人话题的聊天室、网络色情网站、网络虚拟性行为、网络色情文学等活动。网络色情成瘾主要表现为无法抵御网络上的色情内容（如色情文字、音乐、聊天、图片、视频、网络性行为）的诱惑，沉迷于其中难以自拔。

青少年是网络色情成瘾的高发人群。随着性生理的日渐成熟，青少年对性及色情信息比其他年龄段的网络使用者更为关注和好奇，因而也更加容易被网络色情内容诱惑而导致网络色情成瘾。不少青少年因此而荒废学业，身心健康受损，误入歧途，走向性犯罪，甚至危及人身安全与生命。

=== 案例回顾 5-5 ===

网络色情成瘾

2011年9月10日三秦都市报报道，一位年仅12岁的小学生因为沉迷于网络色情，导致小小年纪手淫成瘾，患上前列腺疾病；一位18岁的在校男大学生因为迷恋黄色网站，年纪轻轻就已经患上勃起功能障碍（俗称"阳痿"），不敢找对象……目睹一个个被网络色情"网"住的花季青少年，内心被深深刺痛的多位性健康教育专家疾呼："健康性教育"走进校园刻不容缓。

（李海涛：《12岁学生沉迷网络色情患前列腺　专家疾呼性教育》，http://news.cnwest.com/content/2011－09/10/content_5186463.htm，2018-12-20。）

网络的跳脱性以及易介入性、直观性，使得互联网上有关色情的话题、图片、视频等信息可谓无处不在、不易防范，这是导致国内外性犯罪现象高发且日趋低龄化的主要原因之一。

例如，日本警方的一项调查显示，2012 年日本全国青少年的色情犯罪案件同比增加了 9.7%。这项统计从 1996 年开始，2012 年度的数据创下了最高纪录，青少年的色情犯罪受害者一共有 1264 人，而小学生所占比例高达 56.3%。低龄少年受害的倾向进一步加剧。专家指出，这一现象与青少年群体网络色情成瘾发生率逐年递增趋势呈现正相关。

再如，近期国内一项调查显示，3000 名大学生、中学生参与调查的被试中，曾经光顾色情网站的占 46%，沉溺于性聊天室的学生占 76%。

不少自控力差、婚姻关系不良的成年人，以及打工者、留守妇女等人群为了满足性需要，也会沉迷于网上的虚拟性活动而无法自控。

四、网络交易成瘾

网络强迫行为是指以一种难以抵抗的冲动，着迷于在线赌博、网上贸易或者拍卖、购物。对于青少年学生群体来说，网络交易成瘾的人数远远大于网络赌博、网上贸易或者拍卖成瘾。

目前，随着智能手机的普及、互联网经济的快速发展，以"淘宝""京东"为代表的各类网上商城、网上店铺日益增多，直接利用手机上网即可随时随地快捷购物，并且网络购物往往较实体店购物便宜一些，因此，网络购物已经成为一种新的潮流和时尚。"网上银行"的使用、快递业的兴起、支付平台的全覆盖，以及近期推出的"无人购物超市"，无疑对这种新潮流起到了支撑和推波助澜的作用。

然而，应该指出的是，我们在有效合理地利用互联网购物的同时，不应该深陷其中不能自拔，不应该无节制地或盲目地购买一些平时使用率很低的商品。调查研究显示，在现实生活中，女性的网络交易成瘾者显著多于男性。很多网络成瘾者习惯在网上购物、消费，他们中的一部分人防范意识不强，常常随意将自己或家人的存折账号告知互联网上的商家。然而，这也从另一个视角说明网络成瘾者似乎对网上的人际关系更加信赖、依赖。

近年来，关于网络交易成瘾引起的家庭不和谐甚至破裂的事件屡见报端。

═══ **案例回顾 5-6** ═══

网络交易成瘾

2013年2月26日新文化报延吉讯，一名年轻男子走进吉林省延边朝鲜族自治州汪清县人民法院立案庭，大声对法官说："法官，我要离婚，我媳妇天天上网购物，有用没用的都买，一年网购花掉五六万，我俩结婚时父母给的钱全让她花光了，我没法跟她过了！"

另外，据2013年6月17日重庆晨报报道，重庆市一女子因网购成瘾自杀，遗书称控制不了自己。该名女子陈某，28岁，是个地道的重庆辣妹，拥有漂亮的脸蛋和苗条的身材。几年前，陈某第一次接触网购，之后便越来越无法自拔。衣服、鞋子、包包……都是陈某长期网购的商品。由于酷爱购物，陈某几乎每年都要在网购上花掉数万元，也因此经常跟老公吵架。

后来，陈某不想再因为网购的事与老公争吵，于是她决心戒掉网购的瘾。但坚持一段时间后，她的购物欲望又开始萌发。陈某怕被老公责骂，也无法原谅自己再一次深陷网购而无法自拔。最后，她选择了用极端的自杀方式(喝了两瓶敌敌畏)来彻底结束自己的购物欲望。

（杨威：《妻子网购成瘾一年五六万　丈夫生气闹离婚》，http://world.heb-news.cn/2013—02/26/content_3112938.htm，2018-12-20。）

五、网络信息成瘾

网络信息成瘾亦称信息收集成瘾或网络信息过载，是指个体花费大量的时间强迫性地浏览网页以查找和收集对自身学习、生活、工作无关紧要并无实际意义的各类信息，部分人还会实施明确指向的、偏执性的、强迫性的"碎片化"阅读。

═══ **案例回顾 5-7** ═══

网络信息成瘾

原北京军区总医院成瘾医学中心曾经接收并矫治了1名随身携带32个移动硬盘的网络信息成瘾患者。该患者咄咄逼人，自称为

"网络百科全书"，在整整两年的时间里，他将自己完全浸泡在信息的海洋里，以至于根本无法呼吸。

医学中心通过对患者进行一系列测定和评估后，判断他已经表现出信息收集成瘾的多种特征。通过意象对话、沙盘游戏等治疗后，患者渐渐察觉了自我的认知曲解和行为偏差。

（陶然、应力、岳晓东等：《网络成瘾探析与干预》，上海，上海人民出版社，2007。）

2005年，香港中文大学医学部的孙彼得教授指出，在信息爆炸时代，人们对信息的吸收是呈平方数增长的，但是面对如此大量的信息，人类的思维模式还远远没有很好地调整到可以接受如此大量信息的阶段，由此就会造成一系列的自我强迫和紧张，即信息焦虑，影响身心健康。

高学历者和青少年是网络信息成瘾的易患人群。据调查，网络信息成瘾多发于年龄为25～40岁的高学历者，性格内向、拘泥细节的人更加容易患网络信息成瘾。此类患者每天都要花费大量时间上网浏览信息，但心里还是不踏实，总觉得漏掉了什么信息。一旦家中或单位出现网络堵塞、电脑断电、电子读物无法打开等现象，就会感觉极其不适应，变得焦虑不安、心情浮躁，总是担心漏掉重要的信息和新闻，害怕给学习、工作带来负面影响。部分患者还会出现躯体症状，如失眠、头痛、食欲下降、恶心呕吐。

网络信息成瘾会影响青少年的身心健康，造成视力下降、过度疲劳，对信息的分析综合能力降低，严重时还会引发头晕、烦躁、厌食等症状；引起情绪焦虑，性格易怒，注意力分散，认知曲解，动机缺乏。

第三节　网络成瘾的症状

由于人格特质、成瘾程度不一，不同网络成瘾个体的成瘾症状具有鲜明的个性特征，但这些个性特性从根本上来说受控制于网瘾的共性特征，即具有普遍意义的核心症状。

一、网络成瘾的核心症状诠释

(一)耐受性

耐受性是指随着连续多次地使用网络，网络成瘾者的大脑感觉阈限会增高，其对原有上网行为的敏感度下降。为了达到与先前同样的愉悦享受和高峰体验，个体必须延长上网时间或提高上网内容的刺激强度。因此，耐受性表征的是上网时间的延长、强度的增加。

(二)戒断反应

戒断反应是指网络成瘾者一旦停止或减少上网行为后出现的以上网冲动和渴求为特征的心理症候群，包括坐立不安、失眠、情绪波动、焦虑、烦躁、双手颤抖、食欲缺乏、注意力分散、神情呆滞等症状。这与戒烟导致的戒断反应有些类似。戒烟是一个十分煎熬的过程，会出现头痛、无力、烦躁、注意力难以集中等身心反应。戒断反应可能会致使网络成瘾者丧失理性，严重者甚至可能会采取自残或攻击手段，极大地危害个人健康及家庭和社会安全。

预防戒断反应的方法：应该逐步递减上网时间和强度，不可一步到位。同时，应采用能够使网络成瘾者获得同样愉悦感且有益于身心健康的替代活动项目，如球类运动、跳舞、音乐、绘画。

(三)复发性

复发性是指网络成瘾者的网瘾症状在一段时间内已经明显减轻或被较好控制后，仍然可能会因为受某种内部诱因或外部推力(如情绪问题、应激事件)的单独或共同作用而反复发作。因此，网瘾的戒断不仅只是针对靶症状，更应该考虑人格的全面整合，以及自我力量的不断增强。

(四)躯体症状

网络成瘾患者经常长时间不间断上网，会使大脑神经中枢持续处于高度兴奋状态，引起肾上腺素水平异常增高、交感神经过度兴奋、血压升高、体内神经递质分泌紊乱等躯体症状，从而使机体各个系统和器官产生一系列复杂的生理和生物化学变化。这些变化，尤其是自主神经功能紊乱，体内激素水平失衡，会使机体免疫功能下降，进而诱发多种慢性疾病，如心血管疾病、胃肠功能官能症、紧张性头痛、睡眠障碍、焦虑、抑郁。

同时，眼睛长时间注视电脑或手机屏幕会使视网膜上的感光物质（视红质）消耗过多，导致个体视力下降、眼痛、怕光、暗适应能力降低，以及眼底黄斑受损。

另外，长期上网者会出现不自主的手指敲击键盘、滑动鼠标的动作，形成键盘肘、骨质增生。

（五）心理障碍和精神症状

（1）情感表现及行为活动异常

这主要表现为情感反应激烈和情感淡漠僵化两种形式。

网络成瘾者表达情感以及与人主动交流的能力相对较低，具体表现如下。

一些成瘾者表现为情绪极易失控，只是微弱的刺激就会诱发其强烈的情感爆发，做出冲动、毁物等激烈反应，甚至萌生攻击性或自杀的意念和行为。

另一些成瘾者则强化低自尊倾向，自我评价能力不断下降，表现为对外界刺激缺乏相应的情感变化，面部表情呆滞，缺少内心体验，麻木不仁，对周边一切生活事件都不闻不问，甚至发展到对亲人也冷漠无情。

（2）认知改变

这表现为注意力分散、自知力不完整、思维迟缓，偶尔还可能会出现短暂的幻觉、妄想等症状。

（六）社会功能缺失

网络成瘾者的社会功能缺失一般理解为在他的习惯环境中的社会生活方面出现紊乱和种种不适应。原北京军区总医院中国青少年心理成长基地的数据表明：在 1000 个网络成瘾孩子中，辍学在家的比例高达85.8％。学生群体的网络成瘾最显著的标志就是辍学。网络成瘾会使个体孤僻、不合群、胆小沉默、不爱交往，甚至乖戾，从而导致其社会活动兴趣减弱、进取心缺乏、意志薄弱，引发亲子关系冲突、人际交往障碍等问题。此外，网络成瘾还会同时导致吸烟、饮酒、药物滥用等其他成瘾行为的发生。

二、网络成瘾者的人格表现特点

人格是遗传与环境的合金，是个体社会化的产物，这种社会化是一个连续不断、终身发展的过程。

许多研究显示，具有网络成瘾倾向的个体容易受到遗传的个性特点、父母不良养育方式、应激事件、社会不良风气等因素影响。这些因素会对其人格塑造形成一定的负面作用，导致其对现实环境、社会交往等现实事件的不满。为了获得心理平衡，他们往往寄希望于从其他的环境中获得补偿，而网络这个具有虚拟与现实双重功效的空间环境正好能满足这种要求。

心理学家从多个视角对网络成瘾者的人格特征进行了比较系统的归纳解释。比如，陶然等人（2007）总结了网络成瘾者的十大人格表现特点。（见表5-2）

表5-2　网络成瘾者"十大"人格特点表现

人格特点	描述	情景实例
幻想及寻求及时满足	①富于幻想，追求新奇，期望自己与众不同；②常常"不甘寂寞"，不愿意独处；③总是对童年的未完成情结耿耿于怀；④寻求即时满足，没有忍耐性	团体治疗显示，95％以上的孩子觉得生活特没劲，缺少变化，从而去尝试各种经历，去体验多姿多彩、想象中的生活，所以在网络中变成精灵，变成法师、骑士、战士等角色，流连于超越生死的游戏模式
自控能力弱	①情绪表达单一，控制情绪的能力较弱，情绪落差较大；②行为调控能力不足；③缺乏对自己情绪和行为的自我觉察	很多孩子，缺乏对情绪和行为的自我调控能力，往往会因一件小事，大动干戈，造成人际交往困难
抑郁悲观	①大多具有内向的气质，对他人的情绪过度敏感；②具有灰色的人生观，悲观消极地看待事物；③低自尊、自我评价低且单一	基地的1000例样本显示，其中94.6％的网络成瘾患者具有内向、敏感的个性特质，内心自卑；认为成绩决定一切，一旦成绩下降，就觉得自己无法把握自己，对生活产生了无助感

续表

人格特点	描述	情景实例
强迫思维及行为倾向	①经常表现出强迫意念和行为；②刻板，具有完美主义的倾向	他们念念不忘网上的游戏和活动，总是不断重复明知无意义的网络活动，追求网络最高境界
依赖与独立两极化	①在心理和行为上，有时过分依赖，而有时我行我素，要求独立，常常陷入两个极端；②对自己的行为后果缺乏预见性	他们的情绪风格具有场依存型的特点；对网络生活的不弃不舍使得依赖性获得空前的膨胀
认知及行为扭曲	①存在严重的认知歪曲，通常有灾难化、绝对化、以偏概全等思维习惯；②逆反心重，行为极端、偏执	他们通常固执己见、非黑即白，正如他们所说，今天等于永远，被网瘾困扰就没有希望了，干脆破罐子破摔
选择性责任偏差	①他们通常对家庭、学业、工作及生活缺乏控制感和责任意识；②在特定的成瘾行为中，表现出强烈的"责任意识"及团队精神	网络成瘾的孩子通常一方面会对网上的游戏、购物等活动表现出空前的专注力和极强的团队意识，另一方面却放弃现实生活中的种种责任与约束
时间感缺失及行为能力弱	①很少去思考未来，没有时间概念，活在真实时间与虚拟期望的断层之中；②经常会去设想很多的计划，但是行动力缺乏	时间观念的缺乏使得他们更多地关注此刻的感觉，放弃对未来的种种设定和努力；基地的1000例样本显示，他们有太多的想法，但欠缺行动力
防御机制强及内疚心理	①过多启用各类心理防御机制，以保持内心的平衡；②对原生家庭的问题一直内疚自责，并企图改变	正如他们所说的那样："我爸妈离婚是因为我成绩差。""我不痛苦，我很好，我不记得了……"他们否认自己的痛苦，不面对现实的困难

续表

人格特点	描述	情景实例
镜像自我及目标偏低	①更多考虑别人对自己的评价，并由此产生骄傲和屈辱感；②对自己缺乏了解，不能够接纳自己；③缺乏生活的目的，没有明确的方向感，意志薄弱	总是以别人的好恶来确认自己的价值，使得自我判断弱化；主动性的缺失造成他们没有坚定不移的目标

（陶然、应力、岳晓东等：《网络成瘾探析与干预》，上海，上海人民出版社，2007。）

第四节　网络成瘾的诊断

原北京军区总医院成瘾医学中心陶然团队（陶然，应力，岳晓东等，2007），采用《精神症状自评量表》（SCL-90）、《焦虑自评量表》（Self-Rating Anxiety Scale，SAS）和《抑郁自评量表》（Self-Rating Depression Scale，SDS）、《汉密顿焦虑量表》（Hamilton Anxiety Scale，HAMA）和《汉密顿抑郁量表》（Hamilton Depression，HAMD）等多种国内外通用的心理测评工具，对收治的 1000 例网络成瘾患者的症状进行了整体、全面的观察，在此基础上首次提出了网络成瘾的新概念和诊断标准，并且对网络成瘾进行了临床分型，相对客观地评定了患者网络成瘾的严重程度。

这一诊断标准虽然有待进一步修改和完善，但它对提高网络成瘾研究、干预与诊断的一致性、科学性具有开创性意义。

一、网络成瘾的新概念和诊断标准

陶然、应力、岳晓东等人（2007）认为，网络成瘾是指由于反复使用网络而不断刺激中枢神经系统，从而引起神经内分泌紊乱，以精神症状、躯体症状、心理障碍为主要临床表现，导致社会功能活动受损的一组症候群，并产生耐受性和戒断反应。

他们还依据网络成瘾的临床特点、严重程度及预后将其分为网络成瘾症和网络成瘾综合征两大类，具体分述如下。

二、网络成瘾症

(一)定义

网络成瘾症(internet addiction disorder)是指由于过度使用网络，引发了较轻的躯体症状、心理及行为问题。

(二)临床诊断标准

网络成瘾症的临床诊断标准见表 5-3。

表 5-3　网络成瘾症的临床诊断标准

	临床诊断标准
网络成瘾症	符合下述 9 项标准(其中，前 5 个标准为诊断网络成瘾症必需的)，且病程持续时间 3 个月以上者。 ①上网占据了患者的整个思想与行为，表现为强烈的心理渴求与依赖； ②为了获得满足感不断地增加上网的时间和投入程度，表现为耐受性增强； ③停止或减少上网会产生消极的情绪体验，如情绪低落、烦躁不安、焦虑和易激惹，体现了戒断反应； ④上网导致睡眠节律紊乱、倦怠、颤抖、视力衰退、头痛头晕、食欲不振的躯体症状； ⑤导致社会功能受损，如辍学、失业、人际关系冲突； ⑥将上网视为缓解痛苦的唯一方法； ⑦想控制、减少或者停止上网的努力一再失败； ⑧对他人隐瞒自己迷恋网络的程度； ⑨因为使用网络而放弃其他活动和爱好

(陶然、应力、岳晓东等：《网络成瘾探析与干预》，上海，上海人民出版社，2007。)

(三)排除标准

在诊断网络成瘾症时，应注意与下述 3 种情况相区分。

①网络成瘾综合征：在网络成瘾症的基础上，继发了焦虑、抑郁、强迫、恐惧、精神分裂等症状时，应该诊断为网络成瘾综合征。

②网迷：虽然长时间地使用网络，但未导致社会功能明显受损，即未影响到正常的学习、工作和生活，也未伴发精神症状、躯体症状、心

理障碍和戒断反应。这类使用者应归为网迷。

③其他心理问题：如人格障碍、各类神经症，大多于童年和少年时起病，常伴有明显的学业、人际关系等社会功能受损。事实上，网络过度使用只是其偏差行为的一部分或者是缓解痛苦情绪体验的手段之一。

三、网络成瘾综合征

(一)定义与分类

网络成瘾综合征(internet addiction syndrome)是指在网络成瘾症的基础上，继发焦虑、抑郁、强迫、恐惧、人格改变以及精神分裂等症状，这些症状会随着网络成瘾治疗的好转而逐步得到缓解和消除。

网络成瘾综合征可以分为 7 类。

①精神分裂样型网络成瘾综合征。

②焦虑型网络成瘾综合征。

③强迫型网络成瘾综合征。

④抑郁型网络成瘾综合征。

⑤恐惧型网络成瘾综合征。

⑥人格异化型网络成瘾综合征。

⑦混合型网络成瘾综合征。

(二)临床诊断标准

网络成瘾综合征的临床诊断标准见表 5-4。

表 5-4　网络成瘾综合征的分类及临床诊断标准

分类	临床诊断标准
精神分裂样型 网络成瘾综合征	在符合网络成瘾症诊断标准的基础上，包含下述 3 项或 3 项以上症状，病程持续在 2 周以上者。 ①思维散漫、思维迟缓或思维内容贫乏； ②木僵状态与冲动攻击性交替出现； ③无明显原因下出现兴奋躁动或抑郁状态； ④出现孤僻、违拗、幼稚化等行为以及多疑或超价观念； ⑤偶尔出现短暂性幻觉和妄想； ⑥学习、工作、生活以及社交等社会功能受到不同程度损害

续表

分类	临床诊断标准
焦虑型网络成瘾综合征	在符合网络成瘾症诊断标准的基础上，包含下述 2 项以上症状，病程持续在 3 个月以上者。 ①运动性不安、坐卧不宁、提心吊胆、恐慌不安、搓手顿足或肢体震颤； ②情绪波动，可伴有紧张或恐惧； ③自主神经功能紊乱，如心慌、胸闷、手抖、出汗； ④感到精神痛苦； ⑤学习、工作、生活以及社交等社会功能受到不同程度损害
强迫型网络成瘾综合征	在符合网络成瘾症诊断标准的基础上，包含下述 2 项以上症状，病程持续在 3 个月以上者。 ①以间歇性强迫思维为主的临床表现，包括强迫观念、强迫回忆、强迫性害怕丧失自控力等； ②以间断性强迫动作为主的临床表现； ③明知缺乏意义、不合情理，但无法控制； ④感到精神痛苦，有求治欲望； ⑤学习、工作、生活以及社交等社会功能受到不同程度损害
抑郁型网络成瘾综合征	在符合网络成瘾症诊断标准的基础上，包括下述 3 项以上症状，病程持续在 2 周以上者。 ①广泛性情趣减退，对前途悲观，觉得生活没有意义，经常有自杀念头； ②自觉疲惫无力或精神不振； ③自我评价低，不愿主动与人交往； ④不排斥接受鼓励与赞扬； ⑤学习、工作、生活以及社交等社会功能受到不同程度损害
恐惧型网络成瘾综合征	在符合网络成瘾症诊断标准的基础上，包含下述 2 项以上症状，病程持续在 3 个月以上者。 ①常伴有心慌、脸红、出汗、颤抖及提心吊胆的情绪体验； ②害怕被人看见，与人对视，感到精神痛苦； ③常有期待性紧张不安和焦虑； ④一旦遇到特定恐怖情景，极力逃避； ⑤学习、工作、生活以及社交等社会功能受到不同程度损害

续表

分类	临床诊断标准
人格异化型 网络成瘾综合征	在符合网络成瘾症诊断标准的基础上，包含下述 3 项以上症状，病程持续在 3 个月以上者。 ①性格突出或过分发展； ②情感不稳，容易激怒或情绪低落，有时情感肤浅甚至冷酷无情； ③行为受情感的冲动、偶然的动机或本能的愿望支配； ④言语信口开河，常有撒谎现象； ⑤学习、工作、生活以及社交等社会功能受到不同程度损害
混合型网络成瘾综合征	在符合网络成瘾症诊断标准的基础上，伴有精神分裂样症状、强迫症状、抑郁症状、恐惧症状及人格障碍等其中 2 种以上症状者

（陶然、应力、岳晓东等：《网络成瘾探析与干预》，上海，上海人民出版社，2007。）

第五节　网络成瘾的鉴别诊断

网络成瘾（尤其是重症网络成瘾）患者会继发各类心理疾病、精神疾病。同时，网络成瘾患者还可能患有其他心理疾病或精神疾病，存在"共病现象"。临床研究证实，网络成瘾与精神疾病的"共病现象"在临床中并不少见，且"共病现象"明显，这往往会给网络成瘾的临床诊断与治疗带来困扰。如网络成瘾综合征患者同时患有抑郁、焦虑、恐惧等情绪障碍，50％以上的网络成瘾患者同时伴有情绪障碍、品行障碍、人格障碍，甚至还伴有精神分裂症前期症状。

因此，在对网络成瘾患者进行诊疗的过程中，常常会遇到临床症状表现不甚明确、不甚经典的情况，这时往往需要与下列常见的心理疾病以及精神疾病（如精神分裂症、抑郁发作、焦虑症、恐惧症、强迫症、人格障碍、冲动控制障碍、物质成瘾）进行区分鉴别，才能更好地实施治疗。

一、精神分裂症

精神分裂症是一组病因迄今未明的重性精神病。大多在青壮年缓慢起病或亚急性起病，尤其以 15～35 岁发病最为常见。目前一般认为，精神分裂症的病因可能与遗传因素、神经生化学的改变、神经发育异常、环境中的社会心理因素、因为母亲在怀孕初期感染病毒导致的胎儿大脑神经细胞错位等有关。

精神分裂症的发病形式、临床特征、病程过程和结局有所不同。在临床上通常表现为症状各异的综合征，涉及感知觉、思维、情感和行为等多方面的障碍以及精神活动的不协调。患者一般意识清楚，智能基本正常，但是部分患者在疾病过程中会出现认知功能的损害。病程一般迁延，呈现反复发作、加重或恶化的特点，部分患者最终会出现衰退和精神残疾，但是有些患者经过治疗后可以保持痊愈状态或基本痊愈状态。其主要临床类型和表现如下。

(一)主要的临床类型
①单纯型精神分裂症。
②青春型精神分裂症。
③偏执型精神分裂症。
④紧张型精神分裂症。

(二)临床表现
①出现思维障碍、情感障碍以及幻觉、妄想等"阳性症状"，且持续存在。
②出现动力、精力、兴致、礼仪、社交等缺乏的正常精神功能衰退或缺失的"阴性状态"。
③出现思维障碍、情感障碍、意向行为障碍，三者互不协调，缺乏自知力。

(三)鉴别要点
原北京军区总医院成瘾医学中心研究指出，精神分裂症型网络成瘾综合征，可以出现类似精神分裂症病人的思维障碍、情感障碍、意向行为障碍的情况，但三者较为协调。幻觉、妄想症状时间短暂，并且随着网瘾疗效的出现，可以得到有效改善。另外，患者的自知力存在，但自控能力差。

二、抑郁发作

抑郁发作是指以抑郁为特征的疾病状态，属于情感障碍的一种主要表现，伴有相应的认知、行为、人际关系方面的改变或紊乱以及躯体症状的出现，时间持续两周以上。其发作形式有 4 种：轻型抑郁症、无精神病症状抑郁症、有精神病症状抑郁症、复发性抑郁症。

精神病学对抑郁发作的界定和内涵的解释尚不一致。早期观点认为，抑郁发作是指没有明显的内源性抑郁症状，是与应激事件有因果联系以及与适应不良的人格有关的症候群。现有证据表明，没有同质的临床病种符合抑郁发作的所有标准，因此 CCMD-3 不用这一名词。详见内源性抑郁症、恶劣心境。

(一)主要的临床类型

1. 核心症状

心境或者情绪低落、兴趣缺乏以及乐趣丧失。诊断抑郁状态时至少应该包括此 3 个症状之中的一个。

①情绪低落。抑郁症患者体验到情绪低落、悲伤。其情绪的基调是低沉的、灰暗的，常常诉说自己心情不好，高兴不起来。患者常常可以将自己在抑郁状态下体验到的悲观、悲伤情绪与丧失亲友导致的悲哀互相区别，这就是在诊断之中经常提到的"抑郁的特殊性质"，它是区别"内源性"抑郁与"反应性"抑郁的症状之一。在抑郁发作的基础上患者会感到绝望、无助与无用。

绝望：对前途感到失望，认为自己无出路。此症状与自杀观念密切相关，在临床上应该注意鉴别。

无助：是与绝望密切相关的症状，对自己的现状缺乏改变的信心和决心。常见的叙述是感到自己的现状（如疾病状态）无法好转，对治疗失去信心。

无用：认为自己的生活毫无价值，充满了失败，一无是处；认为自己为别人带来的只有麻烦，不会对任何人有用，别人也不会在乎自己。

②兴趣缺乏。患者对各种以前喜爱的活动缺乏兴趣，如文娱、体育活动。典型者对任何事物无论好坏都缺乏兴趣，离群索居，不愿见人。

③乐趣丧失。亦称快感缺失，患者无法从生活中体验到乐趣。

这3个主要症状相互联系，可以在一个患者身上同时出现，互为因果。但是也有不少患者只是其中某种或者两种突出。有的患者不认为自己情绪不好，但是对周围事物不感兴趣。有时可以让处于百无聊赖情况下的抑郁症患者参加一些活动，主要是由自己单独参与的活动，如看书、看影视、体育活动。表面看来患者的兴趣仍然存在，但是通过进一步询问便可以发现，患者无法在这些活动之中获得乐趣，他们从事这些活动的主要目的仅仅是为了消磨时间，或者希望能够从悲观失望之中摆脱出来。

2. 心理症状群

涉及心理学伴随症状（如焦虑、自责自罪、精神病性症状、认知症状以及自杀观念和行为），精神运动性症状（如精神运动性兴奋、精神运动性激越）。

3. 躯体症状群

睡眠紊乱、食欲紊乱、性功能减退、非特异性躯体症状（如疼痛、周身不适、自主神经功能紊乱）。

（二）主要的临床表现

①情绪低落、思维缓慢、意志消沉、语言减少、动作迟缓。

②睡眠紊乱、食欲不振、体重减轻、性欲减退。

③自我评价过低或自责，反复出现自杀念头或自杀行为。

（三）鉴别要点

原北京军区总医院成瘾医学中心证实，抑郁型网络成瘾综合征也会出现抑郁发作的一些症状，但是有所区别。比如，患者虽然对日常活动丧失兴趣，但是对上网乐此不疲；虽然精力减退、疲乏无力，但是上网时这些症状会得到缓解；虽然自我评价低，但是接受鼓励与赞扬。另外，抑郁型网络成瘾综合征患者被动接触良好，消极程度不严重，上网时症状会得到缓解，下线后表现明显。

三、焦虑症

焦虑症亦称焦虑性神经症，是神经症这一大类疾病中最常见的一种，可以发生于任何年龄，但是40岁以前较为多见。它是一种并非由焦虑刺激引起的或不能用焦虑刺激合理解释的，以焦虑情绪体验为主，同时伴有明显自主神经系统功能紊乱的神经症。表现为无明确客观对象的紧张担心、坐立不安，还明显地伴有诸如心悸、手抖、出汗、尿频等自主神经紊乱症状。

我们应注意区分正常的焦虑情绪，假如个体焦虑严重程度与客观事实或处境明显不符，或持续时间过长，则可能为病理性的焦虑。

(一)主要的临床类型
①急性焦虑型(惊恐症焦虑)。
②慢性焦虑症(广泛性焦虑)。

(二)主要的临床表现
①精神性焦虑表现为焦虑的情绪体验。
②躯体性焦虑即因运动性不安和交感神经功能亢进而出现的躯体症状。

(三)鉴别要点
焦虑型网络成瘾综合征可以伴有类似焦虑症病人的焦虑症状，突然停止上网时焦虑反应更为明显，但其焦虑程度远不如焦虑症严重。其特点是上网后焦虑状态明显改善或消失。随着网瘾的治疗和戒除，症状会得到缓解和消除。

四、恐惧症
恐惧症是一种对某些特定的对象、境遇或在与人交往时产生不合情理而又异乎寻常的、强烈的恐惧或紧张不安的内心体验，从而出现不必要的回避反应的神经症。本病以少儿期、青年期与老年期发病者居多，女性则更为多见。

患者对某些特定的对象或境遇怀有强烈的、不必要的恐惧情绪，发作时往往伴有显著的焦虑以及自主神经功能紊乱症状，并采取主动回避所害怕的特定对象或境遇的方式来解除这种不安。恐惧反应与引起恐惧的客体极不相称，患者也知道这种恐惧情绪是过分的、不应该的或不合理的，但在相同场合下仍然反复出现，难以控制，以至于极力回避所恐惧的客观事物或情境，影响其正常活动。

恐惧的对象或处境可以是单一的或多种的，如动物、闭室、登高、广场或社交活动。

（一）主要的临床类型
①社交恐惧症。
②单纯恐惧症。
③广场恐惧症。

（二）临床表现
①出现强烈的恐惧，同时伴有心慌、脸红、出汗、颤抖等自主神经系统紊乱症状。
②当恐怖刺激或情境出现时，会极力回避。

（三）鉴别要点
恐惧型网络成瘾综合征患者经常出现的恐惧症状与恐惧症的症状类似，但症状比较轻微，且不持久、易缓解，多与上网时间过长、紧张有关。常常表现为社交恐惧或诉情障碍。随着网瘾的治疗和戒除，症状会得到一定程度的控制。

五、强迫症
强迫症属于焦虑障碍的一种类型，是指反复出现一种不可抗拒的和被迫无奈的观念、情绪、意向或行为，是一种患者虽然力图克制但却又无力摆脱的神经症，大多起病于青少年期或成年早期。

其特点为有意识的强迫和反强迫并存，一些毫无意义，甚至违背自己意愿的想法或冲动反反复复地侵入患者的日常生活。患者虽然体验到这些想法或冲动来源于自身，并极力抵抗它们，但始终无法控制，二者强烈的冲突使患者体验到巨大的焦虑和痛苦，影响学习、工作、人际交往甚至生活起居。

（一）主要的临床类型
①强迫思维。
②强迫行为。
③强迫情绪。

④强迫意向。

(二)主要的临床表现
强迫观念和强迫症状。

(三)鉴别要点
强迫型网络成瘾综合征的患者感受到的强迫症状，是患者围绕上网出现的症状，表现为反复上网或有反复敲击键盘等格式化动作。其预后较好，在无过分接触网络时不容易出现此种症状。随着治疗的开展，症状可能会得到较好的控制。

六、人格障碍

人格亦称个性，是指一个人稳定的、独特的行为模式以及在日常活动中待人处事的习惯方式，是其全部心理特征的综合。

人格障碍，亦称病态人格或变态人格，是一种大多在童年、少年或青春期前起病，症状延续到成年，并在成年期比较恒定、不易改变、矫正困难、明显偏离正常社会规范的行为模式。患者往往表现为人格各成分之间的失衡或人格性质上的失常，有明显的社会功能障碍，影响正常人际关系。由于这个原因，患者会遭受痛苦和/或使他人遭受痛苦，或给个人、家庭、学校、社会造成负面影响。

目前，学界尽管在人格障碍的治疗上已经取得了一些进步，找到了有效改变的方法和途径，但对人格障碍的处理在很大程度上仍然是根据人格障碍者的不同特点，帮助其寻求减少冲突的生活道路和生活方式。

(一)主要的临床类型
①情感型人格障碍。
②偏执型人格障碍。
③强迫型人格障碍。
④表演型人格障碍。
⑤反社会型人格障碍。
⑥冲动型人格障碍。
⑦攻击型人格障碍。
⑧边缘型人格障碍。

⑨分裂样型人格障碍。

⑩被动型人格障碍。

(二)主要的临床表现

①具有明显的人格缺陷、情感障碍等适应不良，人格偏离正常具有相对稳定性。

②行为方式持久变少，一贯异常。

(三)鉴别要点

原北京军区总医院成瘾医学中心认为，人格异化型网络成瘾综合征患者可能伴有一些人格障碍的特点，但其人格改变大多在网络成瘾过程中出现，症状不延续，经过治疗或网络成瘾彻底解除后，人格偏离将逐渐恢复正常。

七、冲动控制障碍

冲动控制障碍又称意向控制障碍，是指在过分强烈的欲望驱使下，个体采取某些不当行为，这些行为系社会规范所不容的或者会给自己造成危害的，其行为目的仅仅在于获得自我心理的满足或解除精神上的紧张感。患者自称这些行为带有冲动性，无法控制。这些行为不包括偏离正常的性欲与性行为。

(一)主要的临床类型

①偷窃成瘾。

②赌博成瘾。

③强迫性购物。

④强迫性性行为。

⑤其他冲动控制障碍(如拔毛癖、剥指甲、洁癖)。

(二)主要的临床表现

①常常有无法抵制的行为冲动。

②在行为发生前，心情紧张或不快感越来越强烈。

③在行为过程中，感受到快感或极大的心理满足。

④反复发作，在发作的间歇期无明显精神障碍。

(三)鉴别要点

原北京军区总医院成瘾医学中心发现,网络成瘾患者中能够认识到自己的问题却无法控制的患者可能属于冲动控制障碍类型,但是他们只占一小部分。其他的网络成瘾行为与冲动控制障碍在以下方面是有明显区别的。

①在行为类型上,冲动控制障碍大多为赌博、偷窃、性行为、购物等,而网络成瘾是上网行为。

②在行为动机上,冲动控制障碍不明显,但是无法控制自己的冲动行为,而网络成瘾患者大多数有明显的动机,如为了逃避、获得快乐体验。

③在相关因素上,有学者认为冲动控制障碍与意志力、道德和性格没有因果关系,而网络成瘾患者大多意志力薄弱。

八、物质成瘾

成瘾是与人类文明共生的一种现象,它的出现至少已经有 5000 年的历史,现在已发展成为影响人类心身健康的持续性、全球性的灾难。

成瘾行为分为物质成瘾和精神行为成瘾两类。物质成瘾是指在反复使用某种具有成瘾性物质的过程中,机体与物质相互作用而产生的特殊精神状态、躯体状态,以强制性地使用药物或物质来获取特定的心理效应,并借以避免断药时的戒断综合征。前一种情况称为精神性依赖,后一种情况称为躯体性依赖。

精神行为成瘾主要包括性爱成瘾、电子游戏成瘾、网络成瘾等行为。

1998 年,格里菲思提出了较为经典的成瘾评估标准,认为任何一种被称为成瘾的行为必须满足以下 6 项。

①凸显性(salience)。

②耐受性(tolerance)。

③戒断症状(withdrawal symptoms)。

④冲突性(conflict)。

⑤复发性(relapse)。

⑥心境改变(mood alteration)。

目前,精神病学界普遍认为,成瘾性疾病尤其是毒品成瘾是一种慢性复发性的脑疾病。国内成瘾医学和心理学专家何日辉提出,成瘾不仅是一种躯体疾病，更是一种心理疾病。这样就将传统上从道德角度来看待的成瘾性问题转为从医学角度和心理学角度来审视患者。这一转换对于成瘾性疾病的防控具有重大意义，将有助于对成瘾性疾病的深入研究以及科学对待成瘾性疾病人群。

物质成瘾的主要的临床类型、临床表现如下。

（一）主要的临床类型

①新型毒品成瘾（如 K 粉、摇头丸、冰毒、麻古、五仔）。

②传统毒品成瘾（如海洛因、黄皮、大麻）。

③酒精成瘾。

④尼古丁成瘾。

⑤阿片类药物成瘾（如吗啡、哌替啶、美沙酮、丁丙诺菲）。

⑥安眠药成瘾（如安定、艾司唑仑、三唑仑、阿普唑仑）。

⑦处方药滥用成瘾（如止咳药水、曲马朵、复方甘草片、复方地芬诺酯）。

（二）主要的临床表现

①核心表现是躯体依赖和精神依赖。

②不择手段地获得成瘾物质。

③对物质耐受量的增大和停止使用后的戒断反应。

④精神依赖可以在停止物质使用后长期存在。

（三）鉴别要点

物质成瘾是由活性物质导致的，而网络成瘾是一种精神性成瘾，亦是一种行为性成瘾。

第六章

网络成瘾的干预策略

——以培养运动兴趣和践行适量运动为核心的
特色校本课程俱乐部综合干预模式研究

　　网络成瘾的干预方法和策略研究目前仍然处于摸索和整合阶段，虽然说经过学界十几年的努力已经取得一些成果和进展，但是与互联网的普及程度及其对现代人类生活的巨大影响相比尚有很大差距。面对势不可挡的网络信息潮流，如何采用有效的预防和干预措施帮助人们，尤其是引导、帮助青少年合理地使用网络，是国内外相关学者必须面对的现实课题。

　　国外对网络成瘾的干预大多采用心理治疗。国内对网瘾的认识多元，干预方法也呈现多样化，主要有心理治疗、健康教育、政府干预、医学治疗和体育锻炼干预，采用多种方法联合干预网络成瘾已经成为共识。（陶然，应力，岳晓东，等，2007；胡耿丹，张军，2016）

　　然而，大数据研究显示，我国青少年网络成瘾者比例呈逐年递增趋势，且戒断复发率居高不下。这说明网络成瘾的原因、机制研究仍然有待深入；现有的网络成瘾干预方法远期疗效差；青少年网络成瘾问题日趋严重，亟须新的干预理念和方法。可见，对网络成瘾的原因、机制展开多视角、多学科、深层次研究，探寻具有长效作用机制的网络成瘾干预途径和方法是紧迫而重要的任务。为此，我们在吸收和借鉴国内外成功经验以及教训和不足的基础上，提出了"以培养运动兴趣和践行适量运动为核心的特色校本课程俱乐部综合干预模式"。

　　建立这种综合干预模式的依据是：网络成瘾是一种心身综合障碍，成瘾源是发病的内因，人格心理是发病的基础，外部环境是发病的条件。当个体出现成瘾躯体症状时：首先，应该采用基于兴趣的成瘾替代或精神药物的控制和缓解的基础治疗；其次，应该借助心理调适、行为治疗来完善人格心理，树立良好动机和目标；最后，应该同步营造适宜的家庭和学校教育环境，这是帮助其走出网络成瘾的外部条件。只有如此，才能够使个体消除躯体综合症状，重塑健全的人格心理，达到心身合一，增强互联网信息时代的社会适应性。

　　本章关注的主题：运动与网络行为的内在关联是什么？本能视角下网瘾形成的内在机制是什么？现有网瘾综合治疗范式长期疗效差的原因是什么？什么是基于"成瘾置换"的生物—心理—社会多学科整合的网瘾防治模式？如何对"以培养运动兴趣和践行适量运动为核心的特色校本课程俱乐部综合干预模式"的疗效进行评估？

第一节　研究背景及预实验

一、研究背景

　　随着社会的高速发展、生活方式的改变和环境的日趋恶化，人们的健康观和疾病谱也相应发生了重大变化。WHO 一直倡导应用生物—心理—社会医学模式取代传统的生物医学模式，来应对当前的疾病或健康问题。

　　网络成瘾作为一种近十几年来在全球范围内普遍发生且愈演愈烈的社会问题，不论是否能够将其看成一种新的疾病，至少都可以将其视为一种新的健康问题，因为它已经从多个方面、多个层次持续、深远地影响着成瘾者的身心健康。

　　对已有网络成瘾研究文献的荟萃分析显示，学界已经从心理学、认知神经科学、医学、教育学、社会学、体育学、管理学等学科视角比较系统地对网络成瘾的成因、影响因素、防治方法等方面进行了多学科的研究，并取得了显著成果。如已经提出并实践了强化干预法、厌恶干预法、延迟满足法、时间控制法、自我警示法、认知疗法、群体支持法、家庭治疗法、体育锻炼法、药物疗法、中医针灸疗法等诸多有关网络成瘾的防治方法，以及净化社会文化环境方面的相关策略。例如，建立健全网络管理法规，加强对网吧、电子游戏机室等场所的综合治理，建设优质校园网和易班网。易班网是高校教育教学、生活服务、文化娱乐的综合性互动社区，它为在校师生提供定制论坛、博客、相册、网盘、群组、交友等教育信息化一站式服务功能。

依据有关网络成瘾的定义、成因、影响因素、治疗方法等方面的前期研究文献，结合十余年来自身对网络成瘾的研究成果和防治经验，我们认为："网络成瘾的发生发展与生物、心理、社会等多种因素有关，网络成瘾行为可以视为一种不健康的生活行为方式，其防治应该从生物—心理—社会三维角度出发，采用以培育和践行健康生活方式为核心的综合性干预措施。"此外，越来越多的实践证明，适量运动作为WHO倡导的健康四大基石之一，在防治生活行为方式相关疾病（如心脑血管疾病、糖尿病、心理和精神疾病、成瘾性疾病）方面具有重要作用。已有的体育运动防治慢性病、成瘾性疾病等方面的研究文献也有力地佐证了这一点。综上所述，我们提出了"以培养运动兴趣和践行适量运动为核心的综合干预模式可以有效戒除网络成瘾"的观点，并试图通过比较严密的实证研究来考察这一观点的科学性和可行性。

有关体育运动干预网络成瘾的研究已经引起国内外一些学者的重视，并取得了一些有价值的研究成果。早在1977年，哈通（Hartung）和法奇（Farge）研究指出，经常参与体育锻炼的人有较强的自制力和自立能力。这项研究成果对于后来开展的体育运动干预网络成瘾的研究与实践具有一定的启示和促进作用。事实上，与玄幻的网络世界相比，体育运动是一个真实的世界，参与体育锻炼，不仅可以提高人体的身体素质，增强生理机能，还可以调节心理世界，缓解由学习、工作、生活带来的精神压力与身体疲劳，也可以有效地塑造正确的生活行为方式，消除心理障碍，建立良好的自我概念，培养优秀的人格，形成健康的心理品质。刘映海、丹豫晋（2009）从锻炼心理层面上指出，个体的无意识需要可以通过体育锻炼在一定程度上得到满足，许多健康的心理品质在体育锻炼过程中可以得到培养和提高。

另外，体育锻炼在满足个体需要（尤其是情感需要、交际需要、尊重需要和自我实现需要）的过程中与人格关系密切，并且参与体育锻炼同样可以达到上网带来的心理满足体验。萨克斯（Sachs，1980）发现，体育锻炼者在完成某项锻炼任务时，会出现诸如忘却自我、愉悦轻松的感觉，并能够激发再尝试的欲望，从而抵消部分压抑、焦虑的情绪。据研究，在参加体育运动时，运动者的脑垂体可以分泌一种名为"内啡肽"的化学物质，其在中枢神经系统可以与成瘾物质竞争受体，使人产生愉快感，情绪高涨、精力充沛，从而抑制"网瘾"的发作。程风（2009）认为，网络成瘾青少年的体育运动意识比较薄弱，干预者可以通过组织开展多种生动活泼的文化体育活动来加强他们的体育意识。不少学者（比如，张兰君，2007；朱莉，余少兵，2007；盖华聪，程云波，2007；靖华，2006；郭德华，2006）的相关研究均证实，体育运动可以作为一种有效手段或辅助手段来干预学生群体的网络成瘾，一些学者（刘映海，丹豫晋，苏连勇，2010；钱龙超，2012；刘映海，石岩，2014）还提出了运动干预网络成瘾的处方，并对这种干预的机制做了探析。

　　然而，上述体育运动干预网瘾的研究还仅仅停留于体育功能和锻炼心理层面，大多将体育运动视为干预网瘾的一种辅助手段而已。有关体育运动对网瘾的干预作用程度，影响运动干预效果的因素，运动处方制定的依据，运动干预矫治网瘾的深层内在机制、核心要素等方面的研究，鲜见报道。鉴于此，本研究拟从生物—心理—社会三维角度出发，探讨"以培养运动兴趣和践行适量运动为核心的特色校本课程俱乐部综合干预模式"对网络成瘾的戒断作用，考察运动与网络行为的内在关联，分析运动干预矫治网络成瘾的效果和作用机制，以期为网络成瘾防治模式的演进提供新思路和方向。

二、预实验

　　采用 CIAS（见附录一），从广州体育学院 6 个非体育生源专业（特殊教育专业、运动康复和健康专业、体育管理专业、播音与主持专业、体育新闻专业、社会体育专业）的大一、大二学生中筛选出 42 名网络成瘾大学生为被试，对其给予为期 1 个月的"以培养运动兴趣和践行适量运动为核心的特色校本课程俱乐部综合干预"，干预内容包括心理健康教育，医学健康教育，生活方式教育，必要的心理疏导，运动项目（如游泳、长跑、乒乓球、羽毛球、网球、篮球、太极拳、瑜伽、健美操、体育舞蹈）技能教学与考核。

　　预实验中的体质健康测试指标为：男生——身体质量指数、肺活量体重指数、握力体重指数、坐位体前屈、立定跳远、引体向上、50m 跑、1000m 跑；女生——身体质量指数、肺活量体重指数、握力体重指数、坐位体前屈、立定跳远、仰卧起坐、50m 跑、800m 跑。心理状况指标为：躯体化、强迫症状、人际关系敏感、抑郁、焦虑、敌对、恐怖、偏执、精神病性和其他。

　　在干预前、后，分别采用 CIAS、SCL-90（见附录三）以及体质测试常规仪器，对被试的网瘾状况、心理状况指标、体质健康指标进行测试，并用配对 T 检验对前、后测数据进行比较分析。结果显示，综合干预后被试的网瘾状况、心理状况指标和体质健康测试指标均获得显著性改善，$P<$0.05 或 $P<0.01$。据此，我们提出假设："以培养运动兴趣和践行适量运动为核心的特色校本课程俱乐部综合干预模式"是一种有效的适合青少年学生网络成瘾患者的矫治手段。本研究拟在正式实验中，遴选出更多的不同程度的青少年学生网络成瘾患者作为被试，对这一假设进行实证检验。

第二节　研究目的

第一，探讨"以培养运动兴趣和践行适量运动为核心的特色校本课程俱乐部综合干预模式"矫治青少年网络成瘾的效果。

第二，考察运动与网络行为的内在关联，分析运动干预防治青少年网络成瘾的效果和作用机制。

第三节　研究对象与方法

一、研究对象

从广州市 3 所中学的初中 3 个年级和高中 3 个年级中各随机抽取 3 个班，共选取 18 个班(初中 9 个班，高中 9 个班)1042 名中学生作为问卷筛查对象，用《中学生网络成瘾现状问卷调查表》对其进行测试。回收有效问卷 967 份，筛选出不同程度的网瘾学生 98 名为被试。其中，轻度成瘾学生 72 名(男 55 名，女 17 名)；重度网瘾学生 26 名(男 18 名，女 8 名)；成瘾男生 73 名，女生 25 名。随机分为对照组和实验组两组，每组各有轻度网瘾学生 36 名，重度 13 名。

二、研究方法

(一)问卷调查

通过问卷调查筛选网络成瘾者以及测量干预前、后被试的心理健康状况。具体采用以下两个问卷表。

1.《中学生网络成瘾现状问卷调查表》

其主体为 CIAS，共 26 个题目，含 5 个因子：耐受性、戒断反应、强迫性上网症状、时间管理问题及人际健康问题。采用里克特 4 点量表计分，量表总分代表个人网络成瘾的程度，分数越高表示网瘾倾向越高。具体标准为：42 分以下为一般上网者，42～59 分为轻度网瘾者，59 分以上为重度网瘾者。(陈淑惠，翁丽祯，苏逸人，等，2003)

CIAS 是目前中学生网络成瘾研究中使用最多的量表。本问卷在 CIAS 中加入了 5 个与运动兴趣有关的题目，构成"运动兴趣因子"。本研究中，全问卷的克伦巴赫 α 系数为 0.84；6 个因子的克伦巴赫 α 系数为 0.69～0.77。

2.《中国中学生心理健康量表》(Mental Health Inventory of Middle-School Students，MMHI-60)(见附录二)

其由 60 个题目组成，分 10 个分量表：强迫、偏执、敌对、人际敏感、抑郁、焦虑、学习压力、适应不良、情绪不平衡和心理不平衡性。每个分量表由 6 个题目组成。总量表反映个体总的心理健康状况。量表按 5 点记分，总量表与分量表的得分越高，表示受试者心理健康问题越大。本研究中，全量表的克伦巴赫 α 系数为 0.65，10 个分量表的克伦巴赫 α 系数为 0.61～0.86。(王极盛，赫尔实，李焰，1997)

(二)诊断性访谈

采用网络成瘾诊断性访谈提纲(见附录四)，对通过问卷调查法筛选出的 98 名网络成瘾高中生被试进行诊断性访谈。访谈内容涉及上网基本情况、与家庭成员和师生的关系、躯体、心理、社会情况等多方面，对初选出的网络成瘾者及其类型进行再次确认，明确网络成瘾的类型，以方便制定出有针对性的干预措施。访谈结果显示，所选的被试无明显的躯体不适，即被试生理机能的损害不明显。鉴于此，本研究未采用药物、理疗等医学手段进行联合干预。

（三）"以培养运动兴趣和践行适量运动为核心的特色校本课程俱乐部综合干预模式"实验

1. 实验内容和步骤

对实验组进行为期 3 个月的校本课程俱乐部综合干预，使被试掌握 1 项运动技能，形成运动兴趣，养成自主锻炼习惯，从而有效地矫治其网络成瘾。

首先，集中对实验组被试进行 6 次网络成瘾健康管理讲座，60 分钟/次，内容涉及体育的功能、网络成瘾与生活方式的关系、网络成瘾与身心健康的关系等方面，对于心理问题严重的网络成瘾被试给予必要的心理疏导，以增进被试对体育运动健身价值和网瘾危害的正确认知，提升其对健康的忧患意识、危机意识和使命意识，增强其学会和掌握 1 项运动技能的自信心和自尊感，从而有效地激发被试积极参与体育锻炼的热情。对照组不做处理。

然后，由被试根据自身的运动兴趣爱好选择参加一种体育运动项目的培训班，并在培训班教练指导下进行规范、系统的运动技术学习和训练。这些培训班均以校本课程俱乐部形式开展。培训班教练为体育专业教师或体育教育训练学专业的研究生，他们与被试之间建有良好的互动交流关系。可以供被试选择的运动项目见表 6-1。

表 6-1　本研究实验组网络成瘾学生运动项目的选择情况一览表

运动项目	网络成瘾男生（$n=36$）	网络成瘾女生（$n=13$）
大球（篮球、足球）	18	1
乒乓球	1	1
羽毛球	2	0
游泳	7	3
有氧操、街舞	8	7
田径（跑、跳、投）	0	0
体育游戏	0	1
其他	0	0

干预时间在周末，3 次/周，暑期每周增加 1 次，90 分钟/次；不系统计测生理指标，仅测量 50m 跑、立定跳远、握力体重指数、坐位体前

屈等体质健康测试指标，对运动强度不做硬性规定，而是重在培养运动兴趣，掌握运动技能；在注重个体差异、不影响学生运动兴趣的前提下，尽量保证有氧运动强度。在运动干预过程中适时融入体育保健知识，不断提升学生的自信心和自尊感。在运动干预前、后，同时分别采用《中学生网络成瘾现状问卷调查表》、MMHI-60 以及体质测试常规仪器对两组被试的网瘾状况、心理健康状况、体质健康状况进行测评。

2. 实验干预条件的控制

在实验期间，实验组和对照组被试均参加学校正常的体育活动。

为了确保实现本实验的预期目标，在干预条件控制上还采取了如下措施：实验组参加的各个运动项目培训班均是经过我们严格考察其资质后推荐给学生的，且本课题组与培训班之间有协作关系，有定期的、常态化的沟通；要求培训班将本实验的干预目标和任务、运动干预的频率和负荷规定纳入其教学计划、教学内容和评价环节；要求培训班每 2 周反馈 1 次被试的训练状况，对每位被试实施运动干预的动态监测与评价，建立个性化运动训练档案。

3. 运动干预项目的选择

表 6-2 是本研究网络成瘾学生上网的具体活动调查一览表。由表 6-2 可以推知，本研究两组网瘾被试源于网络激活的心理本能主要是好奇心、复仇、荣誉感、社会交往、秩序和力量。而本研究要求选择在本能激活上与网络行为相匹配的运动项目作为干预项目。

表 6-2　本研究网络成瘾学生上网的具体活动调查一览表

上网活动	网络成瘾男生($n=73$)	网络成瘾女生($n=25$)
游戏(竞技、格斗类)	56	2
游戏(益智、娱乐类)	21	17
网络聊天、交际	39	14
阅读、影视	15	11
其他	7	1

(四)跟踪调研

在干预实验结束后对实验组进行为期 9 个月的跟踪调研。采用《中学生网络成瘾现状问卷调查表》和 MMHI-60 监测网络成瘾学生数目的动态变化，结合对班主任、家长及学生的访谈，以了解干预实验后网络成瘾学生的网瘾状况、体育锻炼情况、学习情况和生活态度，帮助他们养成运动习惯，践行长期运动干预，从而实现对运动干预矫治网络成瘾的长期疗效的评估。

（五）统计方法

运用 SPSS17.0 对收集到的数据进行卡方检验、皮尔逊相关分析、配对 T 检验等统计学处理。

第四节　研究结果

一、中学生网络成瘾状况

（一）不同程度网瘾学生分布情况及性别差异

967 份有效样本中，98 名学生对网络有不同程度的依赖，占 10.13%。其中，轻度网络成瘾学生 72 名（男 55 名，女 17 名），占 7.44%；重度网络成瘾学生 26 名（男 18 名，女 8 名），占 2.69%；网络成瘾男生共 73 名，占 7.54%，女生共 25 名，占 2.59%。轻度、重度的网络成瘾男生均显著多于女生（$\chi^2 = 62.34$，$P < 0.01$），但是男、女生在轻度网络成瘾中的构成比与其在重度网络成瘾中的构成比无显著性差异（$\chi^2 = 1.87$，$P > 0.05$）。

（二）网络成瘾与心理指标及运动兴趣因子的相关性分析

由表 6-3 可知，中学生网络成瘾分数与心理健康总均分及各因子分之间均呈现非常显著的正相关（$P < 0.01$），网络成瘾分数越高，心理健康状况越差，说明 MMHI-60 可以很好地反映、区分网络成瘾学生心理健康的状况以及间接地表征他们的网络成瘾程度。网络成瘾分数与运动兴趣因子的相关分析显示，两者呈显著负相关性（$r = -0.824$，$P < 0.01$）。

表 6-3　网络成瘾分数与心理指标的相关性一览表

	心理健康总均分	强迫症状	偏执	敌对	人际敏感	抑郁	焦虑	学习压力	适应不良	情绪失衡	心理失衡
网络成瘾分数	0.912	0.923	0.925	0.917	0.932	0.921	0.940	0.916	0.926	0.935	0.929
P	0.000**	0.000**	0.000**	0.000**	0.000**	0.000**	0.000**	0.000**	0.000**	0.000**	0.000**

注：* 表示 $P<0.05$，** 表示 $P<0.01$。下同。

(三)不同程度网络成瘾学生的心理健康状况比较

表 6-4 显示，重度与轻度网络成瘾学生之间除了在偏执、学习压力上呈显著性差异($P<0.05$)外，在心理健康总均分以及其余各因子上的差异均非常显著($P<0.01$)。网络成瘾等级越高，心理健康问题越严重。

表 6-4　不同程度网络成瘾学生的心理健康状况比较一览表

	轻度网络成瘾学生($n=72$)	重度网络成瘾学生($n=26$)
心理健康总均分	3.75±0.14	4.75±0.19**
强迫症状	3.79±0.13	4.83±0.20**
偏执	3.83±0.16	4.27±0.23*
敌对	3.91±0.15	4.76±0.10**
人际敏感	3.85±0.08	4.91±0.19**
抑郁	3.90±0.15	4.87±0.12**
焦虑	3.79±0.18	4.83±0.18**
学习压力	3.81±0.21	4.42±0.32*
适应不良	3.77±0.18	4.80±0.28**
情绪不平衡	3.83±0.11	4.71±0.23**
心理不平衡	3.74±0.20	4.73±0.21**

二、综合干预实验结果

(一)干预后实验组网络成瘾学生的数目变化

干预后，29 名轻度网络成瘾学生摆脱了网瘾，戒断率达到了80.5%；6 名重度网络成瘾学生症状缓解，成为轻度网络成瘾者，有效率达到了 46.2%。(见表 6-5)

表 6-5　实验组运动干预前、后各等级网络成瘾学生数目变化一览表($n=49$)

	性别	干预前	干预后
正常学生	男	0	21
	女	0	8
轻度网络成瘾学生	男	27	10
	女	9	3
重度网络成瘾学生	男	10	6
	女	3	1

(二)干预前后两组被试的心理状况比较

实验组干预后的心理健康总均分和各因子分明显地好于干预前，均有显著性差异。其中，心理健康总均分以及敌对、人际敏感、抑郁、焦虑、学习压力、情绪不平衡有非常显著性差异($P<0.01$)；而对照组实验后的心理健康总均分和各因子分与实验前相比，差异均无显著性。(见表 6-6)

表 6-6　运动干预前、后两组被试的心理状况比较一览表

	实验组		对照组	
	干预前($n=49$)	干预后($n=49$)	实验前($n=49$)	实验后($n=49$)
心理健康总均分	4.29 ± 0.13	$2.88\pm0.13^{**}$	4.36 ± 0.15	4.36 ± 0.13
强迫症状	4.11 ± 0.14	$3.62\pm0.16^{*}$	4.18 ± 0.14	4.17 ± 0.18
偏执	3.98 ± 0.12	$3.52\pm0.11^{*}$	4.08 ± 0.16	4.10 ± 0.12
敌对	4.17 ± 0.12	$2.95\pm0.14^{**}$	4.14 ± 0.12	4.17 ± 0.12
人际敏感	4.21 ± 0.09	$3.15\pm0.11^{**}$	4.31 ± 0.19	4.30 ± 0.17
抑郁	4.36 ± 0.17	$3.55\pm0.14^{**}$	4.26 ± 0.17	4.28 ± 0.14

	实验组		对照组	
	干预前（$n=49$）	干预后（$n=49$）	实验前（$n=49$）	实验后（$n=49$）
焦虑	4.29±0.13	3.16±0.07**	4.33±0.13	4.32±0.13
学习压力	4.46±0.15	3.17±0.11**	4.26±0.15	4.22±0.11
适应不良	4.23±0.16	3.81±0.12*	4.35±0.14	4.34±0.20
情绪不平衡	4.03±0.19	3.15±0.24**	3.93±0.21	4.01±0.17
心理不平衡	4.27±0.20	3.71±0.20*	4.17±0.18	4.16±0.15

（三）干预前后不同等级网络成瘾学生的心理状况比较

干预后轻度网络成瘾学生的心理健康总均分及各因子分均好于干预前，有非常显著性差异（$P<0.01$）。重度网络成瘾学生心理健康总均分及各因子分比干预前均有不同程度下降，其中，偏执、人际敏感和适应不良呈现非常显著性差异（$P<0.01$），心理健康总均分以及强迫、敌对、学习压力、情绪不平衡和心理不平衡呈现显著性差异（$P<0.05$），抑郁和焦虑比干预前略有好转，但是差异无显著性。（见表6-7）

表6-7　不同程度网瘾学生运动干预前、后的心理状况比较一览表

	轻度网络成瘾学生（$n=36$）		重度网络成瘾学生（$n=13$）	
	干预前	干预后	干预前	干预后
心理健康总均分	3.75±0.14	2.01±0.16**	4.75±0.09	4.13±0.11*
强迫症状	3.79±0.13	2.54±0.25**	4.83±0.20	4.25±0.21*
偏执	3.83±0.16	2.48±0.29**	4.87±0.23	3.92±0.12**
敌对	3.91±0.15	2.51±3.28**	4.93±0.10	4.10±0.18*
人际敏感	3.85±0.08	2.44±0.17**	4.95±0.09	4.03±0.17**
抑郁	3.90±0.15	2.52±0.15**	4.87±0.19	4.65±0.15
焦虑	3.79±0.18	2.48±0.15**	4.83±0.18	4.50±0.08
学习压力	3.81±0.21	2.50±0.14**	4.62±0.28	4.43±0.25*
适应不良	3.77±0.18	2.47±0.12**	4.80±0.31	3.96±0.29**
情绪不平衡	3.83±0.11	2.50±0.10**	4.71±0.23	4.49±0.25*
心理不平衡	3.74±0.20	2.47±0.15**	4.73±0.21	4.58±0.23*

干预后轻度网络成瘾男、女生的心理健康状况显著优于干预前，差异均有非常显著性（$P<0.01$）；重度网络成瘾男生的心理健康状况优于干预前，差异有显著性（$P<0.05$），但是重度网络成瘾女生的心理健康状况仅略好于干预前，差异无显著性。（见表 6-8）

表 6-8 不同性别网络成瘾学生运动干预前、后的心理健康总均分比较一览表

| | 轻度网络成瘾学生（$n=36$） | | 重度网络成瘾学生（$n=13$） | |
	男生	女生	男生	女生
干预前	3.84±0.16	3.62±0.12	4.78±0.12	4.60±0.14
干预后	2.25±0.17**	1.98±0.04**	4.09±0.05*	4.38±0.06

（四）干预前后不同等级网络成瘾学生的体质健康状况比较

干预后轻度网络成瘾学生的 50m 跑成绩和立定跳远成绩均好于干预前，差异均有显著性（$P<0.05$）。干预后重度网络成瘾学生的立定跳远成绩好于干预前，差异有显著性（$P<0.05$）。其余指标的比较虽然干预后比干预前的平均值略有增高，但是差异无显著性。（见表 6-9）

表 6-9 不同程度网络成瘾学生运动干预前、后的体质状况比较一览表

| | 轻度网络成瘾学生（$n=36$） | | 重度网络成瘾学生（$n=13$） | |
	干预前	干预后	干预前	干预后
50m 跑（s）	7.78±0.45	7.98±0.46*	7.75±0.39	7.83±0.31
立定跳远（m）	1.89±0.33	2.04±0.26*	1.85±0.36	2.02±0.38*
握力体重指数	73.83±9.16	74.53±9.77	75.83±8.33	76.53±8.27
坐位体前屈（cm）	12.31±5.15	12.52±5.29	11.45±6.07	12.22±5.77

三、跟踪调研结果

在干预后第 1 个月，有 5 名学生网瘾复发，轻、重度网络成瘾学生各增加了 4 名和 1 名。其自述复发原因为：未掌握运动技能；想练习但场地太远；觉得已练了 3 个月，不需要再练了。对此，课题组采用与学生谈心及学校和家长协助的方式，促使其坚持体育锻炼。在干预后第 2 个月，轻度网络成瘾学生比在第 1 个月减少 1 名（有 4 名轻度学生戒断了网瘾，

同时另有 3 名学生复发）；在干预后第 3 个月，轻、重度网络成瘾学生比在第 2 个月分别减少了 4 名（变化显著，$P<0.05$）和 1 名。（见表 6-10）

表 6-10　干预后 3 个月实验组网络成瘾学生数目统计一览表　（单位：名）

	干预后		第 1 个月		第 2 个月		第 3 个月	
	轻度	重度	轻度	重度	轻度	重度	轻度	重度
数量	13	7	17	8	16	8	12	7
变化	—	—	+4	+1	−1	0	−4	−1
χ^2	—	—	21.98**	1.47	2.32	0	6.72*	1.89

注：＋、－分别表示数量增、减。下同。

在干预后第 6 个月轻度网络成瘾学生减少了 8 名，重度网络成瘾学生减少了 4 名，变化均非常显著（$P<0.01$）。在干预后第 9 个月，轻度网络成瘾学生较在干预后第 6 个月减少了 1 名，变化不显著；重度网络成瘾学生减少了 2 名，变化非常显著（$P<0.01$）。（见表 6-11）

表 6-11　干预后 9 个月实验组网络成瘾学生数目统计一览表　（单位：名）

	第 3 个月		第 6 个月		第 9 个月	
	轻度	重度	轻度	重度	轻度	重度
数量	12	7	4	3	3	1
变化	—	—	−8	−4	−1	−2
χ^2	—	—	15.54**	9.37**	2.83	7.18**

由表 6-12 可知，在干预实验期及追踪调研期内，网络成瘾学生出现明显数目变化的时间集中在干预期及干预后的第 3～9 个月。其中，轻度网络成瘾学生数目在干预前、后有非常显著性变化（$P<0.01$），重度网络成瘾学生数目在干预后的第 3 个月以后才出现明显减少（$P<0.01$）。在 1 年内，49 名被试中 45 名戒断了网瘾，戒断率达到了 91.8%，自述已形成运动兴趣，不再老想着上网了，同学关系也明显改善了；4 名学生未戒断网瘾，自述原因："我学不会篮球，不想学了。""我想跳舞，可没人陪我。""游泳场离家太远，不便去。"

表 6-12　运动干预期及追踪调研期内网络成瘾学生数目的总体变化一览表　（单位：名）

	干预前	干预后	第1个月	第2个月	第3个月	第6个月	第9个月
正常学生	0	29	24	25	30	42	45
轻度网络成瘾学生	36	13	17	16	12	4	3
重度网络成瘾学生	13	7	8	8	7	3	1

第五节　分析与讨论

一、生物—心理—社会三维视角下的网络成瘾原因

　　网络成瘾原因复杂，涉及生理、心理、社会等多种因素。然而，从本源上看它更多是人的问题，是人的本能问题。从本能视角探析网络成瘾的原因可以为从根本上认识并解决这一社会难题提供更有力的理论依据。

　　本能的经典定义源自《简明不列颠百科全书》，该定义是动物对外界刺激做出的无意识的应答，表现为一种可预见的、相对固定的行为模式。本能行为具有遗传性、适应功能以及外部条件变化下的稳定性等主要特征。心理学认为，动物的本能是一种先天的生物力量，它预先确定了动物按照一定的方式活动，它使动物对外界刺激的反应表现为一种可以预见的、相对固定的行为模式。美国心理学家威廉·詹姆士（William James）扩大了本能的范围，把社会生活中的很多现象都归结为人的本能，并进而认为社会生活的样式也是由本能决定的。根据奥地利精神分析学家西格蒙德·弗洛伊德的观点，人的心理驱动力是从本能中获取的，本能是决定心理过程方向的先天因素。英国心理学家威廉·麦独孤（William Mcdougall）认为，个体的社会行为由各种本能组成，本能与后天的学习、经验结合反过来又会影响个体对社会的认识、兴趣和感情等行为。人和动物在其生物发展史上具有延续性，既然动物的一切活动都受本能支配，那么人也一样，在决定人的行为和心理作用上本能也占有主要地位。而人的本能倾向则是与后天的学习和经验相结合来推动其行为的。因此，人的行为从总体上说是遗传本能及其在经验中改变的结果。

　　德裔美国心理学家和精神病学家卡伦·霍妮（Karen Danielsen Horney)认为，个体行为的基本动机是由出生后因为受环境压力的影响而形成的焦虑支配的，为了减轻这些焦虑带来的痛苦，个体会形成适应的但未必是正确合理的行为方式，通常采取的手段是麻醉自己或沉迷于某件事情或某种事物以摆脱或回避焦虑。（丁建略，田浩，2007）

综上所述，成瘾行为可以理解为个人对某些社会情境的本能反应，这些社会情境会引发个人以成瘾行为去逃避或作为解决方法。这提示，网络成瘾的成因可能源于人的本能激活和驱动。

李望舒（2010）指出，网络成瘾的心理机制要点包括：网络成瘾行为是本能的呼唤，是人"及时行乐"的表现，是不成熟的精神防御机制的积累。这种心理机制的生理基础涉及大脑中枢神经奖赏机制。大脑奖赏通路在受到自然奖赏刺激时被激活，机体会同时出现愉悦的感受和体验，这与多巴胺、去甲肾上腺素、5-羟色胺、β-内啡肽等神经递质有关。例如，当电刺激多巴胺通路时，机体会出现类似自然奖赏刺激时的反应。趋利避害是个体保护自我的一种心理本能，网络成瘾者在面对令其兴奋的网络时，其大脑中枢会产生一种类似的愉悦感和欣快感，并传递到整个神经回路中，全身都感到舒适，产生反复的高情绪、高频率的体验。当这样的行为长期地反复进行，替代了原有的奖赏或成为新的奖赏时，这些行为和经历便会引起神经适应，让神经回路发生变化，从而让某种行为长期化，使人成瘾。（朱哲、梅松丽，2010；Jovic J，Dinic N，2011）

陶然、应力、岳晓东等人（2007）认为，网络成瘾的发病机理是上网时，个体大脑内与情感、心境有关的神经递质 5 羟色胺（5-HT）和多巴胺（Dopamine，DA）处于失衡状态，引起神经内分泌紊乱，使其出现各种神经症状、心理障碍和人格变化，无法控制自己的上网冲动，导致网络依赖，从而促使其不断增加上网时间和程度，来解脱或消除渴望上网的冲动带来的痛苦，直至网络成瘾。上网引起的神经递质失衡是网络成瘾的内在驱力或成瘾源。（见图 6-1）

美国俄亥俄大学的一项研究表明，人类所有行为均由 15 种基本的欲望和价值观控制，这 15 种本能欲望可以分为生物本能（好奇心、食物、性、运动）和社会本能（厌恶、荣誉感、被社会排斥的恐惧、秩序、独立、复仇、社会交往、家庭、社会声望、公民权、力量）。除了食物、运动本能之外，其余 13 项本能均可以被网络创造的条件轻易激活，从而上瘾（见表 6-13、表 6-14）。比如，好奇心、性、被社会排斥的恐惧、独立、复仇、社会交往和社会声望本能可以分别被网络提供的"庞大而丰富多彩

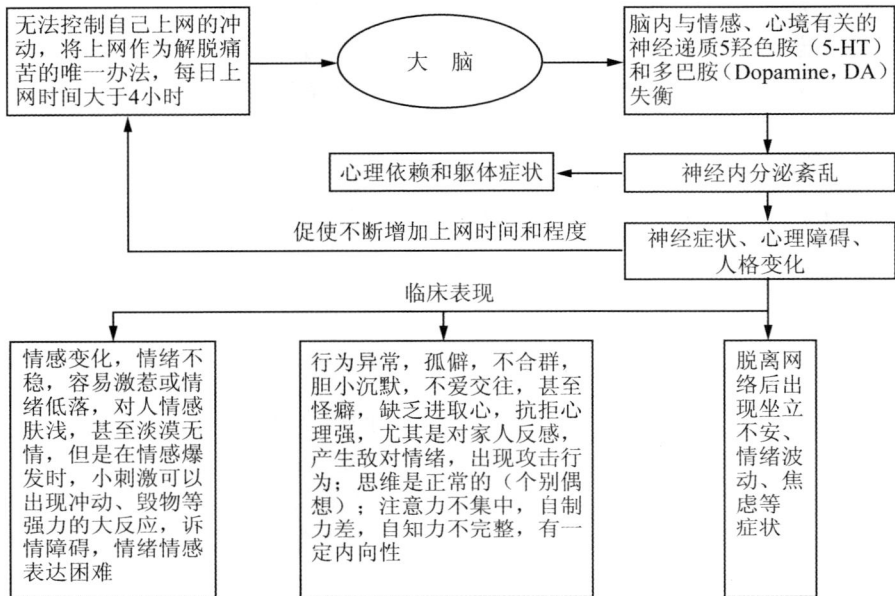

图 6-1　网络成瘾的发病机理

（陶然、应力、岳晓东等：《网络成瘾探析与干预》，上海，上海人民出版社，2007。）

的虚拟世界""色情信息""网络聊天和虚拟交际""游戏""游戏（战斗）""聊天、贴吧、论坛"和"自我宣传、展现、张扬"条件激活。因此，网络成瘾与上述 13 项本能均密切相关。互联网的开放性、虚拟性、隐匿性、丰富性、便捷性、刺激性等系列特点激活了人的基本欲望，满足了人的原始本能，为本我实现、能量宣泄、焦虑缓解、感觉寻求、大脑中枢获得奖赏与满足提供了直接条件。当把互联网作为一个逃避挫折、宣泄能量、实现本能的场所时，个体会强烈地难以自控地沉迷于网络。可见，追根溯源，本能的激活才是网络成瘾的根本原因，也是网络成瘾不易戒断及容易复发的根源。换句话说，个体内在的本能的激发是网络成瘾形成的关键环节。

表 6-13 网络条件与 15 种本能欲望的对应关系一览表

	本能欲望	网络条件
动物本能	好奇心	庞大而丰富多彩的虚拟世界
	食物	—
	性	色情信息
	运动	—
社会本能	厌恶	娱乐性
	荣誉感	游戏、创造
	被社会排斥的恐惧	网络聊天和虚拟交际
	秩序	论坛、社区
	独立	游戏
	复仇	游戏（战斗）
	社会交往	聊天、贴吧、论坛
	家庭	个人空间
	社会声望	自我宣传、展现、张扬
	公民权	虚拟社会
	力量	言论自由

［胡耿丹、张军：《人类本能视角下运动矫治青少年网络成瘾的作用及机制研究》，载《中国体育科技》，2016(1)。]

表 6-14 网络行为与体育运动对人本能欲望的激发的对比一览表

	本能欲望	网络行为	体育运动
动物本能	好奇心	√	√
	食物	—	—
	性	√	—
	运动	—	√
社会本能	厌恶	√	√
	荣誉感	√	√
	被社会排斥的恐惧	√	√
	秩序	√	√
	独立	√	√
	复仇	√	√
	社会交往	√	√

续表

	本能欲望	网络行为	体育运动
社会本能	家庭	√	—
	社会声望	√	√
	公民权	√	√
	力量	√	√

注：√表示可以激发，—表示不会激发。

[胡耿丹、张军：《人类本能视角下运动矫治青少年网络成瘾的作用及机制研究》，载《中国体育科技》，2016(1)。]

二、基于本能矫治网络成瘾理念的运动干预项目的选择

由上述可知，网络成瘾是网络行为激活了个体的内在本能所致，因而只有采用其他可以同样深入并激活人的本能的、使人成"瘾"的行为才能够取代网瘾，进而戒断网瘾。而体育运动正是一种具备这种功效的健康行为。鉴于不同网络行为激活的本能相异，在运动干预项目的选择上，我们应该考虑个体本能激活的差异，以充分考虑网络成瘾者的运动兴趣为前提，选取在激活本能功效上与其网络行为匹配的体育项目。

本研究中，网络成瘾学生的上网行为主要是游戏和网聊。在网络游戏的选择上，男生倾向于竞技、格斗类游戏，女生偏爱棋牌、益智类游戏。在网络交际方面，男、女生情况相类似，均有超过50％的网络成瘾学生涉及网络交际。

网络成瘾学生运动项目的选择印证了运动与网络在本能激活上的行为相通性。50.00％的网络成瘾男生所选的两大球类（篮球、足球）运动项目，侧重团队配合、激烈对抗，与男生热衷于网络格斗游戏的特性相符；53.85％的网络成瘾女生选择街舞，与街舞充满了新奇、时尚、容易刺激其好奇心的本能有关；19.44％的网络成瘾男生、23.08％的网络成瘾女生选择游泳，与游泳作为求生技能，容易激活其荣誉感、独立等本能有关。

可见，本研究运动干预项目的选择由被试主导，是被试内在本能和兴趣的体现，这有助于强化被试的运动兴趣，形成规律的运动习惯，置换被试因网络行为所激活的本能，以减少或消除其对网络行为产生的情感体验的迷恋，获取理想的网瘾戒断效果。然而，现有的运动干预网络

成瘾的研究往往忽略了这一点，大多采取统一的、规定的运动项目"强制"干预网络成瘾者。网络成瘾者被动接受干预，使得其本能往往不能被运动干预激活，从而无法有效地置换其网络行为诱发的本能激活，即网络成瘾者的本能是被压制而非被置换。其结果是导致运动干预的疗效不一，影响了该疗法的信度和效度评价。（张兰君，2009；刘映海，丹豫晋，苏连勇，2010）

三、"以培养运动兴趣和践行适量运动为核心的特色校本课程俱乐部综合干预模式"矫治网瘾的效果

"以培养运动兴趣和践行适量运动为核心的特色校本课程俱乐部综合干预模式"矫治网瘾的本质为"基于本能激活的运动干预矫治网瘾"。研究结果显示，该模式有利于激活网络成瘾者的本能，在心理健康教育、医学健康教育以及必要的心理疏导基础上，基于本能激活的运动干预矫治网络成瘾的总体效果比较好。从对不同程度网络成瘾的矫治效果来看，干预后，短期运动干预对轻度网络成瘾学生的干预效果十分显著，能够明显地改善其人际关系、心理健康状况、网瘾症状以及部分体质健康评价指标(50m跑和立定跳远成绩)，但是对重度网络成瘾学生的干预效果不明显(立定跳远成绩除外)。短期运动干预仅能够使重度网络成瘾学生的偏执、人际敏感和适应不良呈现非常显著性的好转，不能使抑郁和焦虑症状显著性改善。重度网络成瘾男生的心理健康总分有显著性好转，但是重度网络成瘾女生的心理健康总分没有显著性改善。

可见，短期运动干预仅能够改善重度网络成瘾学生的部分心理品质，且对男生的干预效果好于女生。这一结果可以从如下 3 个方面来解释。

①中学生心智尚不成熟，重度网络成瘾学生往往对网络以外的事物(含运动干预本身)有较大的抵触情绪，而网络成瘾矫治需要患者配合，如掌握运动技能，培养运动兴趣，形成运动习惯。

②重度网络成瘾学生抑郁、焦虑症状变化不显著的原因，可能与运动干预减少了上网时间，无法满足其上网欲望有关。

③重度网络成瘾学生的强迫症状和敌对情绪极为严重，存在严重的人际关系障碍和心理障碍，致使其短期运动干预的疗效明显滞后，干预效果的性别差异与女生性格更加内倾有关。

本研究的校本课程俱乐部干预的主要目的是培养网络成瘾者的运动兴趣，不强调大幅度地提高体质健康评价指标，并且运动干预时间不长，

故体质健康评价指标总体改善不明显，但是在爆发力方面（50m跑和立定跳远）收到了较好的改善效果，其他指标（如握力体重指数、坐位体前屈）的改善效果可能需要更高强度、更长时间的运动干预才有可能显现出来。

综合"以培养运动兴趣和践行适量运动为核心的特色校本课程俱乐部综合干预模式"的实验和追踪调研结果可知，在心理健康教育、医学健康教育以及必要的心理疏导基础上，只要找准网络成瘾学生的运动兴趣并快速介入，短期运动干预即可以对轻度网络成瘾学生有较好的干预效果；重度网络成瘾学生数目在运动干预后第4～9个月才出现显著性减少，说明其需要更长时间的运动干预，但是只要使重度网络成瘾学生形成运动兴趣并践行适量运动的习惯，运动干预对其网瘾的戒断作用毋庸置疑。

49名被试中的45名在一年里已经形成运动兴趣，走出网瘾。可见，"以培养运动兴趣和践行适量运动为核心的特色校本课程俱乐部综合干预模式"矫治网络成瘾的疗效具有有效性、持续性、复发率低的特点。由诊断性访谈（见附录四）结果可知，4名被试未能戒断网瘾的原因是没有形成运动兴趣和习惯。本研究还显示，网络成瘾分数与运动兴趣因子呈现显著性负相关（$r = -0.824$，$P < 0.01$）。这佐证了运动兴趣对防治网络成瘾的积极作用，说明运动干预网络成瘾需要以培养运动兴趣为前提，而这需要家庭、学校和社会共同努力。采用教会学生运动技能，培养其自信心、完善体育设施等措施，帮助学生形成运动兴趣和养成运动习惯，对于保障运动干预网络成瘾的防治效果至关重要。

国内外有关网络成瘾矫治的研究进展显示，近年来网络成瘾的运动干预研究逐渐成为热点，运动干预对网络成瘾的矫治有一定疗效已成为共识。比如，盖华聪（2007）采用单盲试验法对159名理工科大学生被试进行了体育教育干预实验，证实加强体育与健身教育对预防和戒除大学生网络成瘾具有有效性和持续性。朱莉、周学荣、余少兵（2007）运用调查法和实验法对一名重度网瘾的青少年进行了体育干预研究，结果显示被试成瘾症状减轻，成瘾行为以及总体心理健康水平都得到明显改善。刘映海、丹豫晋（2009）从锻炼心理学视角对网络成瘾进行了心理归因及干预研究，指出体育锻炼不论是作为兴趣爱好，还是作为一种必需的健康生活方式，或是作为一种宣泄无意识需要的合理途径，都有助于网络成瘾的防治。然而，有关运动干预对网络成瘾矫治的疗效报道不一。万国华、杨小勇、王碧怡等人（2006）从南方医科大学26个专业学生中随机整群抽取了8个专业共3675名大学生为调查对象，进行了网络成瘾诊断标准量表的问卷调查，将体育活动引入大学生网瘾的矫治。实验结果表明：体育活动疗法、体育与心理相结合疗法和心理辅导疗法均能够取得一定疗效，其中体育与心理相结合疗法疗效较好；各种不同类型体育活动的疗效存在显著性差异，群体活动好于单独活动，中等运动量好于小运动量及大运动量。于春艳、谢浩（2010）研究指出，运动处方对于调节大学生网络成瘾群体的身心健康具有积极作用，能够在一定程度上减少大学生网络成瘾行为的发生，但是体育手段能否遏制网络成瘾的形成还需要进一步研究。

对上述文献的进一步分析可知，导致网络成瘾的运动干预疗效不一的原因在于运动处方是否合理，以及运动项目的选择是否自主，是否符合被试的运动兴趣。尽管现有的网络成瘾运动干预研究未从本能激活，即未从本能视角考虑运动项目选择、干预过程和干预机制，但是不少研究在干预项目选择上都不同程度地考虑了运动兴趣因素，并且取得了较好的干预效果。（钱龙超，2012；盖华聪，2007；朱莉，余少兵，2007）这就与本研究的"基于本能激活的运动干预矫治网络成瘾"在运动项目选择和干预结果上有了交互和关联，也间接地为本研究的"基于本能激活的运动干预矫治网络成瘾的总体效果较好"这一结果提供了有力支持。

四、基于本能激活的运动干预防治网络成瘾的作用机制探讨

（一）网络成瘾现象是人类生物本性使然

2011 年，胡耿丹、项明强运用元分析技术对国内大学生网络成瘾影响因素的 20 篇相关实证研究文献进行了分析，发现人口因素对大学生网络成瘾影响效应量非常小，并提出"一定条件下人人均可能网络成瘾，网络成瘾现象是人类生物本性使然"的观点。本研究显示，男、女生在轻度网络成瘾中的构成比与其在重度网络成瘾中的构成比无显著性差异，表明男、女生均可以患不同等级程度的网瘾，只是网瘾形式不同。这一结果为上述观点提供了佐证。可见，人的生物性决定了人人都会成"瘾"，要么形成积极的（健康的）"瘾"，要么形成消极的（不健康的）"瘾"。这提示防治网络成瘾的关键环节是以"瘾"替瘾，用积极的"瘾"置换消极的瘾。

其他一些学者的相关研究也支持笔者的这一观点。比如，王智弘（2008）对网络成瘾与网络脱瘾的脉络做了探讨，认为网络成瘾发生发展的原因与现实生活的推力、接触网络的行为和网络经验的吸力这 3 个因

素有关：现实生活的推力→使个体有了接触网络的行为→产生网络经验的吸力→形成强烈的上网冲动，渴望增加、增强接触网络的行为→……→最终形成网络成瘾。若网络世界的吸力和现实生活的推力对个体的作用越大，则其越容易网络成瘾；反之，网络沉迷的程度会减轻，朝着网络脱瘾方向发展；而实现网络脱瘾的有效途径，即脱离网络成瘾的必要环节，需要有"替代活动"。（见图 6-2）

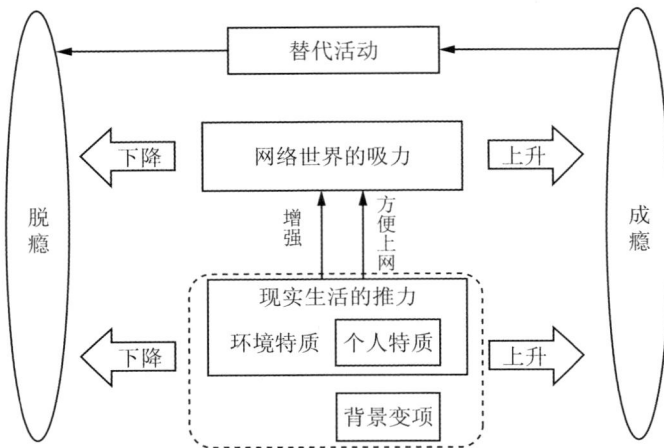

图 6-2　网络成瘾与脱离成瘾脉络模式图

（王智弘：《网络咨商、网络成瘾与网络心理健康》，台北，学富文化事业有限公司，2008。）

　　朱哲、梅松丽（2010）指出，一方面，从心理本能视角看，网络成瘾心理干预的有效途径是对本能欲望的合理控制和转介；另一方面，不少理论研究和实践应用均表明，体育运动由于其竞争性、多样性等特点可以产生刺激、快乐和满足感，给人带来自尊、愉悦的心理体验，可以使人运动成"瘾"。（邓文才，2003；刘映海，丹豫晋，苏连勇，2010）因此，运动是能够使人的本能欲望得以合理控制和转介的有效途径之一，可以用运动成"瘾"置换网络成瘾，从而有效地戒断网瘾。这种通过"成瘾置换"以"替"代"治"的网络成瘾防治理念的依据可以从本能视角来论述。

（二）体育运动与网络行为对人本能欲望的激发具有同一性

　　由前述可知，人类的 15 项本能中，网络行为可以轻易激活除了食物和运动本能之外的其余 13 项本能；而运动能够激活除了食物、性和家庭本能之外的其余 12 项本能。可见，体育运动同样是人的本能体现，与网络一样可以有效地激发本能，它与网络行为对本能欲望的激发具有同一性。因此，用体育运动置换网络成瘾行为符合本能论、精神分析和认知神经科学的基本原理。下面从本能特性出发就运动与网络行为在本能欲望激发上的同一性进行阐述。

人的本能特性之一是追求快感。快感是指因为得到了不论是精神上还是物质上想要的事物而产生的欢愉感，这种感觉有强烈的主观性和成瘾性，人一旦发现获得这种感觉的方法，便会不计后果、不受控制地疯狂索取，发展成"瘾"。人不可能改变追求快乐本能的人性，若伴随的生理反应更为强烈持久，心理的主观体验也更为深刻，则其动机作用也会更为强大。比如，若某项运动使人产生了欢愉的主观感受，则其参与运动的动机会更加强烈。刘映海、丹豫晋（2009）从锻炼心理层面指出，个体无意识需要，尤其是情感、交际和自我实现需要，可以通过体育锻炼在一定程度上得到满足，许多健康心理品质在锻炼过程中可以得到培养和提高。运动可以使参与者将敌对或压抑的情绪发泄到体育攻击对象上，转移不满情绪，淡化因为各种原因导致的积怨，消除对立，化解分歧，缓和矛盾，从而达到运动替代的目的。萨克斯（Sachs，1980）发现，锻炼者完成某项锻炼任务时会出现诸如忘却自我、愉悦轻松的感觉，并能激发再尝试的欲望，抵消部分压抑、焦虑的情绪。刘映海、丹豫晋、苏连勇（2010），邓文才（2003）均指出，体育锻炼带来的极大幸福感和愉快感是一种心理完全的释放、彻底的满足。因此，从追求快感、满足个体需求层面上看，体育运动与网络有异曲同工之效。

人的另一本能特性是感觉寻求，是探索奇异的具有刺激性情境的人格倾向，是指个体对变化的、新异的复杂感觉及体验的追求，以及为了获得这种体验而进行的生理社会冒险的愿望。网络是一个庞大世界，有丰富的刺激情境。人需要刺激，需要不断打破内稳态而又不断恢复的动态生命感，往往热衷于通过沉迷于数字化迷宫和动感刺激的虚拟网络环境的方式来满足其感觉寻求的需要。

体育运动作为一种现实行为，带来的心理满足感更为真实，这种感觉同样可以刺激人的内在本能。在各式各样体育项目中，人可以享受更为丰富刺激的情境。激烈的竞争过程及未知的结果能够唤醒人寻求刺激、发泄压力、释放能量的动态生命感，促使人打破内稳态从而满足感觉的需求。运动时脑垂体会分泌内啡肽，它在中枢神经系统中可以与成瘾物质竞争受体，使人产生愉快感，情绪高涨，精力充沛（Jovic J，Dinic N，2011），从而实现人为获得感觉寻求体验而进行的生理社会冒险的愿望。

（三）健康教育和心理疏导有利于运动干预的实施

对网瘾学生开展心理健康教育、医学健康教育，将有助于提高他们就体育运动对身心健康的益处以及网瘾危害的认识，提高其运动依从性。对心理问题严重的网瘾学生开展必要的心理疏导，将有利于增强他们的心理健康水平，降低其对戒断网瘾的抵触感。在上述基础上找准网瘾学生的运动兴趣并快速介入，将有利于他们运动兴趣的培养和运动习惯的形成。因此，健康教育和心理疏导与运动干预在戒断网瘾方面存在正向协同效应。

综上可见，在内心深处，网瘾与运动给机体带来的心理体验和本能刺激是相通的，均是一种能量，这种能量可以疏导、转移和替换。运动作为一种能够成"瘾"的健康生活方式，是戒除网瘾的安全简便、积极有效的方法。这种方法与其他网络成瘾干预法的不同之处在于，它是对本能能量的合理疏导、有效转介，而非压制，是以运动取代网络行为对本能欲望的激发。因此，运动成"瘾"可替换网瘾。同时，实施必要的健康教育和心理疏导有利于运动戒断网络成瘾功能的实现。

五、"以培养运动兴趣和践行适量运动为核心的特色校本课程俱乐部综合干预模式"将是未来防治网络成瘾主流方法中的一员

（一）"以培养运动兴趣和践行适量运动为核心的特色校本课程俱乐部综合干预模式"的内涵和实施步骤

循证分析显示，运动干预法对网络成瘾有积极的预防作用，可以减轻成瘾症状，改善成瘾行为及心理健康水平。（程立娟，2013；钱龙超，2012；程凤，2009）从干预处方上看，不同运动项目的疗效存在显著性差异，群体项目好于单独项目，中等运动量好于大、小运动量；干预方式有单一运动干预和复合运动干预（如运动结合心理疗法）两类，后者的干预效果显著好于前者。（万国华，杨小勇，王碧怡等，2009）目前，运动干预网络成瘾的研究和实践存在的突出问题包括：对运动干预的项目选择、时间频率要求、方法选择、个体兴趣以及相关指标测定的个别化、实证性研究尚有待深入；对运动干预网络成瘾的适用范围、作用效果认

识不一；对运动干预网络成瘾的作用机制的认识还仅仅停留在锻炼心理层面。（靖华，2006；万国华，杨小勇，王碧怡，等，2009；刘映海，石岩，2014）这在一定程度上影响了人们对运动干预法的正确认知。

　　基于美国罗彻斯特大学医学院精神病学和内科教授恩格尔（Engel）在1977年提出的"生物—心理—社会医学模式"，本研究从本能视角对上述存在问题做了初探，形成了"以培养运动兴趣和践行适量运动为核心的特色校本课程俱乐部综合干预模式"，即基于本能激活的运动干预法。该模式防治网络成瘾的核心理念和干预机制是"成瘾置换"：网络成瘾形成的内在机制在于上网行为激活了人的本能，而基于兴趣的运动有同上网类似的本能激活功效，可以与网瘾竞争受体，减轻或戒除网络依赖。其实施步骤包括：将运动纳入被试的生活方式，培养被试的运动兴趣和践行适量运动的习惯，同时给予被试必要的健康教育和心理疏导，提高其运动依从性，让其形成运动成"瘾"；将运动成"瘾"作为被试网瘾的替代品，让被试以运动代替网络来实现对其本能的激发，以健康生活方式给被试带来的愉悦感受和体验置换上网导致的愉悦感受和体验，从而实现网络成瘾的戒除。

　　该干预模式与其他的网络成瘾运动干预法（邓文才，2003；刘映海，丹豫晋，2009；朱莉，余少兵，2007）的区别在于对干预项目的选择、干预机制的认识不同。前者的项目选择依据是被试的内在本能和兴趣的体现，干预机制是对被网络激活能量的置换；而后者未从本能激活视角审视和考虑项目选择，其干预机制尚止步于锻炼心理层面。

（二）现有的网络成瘾综合治疗范式中需要融入基于本能激活的运动干预法

　　现有的各种网络成瘾干预法的共性是短期疗效比较好，但是长期疗效不佳，并且戒断复发率高，对青少年网络成瘾者而言更是如此。原因是网络成瘾现象十分复杂（Deryakulu D，Ursavas O F，2014），其成因和影响因素多元，单一干预模式已经无法有效地控制网络成瘾行为，需要整合多种干预方法进行综合矫治。（刘树娟，张智君，2004；陶然，李邦合，2005；杨放如，郝伟，2005；高文斌，陈祉妍，2006；张锦涛，陈超，王玲娇等，2014；Li D P，Li X，Wang Y H，et al.，2013）

　　2009年，《未成年人健康上网指导（征求意见稿）》强调，对网络使用不当者进行干预时，提倡采用综合的心理社会干预措施。文献显示，现

有的网络成瘾综合治疗范式都包含心理干预法，如高文斌、陈祉妍
（2006）的"系统补偿综合心理治疗"范式，杨放如、郝伟（2005）的基于"焦
点解决短期疗法"的心理社会综合干预，陶然、李邦合（2005）的"网络成
瘾治疗单元"多学科合作和整合的医疗模式。可见，"心理干预方法是防
治网络成瘾的要素"已经成为共识。然而，现有的网络成瘾综合治疗范式
的实际干预效果并未达到预期，网络成瘾现象仍然呈现快速蔓延之势。
症结何在？

网络成瘾的归因主要表现为心理问题，涉及动力因素、人格因素和
认知因素，需要从心理层面进行研究。（刘树娟，张智君，2004；陶然，
李邦合，2005）因此，立足于心理干预来防治网络成瘾的思路无疑是正确
的。我们认为，现有的网络成瘾综合治疗范式实际干预效果不佳的原因
是未找到能够使心理治疗疗效得以实现的有效途径，即上述症结在于未
从本能视角深入探索网络成瘾的形成机制和干预途径。本研究证实，网
络成瘾形成的内在动力在于心理本能的激活和驱使。网瘾戒断后网络仍
然时刻诱惑着戒断者，只有找到可以充当本能满足的网络替代品，重建
正常的心理本能，才能够有效地防治网络成瘾，降低戒断复发率。基于
本能激活的运动干预正是网络的理想替代品，它能够使戒断者的本能欲
望获得合理控制和有效转介，避免其再度沉迷于网络、难以自拔。

可见，从本能视角看，网络成瘾是由于心理本能驱动所致，需要依
靠心理治疗进行干预，而使心理治疗疗效得以实现的有效途径是基于兴
趣的运动。即基于本能激活的运动干预法是网络成瘾综合治疗范式中不
可或缺的一环，必要的健康教育和心理疏导是其有益的补充。由此我们
推论：心理治疗是防治网络成瘾的要素，而实现这种要素疗效的有效途
径是基于本能激活的体育运动，若在现有的网络成瘾综合治疗范式中融
入基于本能激活的运动干预法，则会明显提高其疗效。

（三）基于"成瘾置换"的生物—心理—社会多学科整合的网瘾防治模式

网络成瘾作为一种行为成瘾，并非由某一因素单独作用所致，而是
受个体人格、刺激物和环境等多种因素综合影响。体育运动净化因为网
络环境因素导致的网络成瘾的作用甚微。面对网络诱惑，个体人格（正确
的认知、自制力、积极应对方式、自信心和角色责任意识）起着重要的制
衡作用。经常参与体育锻炼者有比较强的自制力和自立能力，不仅有助
于提高身体素质（改善体质健康指标）、调节心理状态、缓解精神压力与

身体疲劳，也有助于塑造健康的行为方式和生活方式，消除心理障碍，建立良好的自我概念，培养健全人格和心理品质。可见，运动干预对于网络成瘾者形成积极的应对方式，以及提升自制力、自信心方面均有一定作用。但是客观地说，它对培养正确认知、角色责任意识的作用有限，且参与体育运动这一行为本身也需要社会学、教育学、心理学等学科理论和方法的激励。可见，虽然基于本能激活的运动干预法是防治网络成瘾的关键环节，但是其仍然需要借鉴、联合心理学、管理学、医学、教育学、社会学、法学等相关学科的干预理论和方法并形成综合干预措施，进行协同干预，才有可能根治网络成瘾问题。鉴于此，本研究构建和实施的网络成瘾干预模式加入了必要的社会学、管理学、心理学、医学健康教育等学科元素，让网络成瘾者明确运动的好处、网络成瘾的危害，以提高心理健康水平和运动依从性。

从网络成瘾防治范式的演化趋向看，未来的综合干预模式应该是内外兼治、防治并重，是将心理学、教育学、医学、社会学、管理学等学科取向整合为一体的多维范式，即生物—心理—社会三维视角下的多学科整合范式。2009 年的《未成年人健康上网指导（征求意见稿）》明确指出，未成年人沉迷于网络被认为是"社会功能严重受损"，体现为"不能够正常地学习和生活，身体发育和健康受损，出现各种反常行为和情绪问题，现实人际关系恶化，与周围人交往困难、不合群"；干预目标是矫正被干预者的心理行为问题，促进其健康使用网络，改善其社会功能，而非中断或终止其上网行为。这一指导思想对于网络成瘾防治范式的演化方向产生了重大影响，未来的综合干预模式会更加偏重于恢复成瘾者的社会功能，尤其会注重其正常的学习、生活及身心的健康发展。这凸显了目标管理、时间管理和体育锻炼对防治网络成瘾的极端重要性。据此，结合本研究的成果，我们提出了一个网络成瘾防治的新范式：基于"成瘾置换"的生物—心理—社会多学科整合的网络成瘾防治模式。它以"成瘾置换"为主体，联合了心理治疗、健康教育、健康促进（培养健康的行为方式和生活方式）、社会环境支持等多种干预方法，是一种集心理学、教育学、体育学、医学、社会学、管理学、法学等学科理论与方法于一体的网络成瘾综合防治范式，其特点是安全高效、经济简便、科学合理、适用宽泛、可执行力强。相比之下，刘树娟、张智君（2004）的"社会—心理—生理"整合模型着重于网瘾的主客观因素分析，更多体现的是一种防治理念；陶然、李邦合（2005）的"网络成瘾治疗单元"属于社会—心理—

生理三维整合范式，偏向药物治疗取向，若在该范式中融入"成瘾置换"元素，则其适用性和有效性将获得大幅度提升。可以相信，随着人们对基于"成瘾置换"的生物—心理—社会多学科整合的网络成瘾防治模式认识的深入，它很可能会成为防治网络成瘾的主流方法。本研究构建的"以培养运动兴趣和践行适量运动为核心的特色校本课程俱乐部综合干预模式"正是这种主流方法中的重要一员。

第六节　结论与建议

一、结论

第一，"以培养运动兴趣和践行适量运动为核心的特色校本课程俱乐部综合干预模式"戒除青少年网络成瘾的效果良好，对不同程度的网络成瘾学生均有显著性疗效和低戒断复发率，且能够有效地改善体质健康评价指标，但是重度网络成瘾者需要更长时间的运动干预，才能够达到预期疗效。提高该法疗效的关键是使网络成瘾者掌握运动技能，形成运动兴趣，养成运动习惯。

第二，网络成瘾的成因非常复杂，涉及生理、心理、社会、环境等多种因素，需要依据复杂性思想，采用系统科学的理论和方法进行深入的分析研究。在这些多种因素之中起关键的、纽带的和确定性的作用因素是人的本能激发问题。网络行为激活了人的内在本能是网络成瘾发生发展的根本原因，只有采用其他可以同样激活本能的、使人成"瘾"的行为才能够有效地置换网瘾。运动有同网络相似的本能激活功效，运动成"瘾"可以置换网瘾。

第三，网瘾的形成是人类生物本能使然，一定条件下人人皆会网络成瘾。防治网络成瘾的核心理念是以"瘾"替瘾，用积极的"瘾"置换消极的网瘾。

第四，"以培养运动兴趣和践行适量运动为核心的特色校本课程俱乐部综合干预模式"与其他的网瘾干预模式的区别在于，它是对本能能量的疏导、转移和置换，而非压制。该干预模式的运动项目选择应当以内在本能和运动兴趣的激发为前提，必要的健康教育和心理疏导有利于实现运动对网瘾的置换和戒断作用。

第五，心理治疗是防治网络成瘾的要素，而运动是实现该要素疗效的有效途径，是网络成瘾综合防治中不可或缺的一环，健康教育和心理疏导是有益补充；基于"成瘾置换"的生物—心理—社会多学科整合的网络成瘾防治模式可能是未来防治网络成瘾的主流方法。

二、建议

第一，应该构建和倡导基于"成瘾置换"的生物—心理—社会多学科整合的网络成瘾防治模式。

①各级学校应该大力推广、实施"以培养运动兴趣和践行适量运动为核心的特色校本课程俱乐部综合干预模式"。

由上文可知，基于"成瘾置换"的生物—心理—社会多学科整合的网络成瘾防治模式可能是未来防治网络成瘾的主流方法。本研究构建和实施的"以培养运动兴趣和践行适量运动为核心的特色校本课程俱乐部综合干预模式"正是这种主流方法中的重要一员。从本研究的干预效果来看，该模式对青少年网络成瘾矫治的疗效显著，戒断复发率低，具有稳定的长期疗效，还能够有效地改善青少年的体质健康指标，提高身心健康水平。因此，这是一种安全高效、经济简便、科学可靠、适用宽泛、可操作性强的网络成瘾综合防治方法，适合于各级学校推广使用。

②应该拓展基于"成瘾置换"的生物—心理—社会多学科整合的网络成瘾防治模式的类型。

基于"成瘾置换"的生物—心理—社会多学科整合的网络成瘾防治模式的核心要素有二：一是"成瘾置换"，以积极的"瘾"替代或置换消极的网瘾；二是从多学科、多角度出发对网络成瘾进行全社会整体联防、协同应对。凡是符合这两个要素的干预方法均属于该模式的成员。因此，基于"成瘾置换"的生物—心理—社会多学科整合的网络成瘾防治模式的类型可以有很多种。例如，基于本能激活的音乐干预法、基于本能激活的美术干预法、基于本能激活的舞蹈干预法、基于本能激活的乐器演奏干预法。当然，如何构建和实施这些干预方法尚有待学者研究和探讨。

为了初步考察基于音乐、美术、舞蹈、乐器演奏等成"瘾"替换或置换网瘾的效果，我们对广州星海音乐学院、广州美术学院，华南师范大学美术学院、音乐学院，同济大学艺术与传媒学院的 536 名本科生做了问卷调研。结果显示：488 名被试（占比 91.04％）认为，艺术爱好是会成"瘾"的，完全能够替代或置换网瘾；502 名被试（占比 93.65％）认为，在适当情景和场所下，自己对艺术爱好的喜欢程度远胜过对上网的渴求。由此可以推测，上述这些干预法可能也具有类似于"基于本能激活的运动干预法"一样的防治网络成瘾的疗效，甚至会有更好的疗效，这非常值得人们尝试研究和实践应用。

诚如亚里士多德所说：人是爱玩的动物。玩是人的天性、本能。是倾向于更多地选择"在由电磁波主导的、虚拟的网络世界中遨游、冲浪、快速燃烧生命"，还是倾向于更多地选择"在真实的人际社会中进行面对面的交往、交流、让生命慢下来"，这已经是现代人无可回避的现实问题。或许，历史已经无法倒退回小国寡民、鸡犬相闻、书信交流的时代，人类最终会分流，一部分人会掌握科技，驾驭科技，战胜科技，而另一部分人会被科技吞噬和奴役。如何才能避免网络成瘾，从"E 海"逃生，返璞归真，敬畏和遵从人类长期进化形成的"生物钟"和生活方式，避免逆天而行，已然成为对人类意志、认知、情感、智慧、远见的挑战和考量。可见，如何引领、帮助、指导现代人选择正确的"玩"的方式，是政府的义务、社会的责任，更是学界的使命。

第二，实施基于"成瘾置换"的生物—心理—社会多学科整合的网络成瘾防治模式需要社会整体联防，协同应对。

运用基于"成瘾置换"的生物—心理—社会多学科整合的网络成瘾防治模式防治青少年网络成瘾，需要构建社会整体联防，协同干预的工作机制。即多管齐下，建立个人、家庭、学校、医疗机构和社会协作的联动机制，帮助网络成瘾的青少年践行健康的行为方式和生活方式，合理地使用网络，戒除网瘾。

①发挥家庭教育的主导作用。

家庭教育在儿童、青少年成长发展过程中占有重要的地位。开展家庭体育活动，让学生从小学习和掌握几项运动技能，将有助于培养学生的运动兴趣，形成自主锻炼的习惯，从而增强体质，完善人格，提高社会适应能力，养成健康的行为方式和生活方式。在运动技能的培养上，应该考虑性别差异以及场地设施、经济状况、消费水平等因素，个性化地选择适宜的运动项目。一般而言，男生宜选择具有征服和挑战性的项目，如球类、游泳、轮滑；女生宜选择自我效能感、自尊感强的项目，如舞蹈、健美操、瑜伽。

通过家庭体育活动，夫妻关系、亲子关系可以得到明显的改善，从而达到有效地预防网络成瘾的目的。家长应该尽量在节假日、下班后等闲暇时间与孩子一起参与共同喜爱的体育活动，如果有机会可以鼓励孩子积极参加各种体育比赛或游戏活动，这样既可以丰富学生的课余生活，推进素质教育的实施，增强体质健康，又可以减少学生对网络的依存性，使其适度使用网络，从而达到防治网络成瘾的干预作用。

②强化学校教育的引导作用。

学校教育在学生生活中同样占据着至关重要的地位，其中的校园体育文化活动是充实学生课余生活的关键环节和纽带。营造丰富多样、多姿多彩的学校体育文化活动，不仅可以有效地弥补学校体育课教学和其他课程教学的不足，促进学生对各项运动项目的知识、技能的学习、理解和掌握，拓展学生的知识领域，增强学生的身体素质和身体机能，提高学生的体育能力，也可以为学生形成、发展和展现个性创造理想的环境和条件，有利于增强他们的自信心，提高他们的社会活动能力。

校园体育文化活动应该遵循个性化原则，本着因材施教的方式，积极开展诸如球类、健美操、舞蹈等学生喜闻乐见的运动项目的体育特长教学。以乒乓球项目为例，教师应该依据学生的爱好与水平进行分组教学，同时学校应该开展诸如乒乓球年级比赛、学校比赛、校际比赛等竞赛性质的活动，给获奖者以精神和物质的鼓励，促使他们得到周围教师与同学的认可与接受，这比网络虚拟世界中的认可与接受更加能够让学生心动和喜爱，从而增加他们"更上一层楼"的动力。

结合本研究结果，我们建议各级学校开展多种类型的，重在培养学生健康兴趣爱好的校本课程俱乐部项目：邀请本校体育专业教师或者有体育特长的教师授课；鼓励对相关体育运动项目感兴趣的学生，利用课余时间报名参加校本课程俱乐部的课程；要求在课程结束后实施考核，对考核合格的学生可以给予学分（在采取学分制的高校或中学，校本课程的学分可以等同于选修课学分）、证书、小礼品等奖励。

此外，学校要加强青少年的网上心理辅导工作。学校可以依托现有的心理咨询室，尝试在校园网上开设网上心理咨询，帮助学生正确地认识自我与现实，树立积极向上的人生观和价值观，培养健全的人格和品质。

③各级医疗机构各司其职，做好管理随访工作。

对于由精神专科医疗机构已经确诊的网络成瘾患者，医务人员应该对其开展有效的心理治疗和必要的医学治疗，同时做好相关的健康教育工作。对于症状稳定的网络成瘾患者应该通过双向转诊，转入社区医疗机构，由社区医疗机构指定专人（全科医师或心理医师）或家庭医师服务团队（全科医师、公卫医师、社区护士、社区心理指导师、专科医师、心理医师、康复医师和治疗师等人员）负责做好后续的矫治和管理随访工作。社区医疗机构应该对确诊的网络成瘾患者建立健康档案，必要时应该签订"家庭医生服务协议"，然后根据患者病情做好定期的随访工作和健康教育工作，并与患者家人密切沟通，共同规范其上网行为，以确保其对上网的着迷程度不再加深。

④改善社会环境氛围。

政府应该向公众开放体育馆、公园等公共场所的运动场地和设施，努力增设和完善城市的社区以及乡镇的公共体育设施，建设全民健身路径和城市绿道，以营造浓厚的体育运动氛围和环境，为青少年身心健康发展提供必要的软、硬件设施。这是激发青少年运动兴趣，维护其运动习惯的重要支撑。

各级政府职能部门应该建立健全网络法律法规，加强互联网行业的管理运行，为网民创造健康的、安全的网络环境；对网络游戏及其他网络活动进行严格的审计、评定和分级，对青少年的网络行为进行适当的限制。

球类项目（如篮球、足球、网球、乒乓球、羽毛球、毽球），体艺类项目（如舞蹈、健美操、街舞、轮滑），以及游泳、瑜伽、太极拳、跆拳道、跳绳等项目是国内大众喜爱的传统体育运动项目，对顺利实施全民健身国家战略，践行健康生活方式，防治网络成瘾，遏制青少年体质下滑，降低各类慢性病的发病率，提高健康预期寿命和应对人口老龄化危机均具有重要意义。因此，政府应该优先考虑在社区和乡村建设和完善与上述运动项目对应的体育场地和设施，降低大众尤其是青少年设施获得的困难程度，使其能够更加容易地积极参与体育活动。同时，街道和乡镇文体中心、社区、各级体育协会和社团应该经常组织各种形式的体育竞赛活动，以激发和提高青少年参与体育活动的兴趣和热情。这些举措对于防治青少年网络成瘾，减少"低头族"发生率都具有积极的作用。

⑤注重青少年的自我教育。

WHO指出："无知是生命的杀手，无备是健康的隐患。"青少年自身是网络成瘾的责任主体，导致青少年网络成瘾的主要原因之一是其对网络成瘾的危害性缺乏必要的了解，处于"无知、无备"的认知状态。因此，我们需要通过现身说法、科普讲座等形式来提高青少年的网络风险意识、健康危机意识，以及防治网络成瘾的自觉性。

青少年应该培养健康的兴趣爱好，积极参加体育运动，以健康的行为方式和生活方式来释放压力、排解焦虑，预防网络成瘾。

青少年应该自觉加强自身心理素质的修炼，不断地提高社会适应性，树立正确使用网络的观念，养成良好的上网习惯。客观地认识网络的积极作用和不当使用网络的危害，不断地提高在网络虚拟世界和现实生活中的认知能力、交往能力、适应能力、创新能力和辨别能力。

青少年至少应该掌握两项体育运动技能，加入两个以上的体育社团，积极参与体育社团活动，在活动中寻找积极向上的精神寄托，建立良好的友谊和情感。这些社团包括："球类"社团（如三大球、三小球、高尔夫、棒球、垒球、橄榄球、旱地冰球、长曲棍球、板球），"体艺类"社团（如体育舞蹈、健美操、街舞、轮滑），"民传类"社团（如舞龙、舞狮、武术、太极、瑜伽），"其他类"社团（如野外生存、定向越野、攀岩、自行车、长跑、游泳）。积极参与这些体育社团活动能够提高学生的自尊、自我效能感和主观幸福感，有助于其改善人际关系和社会适应能力，更有效地实现人生价值。

第七节　不足之处及后续研究设想

限于研究条件，本研究在实验设计和研究对象的筛选方法上存在一定的不足。

其一，在研究对象选取上未做到完全随机抽样。比如，3所初中和3所高中的选取未遵循完全随机抽样原则。因此，本研究更确切地说仍然是一个准实验研究；虽然设立了对照组，但是无法有效控制对照组与实验组背景条件的同一性，难以保证对照组与实验组的完全同质。

其二，未详细探讨综合干预措施与每一种单项措施之间是否存在交互作用。比如，未研究单纯健康教育或心理疏导与综合干预措施（健康教育联合心理疏导和运动干预）之间是否存在正协同效应。

其三，仅仅探讨了健康教育、心理疏导和运动干预的综合干预措施对网瘾有较好的戒断效果,并未细化到每一种单项措施的效果占综合干预措施效果的比例。

鉴于上述不足,在后续研究中,我们将努力完善研究设计,采用完全随机抽样和随机分组的方式,以提高对照组与实验组的同质性水平,减少误差;在干预研究分组方面将增设若干实验组,以探讨单纯健康教育或心理疏导与综合干预措施(健康教育联合心理疏导和运动干预)对网络成瘾戒断效果的差异性,考察其相互之间是否存在正协同效应,并细化探讨每一种干预措施的效果占综合干预措施效果的比例。

第七章

网络成瘾的预防策略

　　成书于两千多年前的我国古典医籍《黄帝内经》就已经强调"上医治未病，中医治欲病，下医治已病"的医疗思想，即医术最高明的医生并不是那些擅长治病的人，而是能够预防疾病的人。可见，中国传统医学历来防重于治。这一医疗思想对指导今天各种慢性病（主要包括心脑血管疾病、癌症、慢性呼吸系统疾病、糖尿病和口腔疾病，以及内分泌、肾脏、骨骼、神经等疾病），视力衰退和失明，遗传疾患和成瘾性疾病的预防仍然具有重要的现实意义。

　　我们从第六章对网络成瘾的成因分析可知，网络成瘾的发生发展涉及多方面、多层次的因素，相应地，其也需要有多视角、多方面的综合预防策略。在本章中，我们通过荟萃国内外有关网络成瘾预防的新进展和动态，结合自身多年的网络成瘾研究成果、防治经验和体会，初步制定出如下预防策略。

第一节　网络成瘾的个人预防

一、遵守网络文明公约，保护自身安全

　　未成年人在上网时，须遵守《全国青少年网络文明公约》，同时保护好自身安全，做到：

　　①要善于网上学习，不浏览不良信息。

　　②要诚实友好交流，不辱骂欺诈他人。

　　③要增强自护意识，不随意约会网友。

　　④要维护网络安全，不破坏网络秩序。

　　⑤要有益身心健康，不沉溺虚拟时空。

　　实际上，成年人在上网时更应该遵守上述 5 条内容，因为文明上网利己、利人、利社会，还可以为青少年做出表率。

二、积极完善自我，培养成熟的品质和人格

在遇到困难、挫折时，需要有一种乐观向上的积极态度，努力使自己从挫折中奋起，变得更加坚韧、顽强，使自己渐渐成长起来，形成更加成熟的品质和人格。成熟的人格不是生而具有的，而是一点一点地逐渐积累起来的。因此，未成年人平时应注意积极地完善自我、提高认知水平，培养正确的人生观和价值观、良好的心态、乐观的生活态度。

未成年人须清醒地认识到，成长的过程绝对不可能一帆风顺，在遇到困难和挫折时应采取积极应对的方式，可以向家长、教师和其他人请教解决办法，不要选择通过虚拟网络来逃避各种困难。

成年人也应该积极地应对生活或工作压力，变压力为动力，善于在应对、挑战压力时捕捉和把握机遇，善于在逆境中发现和培育有利因素，要以勇于创新、协作互助的精神破解各种压力，而不要选择通过上网娱乐来逃避各种压力。

三、强化目标管理和时间管理，提高上网效率

当人们因为学习、生活或工作的需要而上网时，可以通过以下方法提高上网效率，尽量避免浪费时间。

①不要漫无目的地任意上网，尤其是不要为了打发时光而长时间上网。

②在上网前，应该事先确定好上网目标和拟完成的任务；在上网时，应该紧紧围绕着目标和任务，不要被中途出现的其他无关内容吸引；可暂时搁置任务之外感兴趣的内容，待任务完成后再查看。

③应该根据事先筛选出的上网目标，排出优先顺序。

④应该根据拟完成任务的难易，合理安排上网的时间长度。

四、借助非上网途径，提高自尊自信

研究显示，有些网络成瘾者尤其是网络游戏成瘾者习惯于通过上网来提高个人的自尊、自信。事实上，人们通过其他途径和方法也完全可以达到提高自尊、自信的目的，比如以下方式。

①在学习或开会时，可以挑选前面的位子就座。

②经常练习当众发言，大胆、沉着地阐述自己的想法。

③不要因为敬畏而过于拘谨，应该坚持发挥自己的特长或优势。

④将学习或工作目标细分，有计划地逐步完成。

⑤不要害怕失败和挫折，要树立"纵使命运让我跌倒100次，但我也要从第101次抗争中勇敢地站起来"的信念，做任何事，都要有屡败屡战的精神，要有越挫越勇的气魄，只有这样成功才会向你招手。

五、培养广泛的健康的兴趣爱好

据研究，不少网络成瘾者因为兴趣狭窄，容易导致其思维和注意专注于网络而逐渐成瘾。对此，从小积极主动地培养上网以外的广泛的、健康的兴趣爱好，可以有效地减少网络成瘾的发生。例如，可以主动培养集邮、下棋、欣赏或学习音乐、写字作画以及适宜的体育活动如游泳、跑步、打球、跳舞等兴趣爱好，并将这些兴趣爱好融入日常生活长期坚持，使其逐渐成为健康生活的一部分，养成良好的行为方式和生活方式。

第二节 网络成瘾的家庭预防

一、营造温馨的家庭环境

温馨的家庭环境有利于子女的健康成长，使其远离网络成瘾、久坐成瘾等不健康行为，也有利于家庭成员之间的感情交流。营造温馨的家庭环境主要涉及3个方面的内容。

（一）保持家庭结构的健全稳定

父母离异，家庭结构的变化，首当其冲的是孩子，甚至对孩子来说是一种灾难。许多研究显示，离异家庭子女的心理问题大多呈现出自卑忧郁、心理封闭、憎恨攻击、自私冷漠等特征。而和睦家庭的孩子大多表现出自信、热情、合群、关心他人等特征。因此，保持健全稳定的家庭结构对孩子良好人格的形成非常重要，可以有效地避免其成瘾性人格的形成。

(二)营造舒适和谐的家庭氛围

"家"是生命的摇篮、人生的港湾和归属地。"家"应该是一个让人感到舒心、温暖，不必担心被冷落、嘲讽、欺凌、侮辱的地方，是即使犯了错误也可以得到宽容和教育的教养所；孩子在"家"中能够容易地感受到父母的亲情，并逐渐发展其自我反省能力。因此，在家里父母应该多营造温暖和谐的氛围，应该时常表达对孩子的关爱，让孩子经常有被关爱的感觉，从而有利于孩子产生"心手相连、同甘共苦"的信念。为了达到情感交流的目的，父母还可以多组织家人一起从事团体娱乐活动，如全家人一起参加体育活动、游戏或外出旅游。有研究显示，成长于这种温馨氛围家庭的孩子普遍性格开朗，兴趣广泛，热爱生活，不容易网络成瘾。

(三)采用民主型的教养方式

民主型教养方式亦称为关心尊重型教养方式。采用此教养方式的父母既非常关心自己的孩子，能够善尽抚养、指导和教育子女之职；又能够尊重子女的意见，开诚布公、互相尊重地与对方交换自己的立场，而不是简单地将家长的意志强加于子女；对子女可能出现的缺陷、错误会耐心地引导，说明为什么错，导致错误的原因是什么，怎么做才对。更重要的是，父母应该以身作则，要求子女要做到的，首先自己要亲力亲为、树立榜样，身教重于言教。

父母应尽量避免采用下列教养方式。

①专断型教养方式。父母要求子女绝对服从自己，对子女所有的行为都加以保护监督、一味干涉的教养方式。

②放纵型教养方式。父母对子女报以积极肯定的态度，但缺乏控制、毫无约束的教养方式。

③忽视型教养方式。父母对子女缺少爱的情感和积极反应，又缺少行为要求和控制的教养方式。

大量研究证实，采用民主型教养方式的家庭，其孩子的亲子关系、同学关系、师生关系均明显优于采用专制型和溺爱型教养方式的家庭。这3种关系与网络成瘾之间呈负相关。

二、关注和陪伴未成年人成长

在未成年人成长的过程中，家长须担负起关注、陪伴和教育的责任。由于未成年人的人生观、价值观尚未完全建立和成熟，他们对现实世界与虚拟的网络世界（环境）的区别和认识不够清晰，所以父母应该帮助他们在现实世界与网络环境中保持适当的人际距离，促进其形成良好的同伴关系，建立稳定的安全感和亲密关系。

不管工作有多忙，父母都应该多抽时间陪伴孩子，与孩子多进行亲密、有效的沟通，帮助孩子合理地规划人生，陪伴孩子健康成长，争取使孩子能够积极乐观地面对现实世界，避免其消极地沉迷于网络世界。

三、了解网络，关注孩子的上网行为

对孩子成长和身心健康而言，互联网毫无疑问是一把"双刃剑"。为了有效地防控网络的负面效应，让孩子健康合理地使用网络，首先家长自身应该了解网络，对此应该至少做到以下 3 点。

①了解孩子经常访问的网站，与他们一起上网和讨论，运用成年人的人生阅历和经验帮助他们远离网络垃圾。

②尽量了解网络的多种功能和作用，并指导孩子学会使用，克服互联网焦虑症。

③了解过度使用网络的各种消极影响和防治网络成瘾的常用方法，不时评估、判断孩子使用网络的状况。若发现孩子有网络使用不当的问题，则应该及时应对处理，避免情况恶化。

四、培养孩子健康的兴趣爱好

前文已述，主动培养上网以外的广泛的、积极健康的兴趣爱好有利于降低网络成瘾的发生概率。然而，不少孩子由于自制力有限，难以做到主动培养这些健康的兴趣爱好。对此，父母应该大力协助和引导，逐渐培养孩子的兴趣爱好，塑造孩子美的心灵。

当然，孩子的兴趣爱好来源于好奇心和求知欲，不能强制，而是应该因势利导，促进发展。有条件的家庭，父母可以根据孩子的兴趣倾向，陪送孩子参加艺术或体育专项训练班，使孩子学有所长，掌握 2～3 项艺术或体育技能，逐渐形成相关兴趣和爱好。需要注意的是，千万不要逼孩子参加不感兴趣的活动，而是应该引导孩子参加喜欢的活动。只有这样孩子才会自觉坚持、乐于参与，并从中培养韧劲和耐性，充分发展个性。

五、积极响应国家新的计划生育政策

20世纪70年代初，我国政府开始大力推行计划生育；1982年，计划生育成为我国的一项基本国策，我国开始实行严格的人口控制政策。这样，自20世纪70年代后期起，我国人口增长幅度明显减少。20世纪90年代后期以来，我国生育率总体呈现逐年下降趋势，老龄化社会日益逼近。

为了应对由于实施了30多年"一胎化"计划生育政策带来的生育率过低、人口老龄化、性别比失衡等问题，2015年国家全面放开了"二孩"政策，合乎政策规定且有抚养能力的家庭，完全可以生育两个小孩。这种成长于"四二二"式新家庭结构中的孩子可以相互陪伴和照顾，可以避免"四二一"式家庭结构容易导致的孩子以自我为中心的心理意识和因为缺乏同伴而感到孤单的问题，从而减少独生子女通过互联网途径寻求心理慰藉的可能性。

第三节　网络成瘾的学校预防

一、构建合理的评价标准，促进学生身体、智力与心理平衡协调发展

学校须改变以往主要以学习成绩来评价学生的单一的、片面的评价方法和标准，要从学习成绩、道德品质、体育、文艺、实践动手能力等多维角度建立更加全面合理的评价标准，以促进学生身心与智力的平衡协调发展，让每名学生在现实生活中能够获得更多的自信和自我价值感。同时，评价也不应该只注重结果，而应该更注重发展、变化和过程，把形成性评价与终结性评价有机地结合起来，重视发挥学生、教师和家长在评价过程中的交互作用，使评价成为学生、教师和家长等多元主体共同参与的交互活动，成为促进学生、教师共同发展的过程，使学习成绩

不再是评价学生优劣的唯一标准。

二、设置和实施更合理的课程体系

课程设置方面除了基本的专业课程之外，也应该设置和加强思想品德、体育与健康、音乐、美术、劳动实践、人文社科等相关课程。这些课程可以帮助学生提高思想道德素质和人文素质，形成健康的心理品质，树立法律意识，增强社会责任感和社会实践能力，促进学生体育、音乐、美术等兴趣爱好的形成和发展。

三、丰富学校课余活动

为了培养和维持学生健康的兴趣爱好，学校需要支持学生之间建立多种互动，适当开展有利于学生身体、智力和心理全面发展的以娱乐性、创新性为主题的课余活动，使学生能从多渠道获得愉悦感、成就感和幸福感。对此，学校可以成立各种学生文体社团和协会，营造健康快乐的校园文化氛围，定期组织开展各种文化活动，如定期举办校园运动会、歌唱比赛，组织开展冬令营、夏令营活动。开展这些活动可以丰富校园文化生活，有效地减少学生利用课余时间沉迷于网络的机会。

四、建立良好的师生关系，增加学生对教师的信任感

师生关系是指教师与学生在教育教学过程中结成的相互关系，包括彼此所处的地位、作用和相互对待的态度，它是教育教学过程中最基本，也是最重要的关系。师生关系不仅是知识赖以传授的重要条件，而且是学生人生初期人际交流的重要组成部分。

研究显示，良好的师生关系能够促进学生形成独立的人格及社会责任感，能够促使学生获得积极的生活体验和生活态度，并且能够迁移到学生的同伴关系，使学生与社会及他人形成积极的交往关系，从而影响其一生。对此，教师可以采取以下策略。

（一）平等对话，尊重学生

在人格上师生是平等的。因此教师应该平易近人，善于倾听、理解和尊重学生，让学生真正感受到教师既是他们的师长、授业导师，也是他们的知心朋友和合作伙伴。

(二)信任学生，发扬民主

如果说民主是架在教师与学生心灵之间的桥梁，那么信任便是这座桥的桥墩。教师应该相信学生拥有的觉悟、能力及潜能，给予学生足够的自主权，充分尊重学生的个性发展特点，保护和尊重学生的人格尊严。

(三)拓宽视野，鼓励质疑

教师应该虚怀若谷、志存高远，鼓励学生敢于向书本、向教师、向权威挑战，以促进学生独立思维、批判思维和创新思维的发展。

(四)严于律己，为人师表

教师的教学过程，实则是一个言传身教的过程。教师的言行举止、思想道德都是学生模仿的榜样，它们将直接影响教师对学生道德品质和审美修养的培养，同时还将通过学生作用于家庭和社会。教师不仅会影响学生学习期间的成长，还会影响他们的一生。因此，教师必须严于律己，做好表率作用。

(五)终身学习，完善自我

"学海无涯""人无完人"，教师要想更好地肩负起"传道、授业、解惑"的重任，还必须利用业余时间不断充电，以提升自身的综合素养。教师只有不断地吸收新知识、新信息，掌握新的理念、方法和手段，不断地完善自我，才能正确地给学生以指点，顺利地与学生沟通合作，学生也会因为教师无形的人格魅力、知识魅力和人生智慧而乐于与教师交往交流，并在教师的言传身教影响下乐于求知、积极探索、勇于进取。

(六)真诚帮助，关爱学生

对于学习压力较大的学生，教师应该主动找其谈话，对其进行适当的心理调适和方法技巧的传授。对于生活上有困难的学生，教师应该想方设法、积极主动地帮助其解决生活困难，如想办法让学生参加勤工俭学活动(申请助教、助研和助管岗位)。

五、净化校园网络环境，指导学生合理使用网络

学校可以建立专门的校园网络，开通"校通工程"，并配置专门的校

园网管理人员，负责建设和完善校园网络，限制或过滤不健康的网站，加强网络信息安全，营造绿色安全的网络环境。同时，学校应该配备专门的计算机教室和管理教师，开展必要的计算机理论教学和上机实践活动，教育学生如何正确合理地使用网络，远离网络垃圾，不断地提高学生的计算机技术水平和网络道德水平。另外，校园网站也可以设置专门的网络心理专题，配备足够的网络成瘾防治专家，开展全方位的网络成瘾防治知识宣传活动，并对有困惑学生的网络成瘾相关问题进行答疑和指导。

第四节　网络成瘾的社区预防

社区是指由若干社会群体或社会组织聚集在某一个区域里形成的一个生活上相互关联的大集体。它是社会有机体最基本的"细胞"，是宏观社会的缩影。依据区域划分，社区可以分为乡村社区和城市社区两类。

一、村民委员会或居民委员会带头参与网络成瘾预防

社区文化是特定社会区域中成员的精神生活、生活方式和行为方式的总和。社区治理的理论和实践表明，社区文化对社区每个成员的行为具有一定的社会约束作用，主要体现在社区内的各种规章制度、公约、守则等规定对社区全体成员行为规范的引领和要求上。因此，为了预防网络成瘾，社区内的村民委员会或居民委员会应该至少做好3个方面的工作。

一是完善社区的休闲运动设施和全民健身路径，方便村民或居民在社区开展休闲娱乐和体育健身活动。

二是利用社区宣传栏、广播等途径宣传网络的"双刃剑"作用、如何远离网络成瘾的对策，引导公众科学合理地使用互联网。

三是与社区全科医生或心理医生、社区心理指导师合作，定期开展与网络成瘾相关的健康讲座，提高大众对网络成瘾危害的认识，增强对网络成瘾的预防意识。

二、社区医务人员积极参与网络成瘾预防

为了预防网络成瘾，社区医疗机构的医务人员尤其是全科医生或心理医生、社区心理指导师应该做好3个方面的工作。

一是积极参与开展网络成瘾防治相关的健康教育活动，可以与村委会或居委会合作开展健康讲座，也可以在社区医疗机构的健康宣传栏内张贴网络成瘾的危害、诊断、防治等有关内容。

二是为网络成瘾者建立健康档案，同时建议或转诊到上一级医疗机构的临床心理科或精神卫生科做进一步诊治。

三是对于已建立健康档案的网络成瘾者，做好定期的随访工作，并协同其家人共同规范其上网行为，确保其上网的着迷程度不再继续加深。

第五节　网络成瘾的社会预防

网络成瘾的相关因素分析表明，网络成瘾是个体人格特质与社会环境交互作用的产物。网络成瘾与个体的人格特质、社会环境高度相关。个体的人格是诱发网络成瘾现象形成的内因，而社会环境是个体网络成瘾的外部条件。两者的共同作用与强化催生了网络成瘾的发生发展。

在童年期和青春期前期，先天遗传对个体人格的形成与发展起主导性作用，但随着年龄的增长，尤其是从青春期后期开始，后天环境对人格的影响权重日趋显著。人格心理学认为，人格特质是先天遗传与后天环境的合金。因此，社会环境无论是对人格塑造，还是对网络成瘾问题的防治均具有极其重要的作用。

网络成瘾社会预防的主体是青少年，因为他们是网络成瘾的高发人群，也是社会未来的主体。青少年的成长离不开社会力量的支持和保驾护航，因此对青少年网络成瘾的预防，社会系统义不容辞、责无旁贷。简言之，网络成瘾的社会预防意在有效地改善青少年的网络生存空间和环境，实现互联网与青少年在现代网络技术平台上的有效沟通和共同成长。

一、健全网络法律法规与网络监管制度

网上信息极其丰富，世界有多大，网络就有多大；世界有多少信息，网络就有多少信息。互联网的这一特征使得每一个社会成员包括孩子都可以得到更多的信息。人类已经进入"信息过剩"的时代。

信息论创始人美国麻省理工学院教授香农（Shannon）从工程技术的角度出发，提出了信息传播的"噪声（狭义）概念"，其主要观点是互联网在给我们带来无限传播空间的同时也无可避免地滋长了噪声，且其在数量和危害程度上远远超过了其他传播方式。这使得网络具有"双刃剑效应"：既能提供一流的学习平台，又是极易滋生犯罪的温床；既能激发人的求知欲和创造性，又能诱使人沉沦堕落、荒废学业。

因此，面对无法控制的、滚滚而来的信息流，政府应该构建积极有效的防控体系和策略，进行"信息甄别""信息过滤"，这既有利于防治网络成瘾，也有利于互联网自身的健康发展和网络空间安全体系的构建。

（一）建立健全政府宏观管理机制

网络警察正式的名字是"国际互联网安全监察专业警察"。它的诞生是社会发展、技术升级背景下有效地打击网络犯罪的必然要求。

网络犯罪是指行为人运用计算机技术，借助网络对系统或信息进行攻击、破坏或利用网络进行其他犯罪的总称。随着互联网技术的广泛使用，国内网络犯罪率每年都在大幅度上升，这已经成为十分严重的社会安全和社会治理问题。因此，政府应该加快建立和完善网络警察等网信管理机构，加强其监督和管理功能，对网络进行实时有效的监控。

然而，现行法制对当前互联网发展过程中出现的各种违法犯罪行为（如网上诈骗、电子色情服务、网络援交、网络暴力、在线侮辱与毁谤、利用互联网传播病毒）依然缺乏打击、惩罚力度和相应的法律法规依据。而这些网络违法犯罪行为正是多种类型网络成瘾的直接诱因。因此，政府职能部门应针对这些犯罪行为，尽快制定出更加有效的管理法律法规和对策。

（二）加强与完善对网吧的监管

网吧的兴起是信息时代和人类文明程度不断提升的一个显著性标志。从 1996 年起，网吧开始在国内迅速增长。近年来，伴随着互联网产业和

金融业的爆发式成长，网吧已经是遍地开花，校园周边更是如此。

然而，从人身安全和身心健康层面来看，网吧的运营现状令人担忧。据统计，在网吧上网的群体大部分是未成年人，其中，中小学生比例高达 50％～60％。

虽然国家有明文规定，经营性网吧不得允许未成年人进入，但这项规定在执行中往往形同虚设。而且，在这些网吧中还充斥着不少设施简陋、环境恶劣，甚至存在消防安全隐患的"黑网吧"。许多青少年长期沉迷于"黑网吧"不能自拔，身心健康受到严重的危害，有的甚至因此而失去生命。

为了有效防止网络成瘾、维护青少年的身心健康，应该将以往的网吧管理规范上升为更具法律效力的法规。目前，国内已出台了 35 个"互联网网络管理法律法规"，这些法律法规为职能部门依法管理网络提供了法律依据和保障。但从实施效果来看，监管的执法力度仍然需要加大，如应该严格执行网吧晚上 12 点必须关闭的规定，以杜绝一些网民无节制地通宵上网。

(三)健全对网络游戏审核的监管

1. 加强对网络游戏入市前的审批监管

政府应该注重对网络游戏内容的监管，依据青少年学生的需求制定出一套更为严格的、科学的网络游戏技术规范和标准，在新网络游戏入市前要严格依照制定的规范和标准进行审查，以阻止和杜绝不符合规范的网络游戏入市。

2. 加强对现已运行的网络游戏的监管

这种监管的本质是技术监管。实施网络游戏实名制是解决这个问题的有效方法，随着人工智能技术的发展和普及，人们还可以通过脸谱信息或指纹信息录入验证法有效地控制上网。

3. 建立网络游戏分级管理制度

政府应该尽快对网络游戏进行分级，并在网络游戏的运营过程中严格执行游戏的分级管理制度，理由如下。

青少年长期沉迷网络游戏会引发"游戏脑"问题。上海市法学会未成年人法研究会会长姚建龙认为，由于当前网络游戏的情景模拟十分接近现实场景，不少充斥着暴力、色情元素，若缺乏必要的引导和教育，青少年容易产生辨别能力的模糊化，这将对其心理和行为产生直接的负面导向。为此他建议，基于未成年人利益最大化及预防性保护原则，政府和社会应该共同发力构建网络游戏分级管理制度。

政府应该制定底线性的标准和指导性规范，并引入中立性的第三方机构作为网游评级机构，其组成人员应该具有广泛的代表性，包括家长、教育专家、心理专家、法律专家、网游从业者等多方力量。

专家普遍认为，分级制度是对网游事前审查机制的有益补充。迄今，网络游戏在投入市场前，监管部门需要对其进行内容审查，并得出"适宜发行"与"不适宜发行"两种结论，这种"一刀切"的审查方式弊端明显：无法兼顾市场的多元化需求，其结果是孩子的世界成人化，成人的世界幼稚化，孩子的权益难以被有效保护，大人的合理需求同样无法满足。而网游分级意味着更加细分的受众市场，网游生产者能够更有针对性地开发产品，属于未成年人的游戏就要确保远离暴力和色情。

知识链接 7-1

中国网游分级制

中国网游分级制（Chinese Online Game Classification System）是一项面向网络游戏市场经营的制度。

1. 事件背景

受文化部委托，由北京大学文化产业研究院与华中师范大学共同研究制定的网络游戏分级标准，2010年1月10日在第七届文化创业产业论坛上公布。文化部进口网络游戏内容审查委员会专家委员向勇透露，网络游戏分级标准研究工作已经完成，相关成果已经上报到中央。该分级标准为中国首个分级制，将网络游戏分为适合全年龄段、12岁以上、18岁以上3个级别。

北京市已经先行一步试点，2010年1月底起，北京网游企业的产品将初步分级为成年人（18岁以上）和未成年人两个级别，玩家需要输入身份证号码证明自己的年龄符合规定才能进入游戏。酝酿多年的中国网游分级制度，在文化部正式接管网络游戏管理的2010年终于拉开大幕。这也是文化领域首个实施分级制的领域，而呼声甚高的电影分级迄今还没有进展迹象。

2. 具体内容

该分级标准将对网络游戏的剧本、背景、配乐、视觉特效等方面进行评估，评估内容不仅包括暴力、色情、粗话，还包括游戏时间限制性、文化价值观和地理历史建构等方面。从保护未成年人的立场出发，平衡内容监管和产业发展，总体上趋向比较严格的分级标准。

3. 分级优点

仅通过"非黑即白"的内容审查审批机制来进行内容控制和管理会非常乏力，要么起到的作用只是杯水车薪，要么就是错杀一千而不放过一个。无论是哪一种结果，都对这个市场规模已达到百亿的新兴产业发展很不利。中国对分级制度一直很敏感，一说到分级就想到色情暴力，好像厂商就可以去生产色情暴力的游戏了。这是一个误导。其实分级后面对的将是一个相对细分的市场。

4. 加盟网游

对于网游《九阴真经》的网游分级制，北京网游领军企业已经达成共识，将为他们的百余款产品在月底实行内容分级，并添加"适龄关卡"。内容分级将初步分为成年人和未成年人两个级别，"适龄关卡"最大的作用是防止未成年人玩成人游戏。以后，网游不仅要在游戏开始前明确提示产品的适用年龄段，还将通过身份证识别，判断玩家是否为适龄人群。

目前，北京动漫游戏产业联盟所属的完美时空、金山软件、畅游天下等15家行业领军企业达成初步共识，欲发出《北京网络游戏行业自律联合倡议书》。行业协会将尽快组织评审团，完成"成人游戏"的界定。目前，已有20余家北京网游企业愿意遵守这份倡议，这些公司出品的百余款新老网游将在月底添加"适龄提示"和年龄识别环节。

以后网友打开游戏都会看到一个提示："本产品适合××岁至××岁人群"，玩家需要输入身份证号码表明自己的年龄才可以进入游戏。其实，年龄识别的功能早在2007年7月原新闻出版总署与教育部、公安部等8部委联合推出的"网络游戏防沉迷系统"中就已经设定了，但产品没有内容分级，输入身份证号码只是为了计算玩家的上线时间。

（《网络游戏中的暴力问题评估与管理对策研究》，http://cio.idcquan.com/47638.shtml，2018-12-20。）

（四）健全对网络游戏制作和运营的监管

1. 加强对网络游戏制作的监管

在网络游戏制作中，网络游戏制造商通常会采用引诱玩家连续不断地投入时间和金钱的游戏设计理念和手段。政府应坚决予以取缔和处罚此类网游制作的"潜规则"，并应要求网络游戏制造商在网络游戏中添加"疲劳系统"设置，以避免青少年网游玩家受连续不断升级的诱惑。

近十余年来，在国内倡导构建"绿色、健康、和谐"的网络环境背景下，一些网络游戏制造商已开始重视此问题，并进行了相应改进。2003年游戏蜗牛软件公司就在其开发的《航海世纪》游戏里添加了疲劳系统，旨在减轻网络游戏的成瘾性，还进一步强化了对游戏内恶意砍杀（Player Killing，PK）行为的处罚力度，以减少玩家之间相互砍杀的暴力行为的血腥程度。得益于这些改变，游戏蜗牛软件公司和《航海世纪》荣获了包括"三届"金翎奖的十多项大奖。比如，其2005年1月21日在首届中国游戏产业年会上获得"2004年度中国游戏海外拓展奖""2004年度中国游戏企业新锐奖""2004年度中国十佳游戏开发商"3项殊荣；2005年10月在全国优秀游戏"金翎奖"评比大赛中，摘得国内游戏界最高荣誉——"最佳原创网络游戏大奖"第一名。

2. 加强对网络游戏运营的监管

网络游戏运营商通常会采用"想方设法鼓励玩家投入更多的精力和资金"的运营策略。网游运营商通常会设置诸如此类的客户管理规则：如果经验值在两个月内达不到40，这个身份标识号（ID）就自动注销，玩家必须从头玩起；如果超过两周没有登录游戏，ID也会自动注销；等等。这些捆绑规则迫使玩家对网游持续投入，维持兴奋度，从而使玩家无节制地沉迷于玩网络游戏。

对此，职能部门早已出台相关规定，如《关于开展"网吧"等互联网上网服务营业场所专项治理活动实施方案的通知》，要求运营商改变此类规则，以限制玩家持续玩游戏的时间。但具体执行情况却不容乐观，政府还需要加强对此的常态化管理和监督。

二、加强主流媒体对青少年的宣传和指导作用

（一）第四媒体视角下的主流媒体

第四媒体即网络媒体，是继报刊、广播、电视之后发展起来的、与传统大众媒体并存的新的媒体。它包含了人类信息传播的两种基本的方式，即人际传播和大众传播，突破了大众传统传播的模式框架。第四媒体可以分为两部分：一是传统媒体的数字化，如《人民日报》的电子版；二是由于网络提供的便利条件而诞生的新型媒体，如新浪网、网易网、搜狐网、凤凰网。

主流媒体是指那些具备一定规模、获得了社会的一致认可且具有较大影响力的媒体。按照此定义，新浪网、搜狐网、凤凰网等新型媒体将可以与新华社、中国新闻社、中国中央电视台（CCTV）、《中国日报》《人民日报》《环球时报》、中国国际广播电台网站（CRI，又称"CRI 国际在线"）等传统媒体一样，被视为中国当今的主流媒体。而且，在关注度方面新型媒体甚至超过了传统的主流媒体。

（二）充分发挥主流媒体的宣导作用

主流媒体应该通过更多的对话和互动，了解青少年，尤其是网络成瘾青少年的内心需求，针对性地多为青少年提供各种正向的新闻报道、身心健康讲座等多种活动，使他们能够及时发现和关注自身的心理问题。

主流媒体应该加强对青少年网络成瘾危害的警示教育，以及如何预防和矫治网络成瘾的科普宣传，提倡科学、合理、适度地使用互联网的舆论导向，弘扬积极的进取精神和高尚的个性品质；引导青少年树立正确的人生观、价值观和世界观，使其既能够拥有合适的个人理想，又能够脚踏实地一步步为实现理想而努力。这有利于抵制网络上消极、低俗、暴力、欺诈等信息的负性影响，对于青少年身心健康发展、远离网络成瘾具有重要意义。

（三）开发互联网的积极作用

网络具有全新的娱乐功能，可以下载音乐进行欣赏和学习，在线阅读文学作品，观看动漫、电视剧甚至好莱坞大片。

网络可以快捷地获得各种文献和最新资讯，从而激发求知欲和想象

力，网络时代给人们的教育观念和教育模式带来了极大的变化，可以使孔夫子 2000 多年前提出的"有教无类"的理想得以实现。

网络还可以提供大量喜闻乐见、寓教于乐的健康游戏，起到传导社会主流价值观的作用，使得青少年在游戏中学习知识，在游戏中开拓思维，在游戏中培养创造精神。

三、加强部门协作，净化网络资源环境

净化网络资源环境是从源头上防止网络色情、网络暴力、网络诈骗、网络谣言等不良信息流行泛滥的有效途径和手段，这对于保障公民的财产安全、维护社会稳定、促进青少年心身健康发展具有重要意义。实施这项工作需要文化、司法、公安、工商、电信等行政部门的强力介入，协同社会相关部门的力量和资源进行针对性、持续性的专项整治和清理。

（一）防止网络色情、暴力泛滥

网络色情无处不在，它是网站用于吸睛和提升网民点击率和参与度的主要手法。网络色情的呈现形式多元复合，包括视频、图片、声音、文字、漫画。据相关统计，在网络上流动的非教育信息中 70% 涉及各种暴力（如家暴、情杀）；且多数大型网络游戏及相关网站上充斥着杀戮、帮会、枪战等暴力内容。

这些不良信息的泛滥不但会影响青少年人格的健康发展，而且容易导致其痴迷于网络，影响学习、工作和生活。因此，政府须加强对网络传播中出现的色情、暴力等不健康内容的控制与监督，具体可以依托管理和技术手段，通过建立公安、文化、工商、海关等多部门参与的协同联动机制来实现。

目前，国内已经成功研发了"绿坝—花季护航""健康上网专家""展翅鸟家长控制软件"等反黄防毒软件，为青少年拥有良好的网络环境提供了技术支持，促进了互联网低俗之风的整治。

$$===\ 知识链接\ 7\text{-}2\ ===$$

国际儿童互联网安全相关管理

美国在打击网络低俗方面迄今未有一个全国性的法规，各州自

行其是。尽管美国立法机关一直援引言论自由法案来拒绝全面禁止黄色网站网页，但是执法部门对网站散布色情影片、图片的整治力度一直在不断加大。

2008 年 7 月，时代华纳(Time Warner)等美国三大网络媒体电讯公司发表公告联合抵制色情网页，共同出资 110 万美元，研发新的屏蔽技术系统，过滤、封堵和删除色情网页、图片等不良内容。

日本从 2003 年 9 月 13 日起实施《交友类网站限制法》，规定交友类网站要明示禁止儿童使用。家长作为监护人，必须懂得如何使用过滤软件来过滤儿童不宜的内容。

1998 年 6 月，法国对《中华人民共和国未成年人保护法》中有关制作、销售、传播淫秽物品的定罪量刑做了部分修改，从严从重处罚利用网络手段腐蚀青少年的犯罪行为。

根据英国《儿童保护法案》，如果没有合法理由，故意下载儿童色情图片者最高可判处 10 年监禁。如果技术上无法确认图片的来源，网络服务提供商须从服务器删除该内容，否则将面临起诉。

在德国，对"传播和拥有儿童色情信息"的打击一直是遏制网络犯罪的重点。为此，德国联邦内政部和联邦警察局 24 小时跟踪分析网络信息，并调集打击色情犯罪专家和技术力量成立了"网上巡警"调查机构。

在中国，教育部、财政部、工信部、国务院新闻办共同研究确定了绿色上网过滤软件校园推广工作方案，并于 2009 年 4 月 1 日发出《关于做好中小学校园网络绿色上网过滤软件安装使用工作的通知》，要求地方各级教育行政部门应确保在 2009 年 5 月底前，各中小学校联网的计算机终端均能够安装好"绿坝—花季护航"绿色上网过滤软件，为中小学生营造健康、积极的网络学习环境。

"绿坝—花季护航"是由工业和信息化部出资研发的一款保护未成年人健康上网的计算机终端过滤软件。它可以有效识别色情图片、色情文字等不良信息，并对之进行拦截屏蔽，产品同时具有控制上网时间、管理聊天交友、管理电脑游戏等辅助功能。

（《绿坝—花季护航》，https://baike.so.com/doc/5411054－5649151.html，2018-12-20.）

(二)建立利于青少年成长的健康网站

政府、科研单位、学校和社团应该积极建立和完善融教育性、知识性、应用性、娱乐性为一体的青少年网站；组织和协助研发适合于青少年身心发展特点，兼具知识性、教育性、娱乐性和趣味性，集道德法制、传统文化、历史人文、民族大义、爱国情怀等内容为一体的绿色网络游戏。这既有助于青少年树立正确的人生观和价值观，也可以为青少年网络成瘾问题的解决开辟一条疏导的途径。

近年来，在共青团中央、全国青联、全国学联、全国少工委、中国科学技术协会、人力资源和社会保障部、教育部等部门的多方倡导和支持下，中国心理学会、中国心理卫生协会等专业机构创建了一批适合青少年的绿色网站，如"中国儿童与青少年心理健康网"（http://qsxl.psych.ac.cn/），"525 心理网"（http://www.psy525.cn），"易班网"（http://www.yiban.cn/）。

四、构建网络专项服务体系

(一)为青少年提供良好的成长环境

台湾地区 2015 年的大数据调研显示，网络成瘾易感人群的网络成瘾十大危险因子的平均得分依次为无聊感（2.9）、神经质（2.3）、课业或工作压力（2.3）、忧郁（2.2）、同侪关系不佳（2.2）、社会焦虑（2.1）、低自尊（2.1）、家庭关系不佳（2.1）、冲动控制不良（2.0）、敌意（1.9）。这十大危险因子，尤其是无聊感，是区分上网者是否为网络成瘾易感人群的主要指标。

降低这些危险因子的关键在于依靠团体组织和社会支持，在现实生活中为青少年提供多渠道、多形式的成长途径，改善青少年的生存状态，避免其过多依赖、依靠互联网。社会应努力为青少年创造有助于快乐成长的客观环境，提供喜闻乐见的活动方式、便捷安全的活动场所。为青少年提供充足的、公益性的或低消费性的、满足其需求的活动场所和活动阵地是网络成瘾社会预防的治本方法和体现。

(二)建立和培养网络成瘾心理咨询师队伍

截至 2016 年，国内已经有近 110 万位国家二级心理治疗师。国家应该对这支队伍进行网络成瘾心理咨询的培训，使他们成为开展网络成瘾防治工作的骨干队伍；同时，还应该对学校的辅导员、班主任、计算机教师、幼儿园教师等青少年教育工作者进行网络成瘾与网络心理健康等方面的系列培训，以尽快培养和建立起一支既拥有专业心理知识，又懂得网络技术，知识面宽广、教育方法得当、综合素质比较高的新型青少年教育工作者队伍。

(三)加强对困难青少年的社会救助

为所有青少年提供全方位的展示平台及成长成才的渠道，注重培养他们的自我意识与自我认同，是政府和社会的责任所在。政府和社会须加大对弱势群体（贫困家庭）和高危群体（问题家庭、单亲家庭）青少年的关注和支持力度，帮助他们克服困境，健康成长，使其成人后能够很好地融入主流社会；为处于网络成瘾问题边缘的青少年提供及时的辅导和干预，为已经是网络成瘾者的青少年提供积极有效的专业帮助和及时的矫治。

第六节　网络成瘾的多元协同干预理念以及干预机制

一、网络成瘾的多元干预主体

网络成瘾成因复杂多元，社会各界在网络成瘾防治中的角色和作用各不一样，从网络成瘾发展态势、危害程度以及防治效果来看，唯有社会各界形成合力、协同干预，才有可能有效地预防网络成瘾。鉴于此，我们认为应该建立和宣导"网络成瘾多元干预主体"的概念。"网络成瘾的多元干预主体"包括社会、学校、社区、家庭和个人，每个主体在预防网络成瘾中的职责和作用不一。

(一)社会主体方面

社会是指由长期合作的社会成员，通过发展组织关系形成团体，在人类社会中进而形成机构、国家等组织形式，包括各级政府及所属职能部门、企事业单位、各类机构、社团等角色。近十余年来，政府开始重视互联网安全问题，尤其重视青少年网络成瘾问题，从组织架构上看，职能部门在网络空间安全管理和网络成瘾预防中职责分明、角色清晰。然而，客观地说，企事业单位、相关机构、社团等社会角色在网络空间安全建设和网络成瘾预防工作中发挥的实际作用不尽如人意，存在不少问题。例如，网吧违规经营，甚至上网者猝死事件时有发生；网络色情、暴力泛滥，屡禁不止；网络游戏分级推进不力；网络诈骗层出不穷；网络成瘾宣传和教育流于形式。这种现状产生的原因固然与互联网的超时空性、隐秘性所致的可控度比较低有关（因为互联网传播具有信息的海量性和开放性、空前的强时效性、多媒体功能、高度的交互性和易检性、传播环境的个性化），但更深层的原因是商业利益的驱使、道德滑坡、社会责任感缺失、不作为和乱作为。事实上，国内至今尚未形成全民重视网络成瘾预防的局面，也未真正建立起有效的网络空间安全的社会规范和社会支持系统。

（二）学校主体方面

学校的主体属性是全体教职工，而非仅仅指学校领导或某一类教师，如心理学教师、辅导员、班主任。学校在加强青少年学生网络空间安全、合理使用网络、预防网络成瘾方面应该起引领、指导和示范的作用。从以往绩效上看，学校在校园网建设、网管人员配置和网络成瘾防治知识宣传等方面做了一些有益的工作，但至少存在以下 4 个方面的问题。

①未完全建立起常态化、规范化、科学化的网络成瘾预防工作机制。

②不少教师存在认识误区，没有意识到自身的责任，认为预防网络成瘾是学校领导、政工人员和班主任的事情，是家长和学生自己的事情。

③未全面启动学生上网使用情况的动态档案，也未系统地建立学校与家长联合干预网络成瘾的联动工作机制。

④学校素以抓教学质量或提高升学率、维护学生体质健康为中心工作。尽管越来越多的研究和实践均证实，网络成瘾是导致学生体质下降、学习成绩下滑的主要因素之一，但是学校似乎并未足够重视网络成瘾对学生学习成绩和体质下降的负面影响，对网络成瘾与体质健康、学生成绩之间的类因果关系缺乏清醒认识，尚未将网络成瘾预防列入与学生体质健康工作同等重要的高度。

(三)社区主体方面

一个社区包括一定数量的人口、一定范围的地域、一定规模的设施、一定特征的文化、一定类型的组织。社区就是这样一个"聚居在一定地域范围内的人们组成的社会生活共同体"。然而，对青少年学生而言，除了部分时间生活在各自家庭所在地的乡村社区或城市社区之外，他们大部分时间都生活在校内社区。

现有的网络成瘾社区预防研究，大多将社区仅仅锁定在乡村社区和城市社区，主要是指家庭所在地的村委会/居委会、属地社区医院、生活小区等，并针对这种社区构成的功能给出相应的网络成瘾预防策略。

校内社区由学生学习、生活所在的教室、图书馆、实验室、运动场、宿舍、餐厅等场所构成，校内社区中的主体属性是同伴(同学、室友、学长/学姐、学弟/学妹)。同伴朝夕相处、志同道合，是矫治、改变对方行为习惯最有效的影响因素，也是促进对方践行健康的生活方式、学习方式，免于网络成瘾的重要人际动力之一。

可见，校内社区是学生学习、生活、作息、体育锻炼等日常活动的必经之地。因此，社区干预是一种特别适合于青少年的网络成瘾预防方法。然而，有关这种干预的模式、效果和作用机制方面的研究报道迄今尚不多见。

(四)家庭主体方面

人格心理学指出，家庭教育是决定孩子人格特质的五大要素之一。研究显示，家庭网络使用环境和网络健康教育对孩子合理上网习惯的养成有重要影响。家庭的主体属性是家长。家长在童年阶段溺爱孩子，放任其玩手机、刷平板电脑(如 iPad)、玩网络游戏，这实际上给孩子未来网络成瘾埋下了伏笔。因此，家长应尽量减少学龄前孩子的上网和玩游戏时间，并引导孩子积极参加体育运动，尤其是户外活动，学习和掌握1～2项运动技术，形成运动兴趣，使其从小养成自主运动的习惯以及健康的生活方式和行为方式，这是家长在孩子学前期的重要职责。

在中小学阶段，家长应积极主动配合学校开展网络成瘾预防工作，因为大多数中小学生每年几乎一半的时间是在家庭环境中度过的。家长应该尽可能多地陪伴孩子一起学习、运动和休息，建立良好的亲子关系，营造和谐民主的家庭氛围。一句话，"多陪孩子读书，多与孩子在一块"

是预防网络成瘾最有效的方法。

然而，一些家庭对孩子放任自流，疏于沟通，亲子关系紧张，还有一些家长则认为网络成瘾预防工作应由学校负责，这两类家庭的孩子都是网络成瘾的易感人群。此外，不少家长自身沉迷于网络，自律性差，无法为孩子做出积极的表率，这类家庭的孩子极其容易网络成瘾。有报道显示，父母与孩子共同沉迷于网络的依从性高达 85％以上。

（五）个体主体方面

个体的狭义主体属性是指学生本人，学生是预防网络成瘾的责任主体。个体主体建立合理上网的认知和行为习惯的可能途径有二：一是自我觉醒或者实践"成瘾替换"，如以运动成"瘾"替代消极的网瘾；二是依靠外源性干预主体的帮助。

只有当个体主体形成合理使用互联网的认知和习惯，并内化为其人格特质时，才能够有效地免于网络成瘾。而社会、学校、社区、家庭等外源性干预主体的作用在于唤起个体主体的这种理性认知，促使其养成良好的生活方式和学习方式。

二、网络成瘾的多元协同干预

智能手机的普及和无线保真（Wireless-Fidelity，WiFi）技术的成熟，使得人们可以在任何时空进行上网。这意味着任何单一外源性干预主体均只能在有限的时段起到对个体主体网络成瘾的预防作用。全天候预防网络成瘾的唯一途径只能是建立多主体联动配合、协同干预的工作机制——"网络成瘾的多元协同干预机制"。对青少年而言，网络成瘾预防最有效的策略应该是构建和实施"政府引领下的社会、学校、社区和家庭'四位一体'的协同干预体系"。

这种协同干预的理念符合德国科学家赫尔曼·哈肯（Hermann Haken）的协同论。协同论认为，千差万别的系统，尽管其属性不同，但是在整个环境中，各个系统之间存在相互影响而又相互合作的关系。其中也包括社会现象，如不同单位之间的相互配合与协作、部门之间关系的协调、企业之间相互竞争的作用，以及系统中的相互干扰和制约。

协同论指出，在一定条件下，由于子系统相互作用和协作，大量子系统组成的系统会很好地揭示人类社会各种系统的发展演变及其遵守的规律。

应用协同论方法，找出影响系统变化的控制因素，即可以发挥系统内子系统间的"协同效应"。若将"网络成瘾的多元干预主体"视为一个系统，那么社会、学校、社区和家庭均为其子系统。如何让这4个子系统发挥出好的协同效应是最终能否解决网络成瘾预防问题的关键所在。

协同效应又分正协同效应和负协同效应两类。正协同效应是指整体效益大于各个独立组成部分总和的效应，被表述为"1+1＞2"；负协同效应是指整体效益小于各个独立组成部分总和的效应，被表述为"1+1＜2"。

协同效应亦称为耦合效应。耦合原意是指两个或两个以上的电路元件的输入与输出之间存在紧密配合与相互影响，并通过相互作用从一侧向另一侧传输能量的现象。这里是指两个或两个以上的实体相互依赖于对方的一个量度。

正耦合效应是指两个或以上的系统通过相互影响、相互作用而彼此影响从而联合起来产生增力的现象，也称为互动效应或联动效应。反之，则为负耦合效应，即多个体系相互制约、互相抵消，导致其各自效应之和反而大于多因素的效应。

在学习中耦合效应的作用非常明显。一个耦合良好的班级，就可能带动所有学生形成团结向上、勤学奋进的品质；如果耦合不佳，则会相互扯皮拆台，带坏整个班级的学生。人们常有这样的体会，一个家庭中如果父母均乐于学习，那么孩子一般也会乐于学习；在教室、图书馆，如果大家均在认真学习，则后进门的同学一般也不会大吵大闹，而是认真地学习。

同理，一个家庭中如果父母践行合理上网和良好的生活方式，那么孩子也会潜移默化地效仿；一个集体宿舍，如果大家都按时作息，熄灯后不再上网，则个体从众是大概率事件；在学校的公共场所，如果"手机控"为校园文化所鄙视，那么排队、等待、行走中的"手机控"现象将会大为减少，甚至消失……

从全社会范围来看，假如全体民众能够形成公共场合不上网（除非真有必要上网）的社会风俗，那么网络成瘾（"手机控"）将会获得有效的控制。

综上可见，青少年网络成瘾预防的成效取决于能否构建和实施社会、学校、社区和家庭四方各尽其职、积极作为、勇于担当、联动协作、齐抓共管的工作机制。那种"口号上齐抓共管、协作配合，行动上互相推诿、谁都不管"的工作态度和作风是无法有效地预防网络成瘾的。

三、人际关系是网络成瘾多元协同干预的切入点

客观地说，在目前网络生态环境下，构建和实施"社会、学校、社区和家庭'四位一体'的协同干预体系"确实有不少现实困难。因此，我们应该首先尝试建立适用性和可操作性更强的网络成瘾的多元协同干预体系，寻找出符合青少年心理特征和成长环境的网络成瘾多元协同干预的切入点。

青少年处于成人初显期，尽管在生理上已经完全成人，但是其心理和社会适应能力尚无法独立，他们的认知、情绪、意志、人格等心理要素均处于不稳定状态，仍然需要现实的人际关怀和支持，需要依靠现实人际提供自我认同和发展的环境。据报道，国内网络成瘾大学生与其他国家的同龄人相比有鲜明的独特性，如在家庭功能上父亲功能缺失或不足的现象更为普遍。中国的集体主义文化更加强调关系性自我，这与西方文化中的自主性自我不同。陶然等人研究发现，人际因素是预测网络成瘾易感性的有效变量，也是有效干预网络成瘾的着力点。因此，从人际关系视角出发探讨网络成瘾干预的作用机制符合青少年的心理发展特点。

网络成瘾的人格特质研究显示，网络成瘾人群更多地表现出孤独、羞怯、抑郁、感官刺激寻求、低自尊等人格特质。无论是个体先天特质促进了网络成瘾的可能性，还是网络成瘾导致了这类人格特质的形成发展，这些人格特质都在很大程度上削弱了该人群人际支持的可获得性。这就为人际因素可有效干预网络成瘾提供了依据。

乔恩（Jon）等人考察了大学生网络成瘾行为与依恋的关系，发现不安全依恋个体容易产生网络成瘾行为，但是成人个体可以发展亲子关系以外的重要关系为安全的依恋对象。金伯利·扬等人依据家庭治疗中的沟通理论、代际传递理论对大学生网络成瘾的干预过程和效果进行个案研究，阐明了家庭治疗原理对伴有人际问题的网络成瘾大学生的干预有效性和作用机制。国内相关研究中，陈霞、龚牟等人证实网络成瘾大学生多种人际关系组成的社会支持对其自尊会产生作用，进而影响网络成瘾，但是具体的作用机制不明。伍尔弗顿（Woolverton）指出成瘾人群的心理机制在于无法耐受和调节负面情绪，而良好的人际动力可以支持个体应对情绪困扰，从而坚持实施康复行动。

人际动力是指特定组织系统中人们交互影响的心理过程、行为、沟

通及其与外部环境之间的交互作用。社会系统论认为，个体生活在多重人际关系之中，不同人际类型之间相互影响、复杂互动、共同作用就会形成人际动力，它与外在行为表现之间存在高度关联性。兼顾多重人际关系类型的人际动力研究将多种人际动力作为一个整体来研究，不仅有利于深入理解问题和个体，更有利于发现个体的人际资源，因为不同人际类型的动力可以互补或对称迁移，从而有利于问题解决。姚玉红（2015）通过对网络成瘾康复者的大量访谈发现，师生关系平常不为大学生所重视，但陷入网络成瘾行为中的大学生重要的人际支持却主要来自父母和教师，同学关系属于回避疏远阶段，之后随着其康复过程的进行才逐渐重新建立。

"人际动力"比"人际互动"更关注多因素之间相互作用的开始、发展、维持、减弱和消失等动态过程。良好的人际动力既能够促进个体的独立性，又能够巩固个体与重要他人的连接，从而通过改善个体的情绪调节、思考认知、自尊水平、性格品质等疏导途径来干预网络成瘾。可见，探索人际因素在网络成瘾干预过程中作用机制的质性研究日趋重要，然而现有的网络成瘾研究缺乏整合多种现实人际类型为一体的系统视角。为此，姚玉红（2015）提出"从多重人际（亲子、同学和师生三类人际）动力视角探讨有效干预网络成瘾学生过程中的作用机制，并结合生理—心理—社会多项改变指标验证干预效果"的研究思路。

青少年学生的主要活动空间在学校、社区和家庭，其现实人际关系主要有亲子关系、同学关系和师生关系3种。亲子关系是个体人际关系的原生态模板，具有终身的稳定性，对学生群体兼有工具性和情感性支持的作用；同学关系是校园里唯一的同伴关系，是学生成长历程中重要的同龄人关系；师生关系的重要作用主要集中在学业和人生方向上。这3种人际关系既是学生日常校园生活中接触最为频繁的类型，也是可以提供求助和最有可能发生改变的类型，但是这三者间的相互作用机制尚不明确，有待于深入研究。

综上所述，现阶段符合青少年心理特征和成长环境的多元协同干预网络成瘾的切入点应该是构建和实施"学校主导下的学校、校内社区和家庭'三位一体'的协同干预体系"。从管理学视角来看，学校、社区和家庭这3个主体中，学校对学生的约束度和话语权最大，是管理者、引领者、指导者。这就是为什么该体系运行须依靠学校主导的原因。而该体系的运行保障机制是"亲子、同学和师生三重人际动力的协同干预"。

须指出的是，尽管该体系及运行保障机制具有较高的科学性，但是如何使学校、社区和家庭三方干预主体都能自觉地、认真地投身其中是该体系得以顺利实施的关键环节。该问题的本质是各方主体参与网络成瘾多重人际动力干预的动力是什么。我们将这种动力称为网络成瘾多重人际干预动力的"元动力"。

依据爱德华·威尔逊（Edward Wilson）2008 年所著的《社会生物学》中"利他行为（牺牲行为）""交互利他行为"的实现原则，解决上述"元动力"可以从两方面着手：一是改变各方主体的认知；二是制定出能触及各方外源性干预主体（如社会、学校、社区、家庭）核心利益的政策。要让各方外源性干预主体切身感悟到预防青少年网络成瘾是其自身的核心利益，是责任和义务，是"双赢"的事，是目标"利己"、效果"利他（利于学生）"的事，只有如此才能确保各方外源性干预主体自觉、持续地参与其中，各司其职，直至干预目标实现。

授予学生学业、引导学生人生方向、促进学生体质健康是学校的主要任务。目前学生的学习成绩、"三观"的树立和体质健康已经受到网络成瘾的极大影响，以至于阻碍了这些目标的完美实现，因此学校必须深刻认识到网络成瘾对学生学习成绩、升学、体质健康、学校排名等指标的负面影响和危害性，将网络成瘾预防工作提高到与升学率、学校排名和体质健康工作一样的重视程度来抓。换句话说，网络成瘾与体质健康、升学率呈现负相关，网络成瘾不除，体质和学习成绩必然持续下滑。

校内社区是校园文化的承载地。校园文化是学风、校风的体现，具有巨大的同化力、促进力和约束力，是一种精神力量和优良传统。积极向上的校园文化对学生成长和学校发展有深远影响。网络成瘾不利于营造良好的校园文化，而这最终会使学校的每一名学生都有可能成为网络的受害者和牺牲者。

望子成龙的家长自然是希望孩子学业有成、心身健康、走正道，这是他们的人生终极目标和信念支撑，也是他们的人生希望所在，而网络成瘾可能会使他们的人生希望破灭。

第八章

体质健康、生活方式与网络成瘾之间的关系

现代生活方式和繁重课业压力的双重作用直接导致青少年生活不规律、饮食不均衡和身体活动量减少，这是青少年体质下降的主要客观原因。(吴键，2011；杨漾、陈佩杰、吴艳强，等，2012；李伟、袁志国，2013)近年来，生活方式对身心健康的影响开始受到关注。(Artinian N T, Fletcher G F, Mozaffarian D, et al., 2010; Robert Podstawski, Krystyna A. Skibniewska, Agnieszka Mroczkowska, 2012; Wu Yuhong, Hu Gengdan, Wang Dan, 2015)美国饮食协会提出，除每天中等强度运动半小时外，影响体质健康的另一关键因素是膳食。国内学者指出，睡眠不足可以引发多种全身疾病和心理疾病。循证分析显示，体质健康的影响因素多元，除了体育锻炼之外，饮食、睡眠、心理压力、上网等因素同样不容忽视。据此，我们认为，生活方式可能是青少年体质下降的决定性影响因素；现行的仅仅基于体育锻炼的青少年体质干预理念和方法存有偏颇，应该立足于从生活方式视角对青少年的体质健康进行多方位干预。

本章着重关注如下主题：青少年体质持续下降的趋势未获得根本性改变的原因是什么；防控青少年体质下降理论和实践中存在的不足和误区是什么；生活方式干预有更好的防控体质下降效果的机制是什么；谁是健康生活方式的杀手。

第一节　青少年体质持续下降的趋势未获得根本性改变

我国学生体质与健康"大数据"来源于 1985 年开始的每 5 年一次的学生体质调研数据(1985 年、1990 年、1995 年、2000 年、2005 年、2010年分别实测 47.11 万名、25.42 万名、26.63 万名、29.16 万名、26.29

万名汉族青少年），以及 2012 年对 15.05 万名青少年、2013 年对 12.3 万名青少年的抽测数据。

2014 年 7 月 28 日教育部在上海召开新闻发布会，发布了近 30 年来学生体质与健康变化的情况。数据显示，我国城乡学生身高、体重、胸围的形态发育水平持续呈现增长趋势，尤其是城市男生以及 7～12 岁年龄段学生，增长最为明显；1985—2013 年，各学段城乡男女学生的平均肺活量水平呈现先降后升的趋势。相较而言，中学生的体质健康状况好于大学生。一个值得注意的特点是，大学生与中学生的体质健康状况近年来出现了明显的分叉现象。

其中，中学生的体质健康状况在持续 20 多年下滑的情况下，2010 年以来出现了积极的变化，大部分指标止跌回升，个别指标呈连续上升势头。比如，肺活量指标平稳上升，爆发力素质（立定跳远）出现好转，耐力素质止"跌"并逐步回升，速度素质（50m 跑）下滑趋势得到遏制，柔韧性素质（坐位体前屈）指标明显回升。但是力量素质（女生仰卧起坐/男生引体向上或斜身引体）依然下滑，超重和肥胖检出率持续增长，视力不良检出率逐年上升并出现低龄化倾向。

然而，1985—2013 年各项体质指标的纵向比较结果显示，大学生的体质健康状况却并未出现好转，其肺活量指标变化不明显，爆发力素质、耐力素质、速度素质、力量素质、柔韧性素质（坐位体前屈）仍然持续下滑，超重和肥胖检出率持续增长，视力不良检出率逐年攀升。

从横向比较来看，各学段学生的体质状况存在明显差异：高中生体质不如初中生，大学生不及高中生，大学女生的数据达不到高中女生的水平，17～23 岁整体水平下降。这说明国内青少年体质状况不稳定，容易出现波动和反弹。

教育部 2014 年 7 月发布的近 30 年学生体质健康状况变化大数据，容易给人"学生体质持续下滑的趋势已经得到遏制"的印象，但是实则不然。大、中学生的"近视率""肥胖率"（这两大指标为体质健康风向标）逐年攀升，大学生的爆发力素质、耐力素质、速度素质、力量素质和柔韧性素质依然下滑。这样的现状说明我国青少年体质状况依然呈现总体下滑趋势。

综上可见，我国青少年体质健康形势严峻，令人担忧。具体表现为中小学生体质健康的积极变化仍然十分脆弱，而大学生的体质健康下滑趋势则未得到遏制，甚至在很多指标上不如中学生。这种在青少年时期，体质健康水平与年龄增长呈负相关的现象和趋势，为精英的"英年早逝"

或猝死埋下了伏笔，严重影响了中国的人口质量。

此外，现有的体质研究文献也一致认为，近 30 年国内青少年体质持续下降的趋势未从根本上得到遏制，学生体质健康整体水平仍然处在危险边缘。（吴键，2011；杨漾，陈佩杰，吴艳强，等，2012；胡耿丹，王丹，2015）

一方面国内各级政府和学校高度重视青少年体质健康，另一方面却是学生体质持续 30 年下降。这一"奇特现象"表明，已有的遏制青少年体质下降的理论与实践存在不足。影响青少年体质下降的主因以及防控的关键策略和有效途径还未被完全揭示，各种相应的政策落实不到位或缺乏有效的保障机制。（Hu Gengdan，2018）可见，探寻这一"奇特现象"的深层原因和解决之道已经凸显为该领域首要任务。

第二节　防控青少年体质下降理论和实践中存在的不足

一、在体质政策落实上未形成协同干预、齐抓共管的局面

提高青少年体质政策措施落实的途径包括外部途径和内部途径。外部途径须依靠外部驱动来实现，外部驱动来自政府、社会、社区、学校和家庭。内部途径须靠激活内部驱动来实现，内部驱动源于青少年本人，是内因，是青少年自我意识的觉醒和自我行动的转变，是增强体质健康的主导力量。

迄今，学界已经就青少年体质持续下降的成因和对策从多学科视角展开了深度分析，取得了不少成果，并一致认为，提高青少年体质须政府、社会、社区、学校、家庭各方面协同配合、齐抓共管。然而，在如何实现这种齐抓共管上仍然缺乏有效的路径和保障机制。

我们前期的研究（Hu Gengdan，2018；胡耿丹，王丹，2015）表明，青少年体质健康政策落实不到位的主因在于内部途径受阻，即学生漠视体育锻炼，没有真正意识到青少年时期体育锻炼对其学习效果、心身健康及未来人生的意义，使得学生缺乏参与体育锻炼的动力，长期处于体育锻炼不足或非自主体育锻炼的状态。家长的认识误区主要有：学习至

上，文化课成绩决定孩子命运，孩子考上大学之后再锻炼也来得及；提高体质健康是学校的事。家长的这种错误认知助长了学生漠视体育锻炼的情绪和行为，使其久而久之便形成了不爱运动的不良习惯。

此外，社会和社区往往认为学生体质健康应该由学校负责，而学校则认为这是体育老师单方面的事情。于是，这一原本应该"全员参与、齐抓共管"（社会关注、社区参与、学校作为、家长配合）解决的事情，实际上却成了"无人担当，谁都不管"。

二、误以为仅靠加强体育锻炼就能解决体质下滑问题

（一）全球青少年体质健康状况和趋势

近30年来，"青少年体能退化惊人，跑步越来越慢"的现象越演越烈。英国广播公司（BBC）2013年11月20日刊文说："如果比赛跑步，许多孩子跑不过父母那辈人年轻的时候。"心肺功能是一个人持续身体活动能力的判断依据。美国心脏协会分析了1964—2010年来自28个国家的总共50项研究，这些研究记录了2500万名9～17岁青少年的跑步成绩。该协会把研究重点放在青少年跑步的速度和耐力两方面，包括跑800～3200m需要多久；在5～15分钟内能跑多少距离。结果显示，从1975年起，青少年跑得越来越慢。其中，欧美青少年的心肺功能平均比父母一辈年轻时差了15%。平均而言，他们跑完1英里（约1609m）所花的时间比30年前的青少年足足慢了1.5分钟。

更让人担忧的是，越跑越慢的现象不分男女，各国的情况都差不多，这意味着青少年体质的生物学退化现象已经演化为全球性的灾难问题。据BBC报道，不仅美国、欧洲、大洋洲这些传统工业化国家的青少年心肺功能下降得厉害。就连韩国、中国这样的新兴工业化国家的孩子也存在同样的问题，甚至更糟糕。据美国心脏协会报道，中国青少年的心肺功能比30年前下降了30%。据英国《卫报》报道，相比过去二三十年，中国学生的身体体型变胖，活动速度变慢，以跑步为例，男生跑1000m平均成绩比以往慢了14～15秒；女生跑800m平均成绩比以前平均慢了12秒。我们认为，中国、韩国等亚洲国家可能受文化背景、传统生活方式的影响，青少年日常体育活动少于西方国家，因而体质下降更为严重。对中国青少年而言，这一问题还应该归咎于激烈的升学考试，以及痴迷于互联网。

(二)青少年体质退化的影响因素及干预理念和策略

研究显示,肥胖是青少年心肺功能下降的主要因素。澳大利亚南澳大学生命科学学院格兰特·汤姆金森(Grant Tomkinson)教授说:"实际上,大约30%～60%的青少年跑得慢与脂肪量增加有关。除此之外,也与缺少运动设施,以及看电视、玩游戏等不健康的生活方式相关。"汤姆金森建议,人们应该多鼓励孩子做有氧运动,否则将会严重影响健康。他还警告:"如果现在不加强体能锻炼,那么以后可能容易得心脏病。"

专家建议,儿童和青少年应该每天至少锻炼1小时。目前,英国只有一半的青少年能达到这个标准,而根据WHO的报告,80%的青少年运动量不足。

美国心脏协会成员迈尔克·吉维茨(Michael Givet)教授说:"运动项目的选择也至关重要。必须选择能使你出汗,且是持续性的运动(如游泳、骑车、跑步),从而促进心血管机能。"吉维茨补充说,仅仅上体育课或去几次健身房是不够的,除非你能每天坚持。

英国心脏基金会成员克里斯多夫·艾伦(Christopher Allen)说,最好从小培养孩子锻炼的意识,这对他今后的健康有极其重要的影响,保持运动能够降低其患心血管疾病的发生概率,而且越早开始越好。艾伦认为,社区、学校和家庭应该帮助、激励孩子完成每天的运动量,为他们的健康成长打好基础。

据2013年6月WHO发布的简报,缺乏锻炼已经成为全球第四大死亡风险因素,目前每年全世界因为缺乏锻炼而致死的人数高达320万人,近10年增长迅速。为此,WHO呼吁各国卫生部门给予重视,号召人们加强体育锻炼,并提出了"体育锻炼让生命更有价值"的口号。

WHO官员菲利普·德苏托·巴雷特(Philip Suto Barrett)指出,缺乏锻炼主要是指不能保证最低限度的体育锻炼,即成人150分钟/周的适度有氧运动或75分钟/周的剧烈有氧运动,也可以两者结合达到相同水平。缺乏体育锻炼对健康的不良影响十分长久,如引发肥胖、心脑血管疾病、亚健康等疾病。

WHO为此专门制定了《关于身体活动有益健康的全球建议》,该建议针对3个年龄组给出了体育锻炼指导。

5～17岁的儿童和青少年应该每天累计至少60分钟的中等到高强度身体活动,包括休闲时间的活动、交通往来(如步行或骑自行车)、家务劳动、玩耍、游戏或有计划的锻炼。平时应该以有氧活动为主，每周至少进行 3 次高强度身体活动，包括强壮肌肉和骨骼的活动。

18～64 岁的成年人应该每周至少累计 150 分钟的中等强度有氧身体活动，或每周至少 75 分钟的高强度有氧身体活动，或中等和高强度两种活动有相当量的组合。有氧活动每次至少持续 10 分钟。每周至少应该有 2 天进行强壮肌肉的活动。

65 岁以上的老年人应该每周至少完成 150 分钟的中等强度有氧身体活动，或每周至少完成 75 分钟的高强度有氧身体活动，或中等和高强度两种活动相当量的组合。活动能力较差的老年人每周至少应该有 3 天进行增强平衡能力和预防跌倒的活动。由于身体健康原因不能完成所建议身体活动量的老人，应该在能力和条件允许范围内尽量多活动。

WHO 专家同时还指出，各国居民缺乏锻炼的原因有多个方面：首先，缺乏必要的锻炼环境，如居住拥挤、缺少公园和运动场所；其次，一些人不清楚运动能够带来的诸多好处，不知道如何进行合适的锻炼；再次，很多人虽然认识到体育锻炼的重要性，但是缺少动力，难以坚持；最后，亚洲、大洋洲等区域的不少国家和地区的经济在很大程度上依赖体力劳动（如农业、矿业），这也减少了人们进行体育锻炼的机会。

上述研究报道显示，体育锻炼不足对各年龄组人群，尤其对青少年体质下降有直接的影响。现实中，人们也已经固化地将青少年体质退化现象归因于缺乏体育锻炼，形成了强化体育锻炼来遏制体质下降的主流干预理念，并建立了相应的防治策略。

（三）基于单一强化体育锻炼的青少年体质退化干预理念和策略的局限性

正是基于上述青少年体质退化的干预理念，长期以来，各级政府在国内青少年体质健康问题上相继出台了"阳光体育运动计划""大课间""减负"等一系列举措，这些举措均以加强体育锻炼为主线和切入点。但是对实施效果的长期观察结果显示，国内青少年体质持续下降趋势并未得到有效的控制。这提示我们，现行的体质干预理念和举措存有偏差，应该反思现行体质干预理念和策略的科学性、可行性。

对上述研究报道的深入分析可以发现，缺乏体育锻炼仅仅是影响体质的因素之一，"过营养化"所致的单纯性肥胖是导致青少年体质退化的另一重要因素。对体质退化而言，缺乏体育锻炼与肥胖之间存在明显的交互作用，而这两个因素又受控于青少年不健康的生活方式、不良的学习习惯。不良的生活方式和学习习惯是青少年体质退化的更直接、更源头的原因，是"元动因"。

吴键（2011）在《我国青少年体质健康发展报告》一文中指出：饮食结构不合理、行为习惯不健康、教养方式保护过度、学习压力过重、体育活动不当等是造成青少年体质健康下降的主要原因。胡耿丹、王丹（2015）在《不同干预方式对防控青少年体质下降的实证研究》一文中证实，现代生活方式（网络成瘾对现代生活方式的形成和演化的影响权重日趋加大）和繁重课业压力的双重作用直接导致青少年生活不规律、饮食不均衡和身体活动量减少，这是国内青少年体质下降的客观原因。

可见，体育锻炼仅仅是影响体质健康的诸多因素之一。对于青少年体质健康的影响而言，体育锻炼与膳食、行为习惯、教养方式、学习压力等因素之间存在明显的交互作用。那种以为仅仅依靠加强体育锻炼就能够解决体质下滑问题的惯性思维，一是夸大了体育锻炼对维护体质健康的功效，忽视了其他因素对体质健康的影响，二是缺乏对体质退化的"元动因"认识。

因此，试图仅仅依靠单一的体育锻炼干预来实现遏制青少年体质下降的做法是难以实现的，即仅仅依靠单一运动干预来防控体质下降的理念和思路值得反思，应该建构和实施更加科学可行的青少年学生体质干预模式和途径。（Hu Gengdan，2018；胡耿丹，王丹，2015）

第三节 生活方式干预有更好的防控体质下降效果

一、生活方式概念的要素及其演化

（一）生活方式的要素

依据 WHO 在 20 世纪 90 年代初的提法，生活方式包含 4 个要素：膳食、运动、心理、烟酒。然而，近二三十年来互联网的普及使人类生活方式发生了重大的变化，如我国 80％的学生每天睡眠不足 8 小时，上大学后，36％的学生有周末彻夜上网的习惯。（丁烜红，张弓婷，李刚，等，2015；Wu Yuhong，Hu Gengdan，Wang Dan，2015）日趋增多的网络成瘾和"低头族"现象表明生活方式亟须在 4 个要素之外，增加"上网"和"作息"要素。因此，本研究定义生活方式有 6 个要素：膳食、运动、心理、烟酒、上网、作息。

（二）健康生活方式的定义

何为健康生活方式？1992 年 WHO 在维多利亚宣言（The Victoria Declaration）中将"合理膳食、适量运动、戒烟限酒、心理平衡"列为健康的四大基石，在此原则下构建的生活方式即为健康生活方式。考虑到生活方式要素的演化，我们给出了健康生活方式的两种定义。

①狭义的健康生活方式（WHO 版）：合理膳食、适量运动、心理平衡、戒烟限酒。

②广义的健康生活方式（胡耿丹版）：适度上网、规律作息、合理膳食、适量运动、心理平衡、戒烟限酒。本版本在健康生活方式（WHO 版）的基础上，增加了"适度上网""规律作息"两个维度，故也可以称为健康生活方式（WHO 版）的拓展版。

二、生活方式干预效果优于单一体育锻炼

元分析显示，体质健康影响因素多元，除了体育锻炼之外，饮食、睡眠、心理压力、上网（尤其是痴迷于互联网）等因素同样不容忽视。

近年来，一些学者从生活方式角度对青少年体质健康的影响展开研究。德国学者提出，预防青少年体质下降应该从改善生活方式着手，如每天至少应该有一小时的日常身体活动或体育运动；在饮食方面，幼儿园和学校的饭菜须有强制性的质量标准。西班牙学者发现，基于生活方式的干预能够有效降低大学生心血管疾病的风险因素。丁凡（2009）指出，中学生生活方式与体质健康之间存在显著性相关，有不良生活方式的中学生体质测试成绩较差，而综合评价为优秀的学生鲜有不良生活方式。

1992 年，WHO 指出，组成健康的四大元素中，父母遗传占 15％，社会环境与自然环境占 17％，医疗条件占 8％，个人生活方式占 60％。可见，生活方式对健康的影响权重过半，对健康起着决定性作用，而且生活方式是唯一可以自我掌控的因素，这也是 21 世纪人类健康的真正希望所在。

综上所述，生活方式对青少年身心健康的影响已经受到了学界的关

注和认可。然而，生活方式对青少年体质影响程度有多大，其中的哪些因素是产生影响的主因以及如何干预等问题目前尚停留在定性研究阶段。对于这些问题的实证研究和实践应用方面，日本处于领先地位，而国内则鲜有报道。尤其是有关青少年体质下滑影响因素的"元动因"究竟是什么尚未见报道。

胡耿丹、王丹（2015）曾在《不同干预方式对防控青少年体质下降的实证研究》一文中，通过考察两种不同干预方式（单一运动干预和生活方式干预）对青少年身心健康的影响，就上述问题展开了实证分析。结果证实，生活方式干预比单一运动干预效果更显著、持久、稳定，以生活方式为主导的健康管理干预可能是未来防控青少年体质下降的主流模式。原因是生活方式干预不仅依靠体育锻炼因素来维护体质健康，同时还依靠膳食、作息、上网等因素共同作用，是一种多角度的协同干预方式。基于这一研究结果，结合上述对国内外青少年体质健康的研究进展和存在问题的综述，以及对国内青少年体质持续退化、相关政策措施落实不力的深层原因和解决对策的思考，我们提出了如下遏制青少年体质退化的 6 点看法。

①体育锻炼干预并非对所有体质指标都有效，试图仅仅依靠单一的体育锻炼干预来实现遏制青少年体质下降的干预理念值得商榷，应该建构和实施更加科学可行的青少年学生体质干预模式和途径。

②解决青少年体质持续退化的关键策略在于转变学生观念，唤起学生的健康主体意识，形成良好生活方式，由非自主锻炼转为自主锻炼，即由"要我锻炼"，转变为"我要锻炼"。而这一策略的实现须家庭、学校、社区的三重人际动力支持来保障。

③生活方式干预青少年体质的效果优于单一的体育锻炼干预，其干预效果具有稳定性和持续性特点，因为它能够唤起学生的健康主体意识。

④体育锻炼是生活方式的要素之一，生活方式干预涵盖了体育锻炼干预，生活方式干预应该是未来防控青少年体质下降的主流模式。

⑤上网已经成为一种新的生活方式，应该将上网和作息纳入生活方式要素。

⑥无论是基于体育锻炼的体质干预还是基于生活方式的体质干预，均须家庭、学校、社区各尽其职、协同联动、齐抓共管才能够实现，生活方式干预则更加需要家长、教师和同伴等多重人际动力支持。

第四节　谁破坏了健康生活方式？

一、健康生活方式的具体内容暨实现途径

1996年，美国疾病控制中心指出，采用WHO的健康四基石（合理膳食、适量运动、心理平衡、戒烟限酒）为指南的健康生活方式，可以使美国的人均寿命延长10年，高血压下降55％，脑卒中下降75％，肿瘤下降1/3，糖尿病下降50％，冠心病事件明显减少，生活质量明显提高。然而，上述目标迄今并未能够实现。原因是未能够建立起可操作性强的健康生活方式的具体内容或者美国大众未能够持之以恒地践行基于这些内容的健康生活方式。

2010年，卫生部倡议：吃动平衡，走向健康。据此，我们将健康生活方式的具体内容暨实现途径概括性为："迈开腿，管住嘴，少熬夜，认知清"。

1. 迈开腿：多走路，少坐车

生理学研究显示，人体衰老从腿部肌肉开始，腿部肌肉是人体"第二心脏"。从20岁开始，个体若不积极参加运动，其每10年可能会丧失5％的肌肉组织。若一个70～79岁的老人一次可以步行400m，则说明其健康情况至少能够让他多活6年。老人每次走的距离越长，速度越快，走得越轻松，其寿命就越长。

在人体所有身体素质中，力量、有氧耐力和柔韧性素质与健康的关系最为密切，需要优先发展。基于此，运动医学家构建了"运动金字塔"（见图8-1）理论，旨在指导人们如何迈开腿，如何科学健身。

"运动金字塔"共分为4层。

第一层，是金字塔的塔基，采用低强度运动。主要是指日常的身体活动，包括日常的家务活动、每天上下班的步行、登楼梯、休闲活动。该层的锻炼原则：每日都需要做，除了正常的休息之外，要多活动，减少静坐、静卧的时间，达到中国居民膳食指南中要求的每天6000步的活动量。不少学者倡导人们每天走10000步。

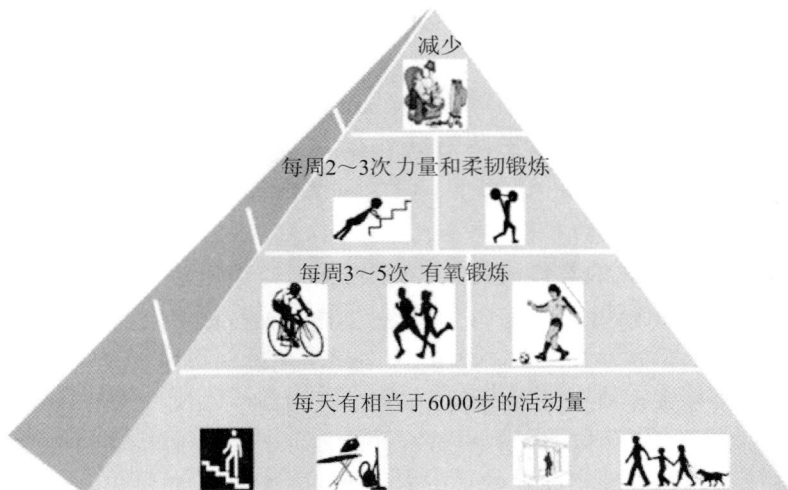

图 8-1　运动金字塔

　　第二层，中、低强度的持续性运动形式。通常要求每周 3～5 次，每次 20～60 分钟的有氧运动，旨在维护心血管系统健康，提高人体心肺功能和有氧工作能力。运动的形式多种多样、因人而异，包括有氧健身操、有氧舞蹈、骑自行车、各种球类运动、游泳、散步、慢跑；运动强度依据个体的年龄、性别和身体状况而定。

　　第三层，通常每周 2～3 次的力量和柔韧锻炼。许多专家建议，柔韧锻炼最好每周 3～7 次。适宜负荷的力量锻炼有助于改善肌肉的质量和力量，也有助于预防骨质丢失，维护骨骼健康；柔韧锻炼可以降低肌肉紧张度，提高肌肉的放松和协调能力，改善和维持身体的警觉性，预防损伤，提高生活质量。

　　力量锻炼，又称阻抗性锻炼，每次 15～30 分钟，可以采用依靠自身体重的俯卧撑、仰卧起坐及引体向上等方式练习，也可以采用一定重量的哑铃或杠铃进行练习。

　　柔韧锻炼是指 5～10 分钟的伸展运动，包括下蹲、转体、甩手或者静态的拉伸练习。静态伸展原则是尽量伸展，稍有不适但不疼痛，每个动作伸展 20～30 秒左右，反复做 2～3 次，以缓慢、可控的速度进行练习。

　　第四层，位于金字塔的顶端，是占比例最小的一层，主要是指不运动(如看电视或电脑/手机、静坐学习或工作)的时间。我们每天应该尽量减少该部分所占时间的比例，每次持续的静力性工作（保持同一姿势不变）的时间不宜超过 30～45 分钟。

生物力学的沃尔夫（Wolff）定律指出，骨骼的生长会受到力学刺激的影响而改变结构，用之则强，废用则弱。骨的自组织力求达到一种最佳结构，即骨骼的形态与物质受个体活动水平的调控，使之可以足够承担力学负载。这表明机械应力与骨组织之间存在一种动态平衡，若骨骼受力过大，则成骨细胞活跃，引起骨质增生；反之，若骨骼受力过小，则破骨细胞的再吸收加强，引起骨质疏松。

可见，骨骼、肌肉的静力性持续受力时间，每次不宜超过 30～45 分钟。否则，一方面容易引起腰椎、颈椎骨质增生和肌张力过大，导致颈椎病、腰椎病的发生；另一方面会引起其他一些不受力骨骼的骨质丢失以及肌组织的损失。

体育锻炼的基本原则：循序渐进，持之以恒，适度负荷，因人而异。按照此"十六字"原则，运动锻炼需要制订个性化的"运动处方"。不同性别、年龄以及身体状况的人，在选择运动形式和强度上应该有所不同。锻炼者应该依据上述"运动金字塔"，确保塔基的基本身体活动，重视第二、三层占用的时间，尽可能地减少塔顶层占用的时间，使运动健身真正成为生活的一部分。如果能够再结合膳食宝塔的饮食原则，使科学运动与合理营养有机地结合，则运动锻炼将会达到事半功倍的效果。

2. 管住嘴

人是"死在嘴上，懒在腿上"。尤其是晚餐与健康延寿有很大的关系，过饱会加重肝脏、肠胃等脏器的负担，容易诱发急性胰腺炎，导致大肠癌和心绞痛发作，还会因为能量摄入过多导致长胖，引发脂肪肝、胆囊炎、糖尿病等疾病，危害机体健康。可见，管住嘴的本质是膳食平衡。要求做到：三餐调匀，忌暴饮暴食，吃杂一点，吃慢一点，少吃多餐，每餐七分饱，少吃零食和高热量食物，戒烟限酒，宜清淡（低盐、低油、低糖），多吃五谷杂粮和蔬菜水果，睡前一小时不进食。有关膳食平衡的详细指南，可参照"中国居民平衡膳食宝塔"。（见图 8-2）

"中国居民平衡膳食宝塔"共分为 5 层。人们每天应该摄入的主要食物种类在宝塔各层中的位置和面积大小不同，这在一定程度上反映出各类食物在膳食中的地位和应该占有的比重。

第一层，位于宝塔底层，是谷薯类、杂豆以及水。谷薯类和杂豆每人每天应该摄入 250～400 g，日均饮用水为 1500～1700 ml。

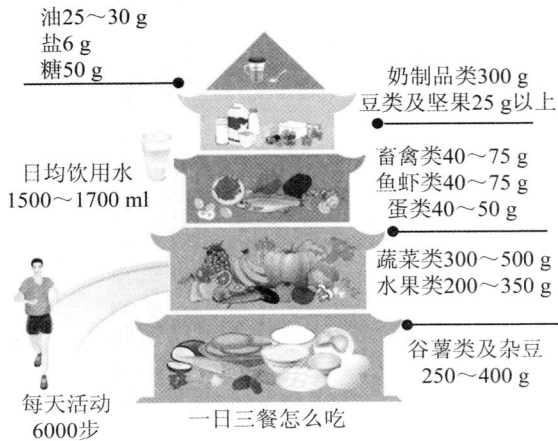

图 8-2　中国居民平衡膳食宝塔

第二层，蔬菜类和水果类。每人每天应该摄入蔬菜类 300～500 g，水果类 200～350 g。

第三层，畜禽类、鱼虾类和蛋类。每人每天应该摄入此类食物 120～200 g，其中畜禽类 40～75 g，鱼虾类 40～75 g，蛋类 40～50 g。

第四层，奶制品类、豆类及坚果。每人每天应该摄入奶制品类 300 g，豆类及坚果 25 g 以上。

第五层，位于塔尖，是油、盐、糖。每人每天摄入油限制在 25～30 g，盐不超过 6 g。宝塔对糖的摄入量规定比较宽松，每天 50 g。统计显示，我国居民盐的摄入量普遍超标，而日均糖的摄入量低于标准。应该指出的是，多吃糖有增加龋齿的危险，尤其是儿童、青少年不宜摄入太多的糖和含糖食品。

人们在节假日、喜庆和交际的场合往往喜欢饮酒。然而，高度酒含能量高，又不含其他营养素。长期无节制地饮酒，会使食欲下降，食物摄入减少，引起多种营养素缺乏，严重时还会造成酒精性肝硬化。过量饮酒会增加患高血压、脑卒中等疾病的风险，并可以导致事故及暴力事件的增加，这对于个人健康和社会安定都是有害的。因此，饮酒应该适量，酗酒应该严禁，青少年则不宜饮酒。若饮酒，则最好少量饮用低度酒。

平衡膳食宝塔的应用需要个体自幼养成习惯，并坚持不懈，才能够充分体现出该宝塔对健康的维护和促进作用。

3. 少熬夜

酸性体质是百病之源。使体质变酸的因素包括：熬夜、吃夜宵、不吃早餐、运动不足、心理负担过重。熬夜是其余 4 个因素的诱因。因此，熬夜对体质变酸的"贡献"最大。长期熬夜会损伤肝脏、心脏、肠胃、皮肤，破坏机体免疫机能，引起视力下降、酸碱失衡、水电代谢失衡，甚至导致肥胖、癌症和猝死。

2011 年 4 月 19 日，复旦优秀青年、海归女博士于娟，因为患乳腺癌辞世，年仅 32 岁。其临终感言：活着就是王道，此生未完成，一定不要熬夜，切莫暴饮暴食、嗜荤如命。于娟自我剖析病因：饮食（瞎吃八吃，暴饮暴食，嗜荤如命）；睡眠（长期熬夜，损伤肝脏）；突击作业（日夜兼程，破坏机体免疫机能）；环境问题。我们在为于娟的"英年早逝"扼腕叹息之余，也深深地感谢于娟，因为她在生命最后时刻留下了自身对生命深刻感悟的不朽之作和警示名言《此生未完成》，把自己化作了永恒，以唤醒无知，警醒世人。

人生的失控，始于不断推迟的睡眠时间、机体负担的加重。少熬夜的本质是早起早睡，作息有序，按照生物钟行事。美国免疫学者指出，营养、平和的心态、适当的运动和休息胜过一切药品！美国研究证实：与美国人健康寿命相关的因素中，仅 10% 跟医疗相关。临床医疗仅能消除症状，无法给予健康。钟南山院士说：在健康问题上，你自己比老天爷管用，最好的医生是自己。因此，人生要顺其自然，不要与生物钟对抗。维护身体健康，始于运动，终于睡眠；动以养身，静以养心。

4. 认知清

认知清是指学会理解、包容和情绪控制，遇到不如意之事要有"没什么，算了吧"的胸怀。因为情绪失控不但会与人发生冲突，造成人际关系障碍，而且会损伤肝、肺、肾、胃、甲状腺等脏器的机能，诱发心脑血管疾病，影响睡眠和皮肤。人的行为受控于认知决策或者情绪决策。胡耿丹（2018）指出，当个体出现认知偏执、认知状态焦虑、敌对等不良认知时，情绪决策通路会起主导作用，容易产生冲动控制障碍和行为失控，出现心理应激反应，影响身心健康。

人活百岁，合理膳食的作用占 25%，其他的作用占 25%，而心理平衡的作用占 50%。医学研究显示，65%～90% 的疾病与心理的压抑感有关，称为心身性疾病，如癌症、高血压、冠心病、阵发性心动过速、心律不齐、脑卒中、糖尿病、消化性溃疡、神经性呕吐、过敏性结肠炎、胃酸过多、月经不调、功能性子宫出血、口腔溃疡、神经性皮炎、瘙痒症、慢性荨麻症。

心身性疾病的病理机理是：危机时，机体会出现应激反应，迅速分泌去甲肾上腺素、肾上腺素等"压力激素"，引起焦躁不安、紧张，压力激素增加，使得免疫系统受到抑制和摧毁，脆弱心血管系统，进而导致各种慢性病丛生；快乐时，大脑会分泌多巴胺、内啡肽、后叶加压素（脑下垂体后叶荷尔蒙）等"益性激素"，使人体各机能互相协调、平衡，引起亢奋、欢愉的幸福体验，有效地维护和增进健康。

二、健康生活方式是慢性病的"克星"

1. 慢性病的界定与分类

慢性病，全称为"慢性非传染性疾病"。它不是特指某种疾病，而是对一类起病隐匿，病程长且病情迁延不愈，缺乏确切的传染性生物病因证据，不构成传染，具有长期积累形成疾病形态损害的疾病的总称。慢性病包括心脑血管疾病（如高脂血症、高血压、心脏病、脑卒中），糖尿病，癌症，慢性呼吸道疾病。视力衰退和失明、听力衰退和失聪、口腔疾病和遗传疾患是另外一类慢性病，在全球疾病负担中也占有相当大的比例。

2017 年 2 月 14 日，国务院办公厅下发的《中国防治慢性病中长期规划（2017—2025 年）》称慢性病是指心脑血管疾病、癌症、慢性呼吸系统疾病、糖尿病和口腔疾病，以及内分泌、肾脏、骨骼、神经等疾病。基于这一界定，本书将慢性病分为 4 类。

①能量过剩病：因为长期能量摄入过剩所致的疾病，如肥胖及脂肪肝，癌症，糖尿病，心脑血管疾病（如脑卒中、冠心病、高脂血症、高血压）。

②结构病：身体结构因为长期缺乏力的刺激或者受力刺激不合理（过大、过久）所致的疾病，如颈椎病、腰椎病，骨质疏松，髌骨软化、肩周炎、膝关节退行性变。

③神经和精神疾病：因为精神压力过重、缺乏运动和心理调节所致的疾病，如多动症，狂躁症，精神分裂症，各类神经症（神经衰弱、焦虑症、癔症、强迫性神经症、恐怖症、抑郁性神经症）。

④慢性呼吸系统疾病：由大气污染、吸烟、工业经济发展导致的理化因子、生物因子吸入以及衰老等因素引发的疾病，如慢性阻塞性肺病

（慢性支气管炎、肺气肿、肺心病），支气管哮喘，肺癌。

2. 慢性病对健康的危害

据美国疾病控制中心报道，美国人死亡致因权重位列前五的依次为：心脑血管疾病、癌症、慢性呼吸道疾病、意外事故、糖尿病。

美国心脏协会 2008 年报道，中国男性死于心血管疾病、冠心病、脑出血的总人数位列世界第二；中国女性在上述疾病上的死亡率位列世界第一。2008～2015 年中国需要耗资 5580 亿美元处理因为心血管疾病、冠心病、脑出血和糖尿病带来的社会后果，中国每年用于心脑血管疾病的治疗经费高达 3000 亿元人民币。

由表 8-1 可知，2014 年中国城市居民主要疾病死亡率排前十名的疾病中，除了损伤和中毒、泌尿生殖系统疾病和其他疾病之外，其余 7 种疾病皆为慢性病；呼吸系统疾病位列第四位。

表 8-1　2014 年中国城市居民主要疾病死亡率排名

男性		女性	
位次	疾病名称	位次	疾病名称
1	恶性肿瘤	1	恶性肿瘤
2	脑血管疾病	2	心脏病
3	心脏病	3	脑血管疾病
4	呼吸系统疾病	4	呼吸系统疾病
5	损伤和中毒	5	损伤和中毒
6	消化系统疾病	6	内分泌、营养和代谢疾病
7	内分泌、营养和代谢疾病	7	消化系统疾病
8	泌尿生殖系统疾病	8	泌尿生殖系统疾病
9	其他疾病	9	其他疾病
10	神经系统疾病	10	神经系统疾病

（《2014 年中国城市居民主要疾病死亡率排名》，http://www.360doc.com/content/15/1211/19/8896430_519684521.shtml，2018-12-20。）

据中国人健康大数据，在 13.4 亿国人中，高血压占 1.6 亿～1.7 亿；高脂血症占 1 亿，血脂异常占 1.6 亿；超重或肥胖症占 0.7 亿～2 亿，脂肪肝占 1.2 亿；成年人糖尿病占 0.924 亿，糖尿病前期人数占 3.34 亿，青少年糖尿病发病率为 2.00%，是美国同龄人 4 倍；每年至少 28.7 万人（其中，青少年约 10 万人，占中国每年自杀人数的 34.84%）自杀身亡，还有 250 万人自杀未遂，自杀已经是 15～34 岁人群的首位死因。平均每 30 秒，就有 1 人罹患癌症，1 人罹患糖尿病，至少有 1 人死于心脑血管疾病。

WHO 早在 2006 年 3 月的一份研究报告《预防慢性病：一项至关重要的投资》中指出，全球慢性病造成的死亡占比 60％。80％的慢性病死亡发生在低收入和中等收入国家。无论是男性还是女性，慢性病死亡率基本相同。

中国作为人口大国和发展中国家，面临的慢性病防控形势十分严峻，居民超重率、肥胖率居高不下，高血压、糖尿病、心脑血管疾病等慢性病的发病率每年有增无减。目前，中国确诊的慢性病患者已经超过 3 亿人，慢性病死亡占中国居民的总死亡构成已经上升至 85％。同时，慢性病已经呈现出年轻化的发展趋势，开始侵袭四五十岁的中年人。过去 10 年，平均每年新增的慢性病病例接近 2 倍，心脏病和恶性肿瘤的病例增加了近 1 倍。

3. 不良生活方式是慢性病的主要致因

美国康奈尔大学终身教授，被誉为"世界营养学界爱因斯坦"的柯林·坎贝尔(Colin Campbell)教授在《东方营养学的未来及西方营养模式的启迪》的报告中指出，中国人不要重复西方国家在饮食结构不合理方面付出的代价，特别是美国快餐引起营养不平衡导致的肥胖症。坎贝尔认为，中国人现在已经开始放弃以素食为主的传统饮食结构，牛奶和动物蛋白质摄入过多，造成营养过剩引起肥胖，继而使心脏病、脑卒中、高血压等疾病的发病率大幅度增加。

2014 年 WHO 专门针对中国的一项调查显示，与 20 年前相比，中国人的平均体重增加了 40％，而中国的癌症发病率则增加了近 9 倍。专家认为，这两组数据充分证明了肥胖是导致中国癌症发病率增高的主要原因。

肥胖也是多种其他慢性疾病的诱因。流行病学调查显示，肥胖人群并发糖尿病、各类癌症、心脏病的发病率依次为 44％、41％、23％。

WHO 在 2014 年为中国居民提出的 9 条防癌新建议中，其中 8 条是有关生活方式的，如严控体重，不熬夜，不酗酒、不吸烟，不吃发霉食品，少吃熏制、腌制、烤制、油炸和过热的食品。这表明"生活方式干预是防治慢性病的有效方法"这一理念已经获得了全球医学界的共识。

WHO 在 2014 年还指出，慢性病发病率持续上升的影响因素包括：

①无力控制对健康有危害的因素；②坐立式生活方式和懒惰；③不良饮食习惯和食物选择；④持续恶化的青少年身体健康状况；⑤日趋严重的手机依赖症；⑥环境、食品安全危机。

可见，慢性病的病因与多吃少动、吸烟嗜酒、营养结构不合理、压力过大的不良生活方式高度相关。例如，颈椎病的病因是连续地静坐玩手机，使得椎骨每次的静力性持续受力时间超过 30～45 分钟，长此以往就会引起椎骨骨质增生、压迫椎底动脉和神经，导致颈椎病的发生。腰椎病的发病机理同此。

骨代谢性疾病致死的机理：运动缺失和营养失衡→肌肉退化，骨质疏松→平衡力下降→容易摔倒→骨折→行动不便或瘫痪→肌肉萎缩→静脉血液回流障碍→……→血管内弥漫性凝血（DIC）形成→死亡。（见图 8-3）

图 8-3 骨折发生机制

高血压的病因，70％是高盐、20％是精神压力、10％是嗜酒。

同卵双胞胎患病不一、寿命不一的原因在于生活方式。

戒烟，避免忧伤、悲哀，酸碱平衡（多吃新鲜蔬菜水果、多喝水、规律饮食、适量运动），避免疲劳等生活方式干预能够有效地增强机体抵抗力，降低慢性呼吸系统疾病的发病风险或缓解慢性呼吸系统疾病的症状。

《中国防治慢性病中长期规划（2017—2025 年）》的目标：到 2025 年，慢性病危险因素得到有效控制，实现全人群全生命周期健康管理。其主要干预策略是开展"全民健康生活方式行动"——"三减三健"（减盐、减油、减糖，健康口腔、健康体重、健康骨骼）专项行动。

综上可见，慢性病是严重威胁我国居民健康的一类疾病，已经成为影响我国经济社会发展的重大公共卫生问题，而不良生活方式是慢性病的主要致因。因此，控制慢性病的危险因素和发病风险，维护和增进国民健康水平，提高健康预期寿命应该从培育和践行健康生活方式入手。

三、沉迷网络是健康生活方式的主要"杀手"

1. 沉迷网络是睡眠不足的主要原因

临床医学研究表明，睡眠不足可以引发多种全身疾病和心理疾病。据调查，国内80％的学生每天睡眠时间不足8小时，而主要致因正是沉迷于网络（方晓义，刘璐，邓林园，等，2015；Wu Yuhong，Hu Gengdan，Wang Dan，2015）；上大学后，36％的学生有周末彻夜上网的习惯。

《2014年中国都市青少年发展报告》指出，关注新媒体网络，低头看手机，已经成为都市青少年的生活方式，成为一种"都市顽症"。这种低头生活方式在影响青少年的身体形态、机能、素质的同时，还影响其情绪健康、人际态度、交往行为和人际关系，而大部分青少年对低头会影响身心健康的认知不清，仅有不到50％的人有改善低头引起不良后果的意愿并能付诸实施。

可见，沉迷网络或网络成瘾会造成睡眠不足，而睡眠不足必然会导致心身疲惫、作息无序、三餐不匀、营养失衡、运动不足，继而引起心理问题和心理疾病，使健康生活方式遭到破坏。可见，睡眠不足（熬夜）是沉迷网络与生活方式这两个变量之间的中间变量，沉迷网络/网络成瘾是破坏健康生活方式的主要原因和推手。

2. 网络成瘾、生活方式与体质健康的关系

网络成瘾是一种严重影响青少年生理、社会和心理功能的"社会病"（吴贤华，2013；李伟，袁志国，2013；胡耿丹，张军，2016）。它有四大危害。

①身体机能下降，体质恶化，甚至猝死。

②心理功能受损，性格歪曲，行为失调。

③社会适应下降，道德缺失，犯罪增加。

④消极步入歧途，人生观、价值观扭曲。

从发生机理看，网络成瘾影响体质健康可能有多条途径。

①网络成瘾→久坐/躺、少动→锻炼缺失或锻炼不足→肌肉萎缩，骨质丢失，心肺机能下降，爆发力素质、力量素质、柔韧性素质衰退→体质下降。

②网络成瘾→久坐/躺、少动→熬夜→睡眠不足→免疫力下降→诱发多种慢性病→体质下降。

③网络成瘾→作息不规律→膳食不匀，营养失衡→肥胖或超重，肝、

心、肾、胃肠等脏器负担加重或机能受损→诱发多种慢性病→体质下降。

④网络成瘾→心理压力增大→心理失衡、心理疾病→诱发多种身心疾病→体质下降。

⑤网络成瘾→社会适应能力下降→人格障碍→人际关系不协调→心理障碍、心理疾病→体质下降。

可见，无论是从运动锻炼视角，还是从膳食、睡眠、心理等视角来分析，网络成瘾都会通过这些生活方式元素而导致体质下降。因此，上网与生活方式、体质健康之间存在高度的相关性。

综上，上网已经成为青少年生活方式的一部分，网络成瘾与生活方式、体质健康之间存在一种"类因果"关系，沉迷网络是既是健康生活方式的主要"杀手"，也是青少年体质持续下滑的"元动因"，维护青少年体质健康、培育和践行健康生活方式必须从防治网络成瘾着手。这一结论具有普遍意义，也同样适合其他年龄段的上网者。

第九章

网络成瘾的未来研究展望

揭示某一现象或某一问题背后的真理是人类认识自然、顺应自然和征服自然的终极目的之一。毫无疑问，绝对真理是存在的，然而人类每一次探索获得的结果都是相对真理，只是一次比一次更加逼近绝对真理而已，这是因为人类的认知能力、水平是有限的。因此，人类对任何一个问题最初的研究和认知总是较为粗浅的、模糊的甚至是错误的，需要在实践中反复地探索和证伪，才能逐渐地深入、不断地完善。正可谓"路漫漫其修远兮，吾将上下而求索"。

网络成瘾问题也不例外。尽管学界一直在努力探寻纷繁复杂的网络成瘾现象的本质及其防治的根本途径，但是由于网络成瘾的成因多元复杂、被发现的时间不长、临床诊治个体有限等客观原因，人们对它的探究和认知仍然处于初始阶段。

针对网络成瘾研究中存在的问题，采用多学科交叉与融合的研究范式，运用先进的脑科学研究方法和手段（如 fMRI、ERP、EEG）透析网络成瘾问题的本质，最终形成科学规范、安全可靠的网瘾动态监测和干预体系，是网络成瘾未来研究的努力方向。

第一节 网络成瘾研究存在的问题

网络成瘾这一概念早已经家喻户晓，老少皆知。学界对网络成瘾现象的研究也日趋重视，并在网络成瘾的界定、测量、诊断归属、成因、影响因素、发生机制、干预治疗等方面均取得了一定的成果。然而，客观地说，人类对于网络成瘾的探索才刚刚起步，有关网络成瘾的理论和实证研究还不够深入，在网络成瘾的机制研究、临床干预治疗研究等方面仍然存在诸多迫切需要解决的问题。我们认为，网络成瘾研究中存在的问题主要包括以下 3 个方面。

一、对网络成瘾外部驱动与内部驱动的协同干预研究不足，忽视了社会文化因素对网络成瘾的作用

网络成瘾属于复杂性现象，其形成原因多元，可以归纳为内部原因和外部原因两大类。内部原因与个体的人格特质，以及遗传、气质、认知等心理因素相关，属于"生物基因"范畴，主要受控于人类生物本能，其研究取向倾向于生物学范式。外部原因与个体原生态家庭环境、受教育环境，以及所处的社会环境、自然环境和职业环境相关，属于"文化基因"范畴，其研究取向偏重于社会学范式。

目前，网络成瘾研究主要聚焦在认知行为学方面，从网络成瘾形成的内部原因入手探讨网络成瘾的矫治模式、效果及其机制。相较而言，有关网络成瘾外部原因以及作用效果和机制的深度研究较少。

影响人类行为的内部驱动是个体的生物性欲望，源于弗洛伊德人格理论中的"本我"，是趋利避害的选择，是获得愉悦和满足的愿望，旨在尽可能地追寻最大限度的快乐；影响人类行为的外部驱动是社会规范，体现在社会风俗习惯、道德、宗教、纪律和法律方面，它需要通过荣誉感、被社会排斥的恐惧、秩序、独立、复仇、社会交往、家庭、社会声望、厌恶、公民权（对服务公共和社会公正的渴望）、力量等多种社会性欲望因素才能起作用，即社会规范需要激活弗洛伊德人格理论中的"超我"才能够发挥功效。因此，网络成瘾的发生发展主要是人类生物性欲望使然，而网络成瘾的预防、矫治和戒断的效果取决于个体在社会规范制约和引导下的社会性欲望的激发程度。由此我们认为，探寻干预网络成瘾的有效策略应该立足于个体的外部驱动，个体外部驱动是矫治网络成瘾的决定性动力。只有当个体外部驱动效应大于内部驱动效应时，网络成瘾才有可能向好转或戒断方向发展。

然而，现实中已有的网络成瘾的干预策略倚重于发挥内部驱动效应，未能够充分调动外部驱动的干预作用。这是尽管多种网络成瘾干预策略被不断地推介和实施，但是国内青少年网络成瘾发生率却依然逐年递增的原因之一。

中国科学院院士、北京大学第六医院院长陆林在国家卫健委 2018 年 9 月 27 日举行的新闻发布会上表示，统计数据表明，全球范围内青少年过度依赖网络的发病率是 6%，而我国的发病率比例接近 10%。

值得注意的是，社会、经济发展水平比我们更为先进的东方邻国日本，其青少年网络成瘾发生率却远远低于我国（最新统计数据显示，日本青少年过度依赖网络的发病率低于5％），这一实例为笔者提出的"文化基因"对网络成瘾防治具有决定性作用的观点提供了佐证。调查显示，在日本的地铁（电车）、轻轨（快速电车）、高铁（新干线）、候车室、街道、校园等公共场所，很少有人会使用手机，鲜有"手机控"现象。这与同类情境下国内民众的行为形成了鲜明的反差。

对此，我们推断，造成这种反差的根本原因可能是中日两国公众尤其是青少年对网络成瘾或"手机控"认知的社会规范（主要是风俗习惯、道德规范）不同。

=== 知识链接 9-1 ===

社会规范

社会规范（social norms）指人们社会行为的规矩、社会活动的准则。它是人类为了社会共同生活的需要，在社会互动过程中衍生出来的，相习成风，约定俗成，或者由人们共同制定并明确施行的。

社会规范是某一社会用来调节人的社会行为、控制社会秩序、维护社会稳定的工具。一方面，它是对人们社会行为和社会关系普遍规律的反映，是对一定社会下人们的行为及其相互关系基本要求的概括；另一方面，它是通过某种习俗、传统方式固定下来的或是由国家及社会组织认可的，一定社会成员普遍遵循的行为准则。

社会规范包括习俗、道德规范、宗教规范、纪律规范和法律规范。其作用特征是标准性、普适性、导向性、强制性和权变性。各种行为规范互相配合，有机地组成一个社会规范体系，以调整人们在各个方面的社会行为，维护一定的社会秩序，使社会活动纳入一定的轨道。社会规范可以分为成文的和不成文的两类。风俗习惯、部分道德规范以及部分法律规范、宗教规范是不成文的。

风俗习惯是出现最早、最普遍的一种社会规范，是特定社会的产物。自发的行为规范被众多人反复不断地长期遵循，便成为风俗。故风俗一般都是传统的、长期存在的。它的作用是在没有外部压力的情况下实现的，是潜移默化的，主要通过模仿转化为人们的习惯行为。

　　道德规范是比风俗习惯更高一层次的社会规范，是一种内化了的行为规则。道德行为是自觉践行的，违反道德的行为会受到社会舆论和良心的谴责。

　　法律规范是一种具有强制性的行为规范。宗教规范有极强的自制性，在一定社会中起着调整人们行为规范的作用。

　　（《社会规范》，https://baike.so.com/doc/5977253－6190213.html，2018-12-20。）

　　为了检验这一推断，我们于2015年3～4月，通过大阪教育大学、大阪成蹊大学、东京大学、早稻田大学、京都大学、北海道大学、神户大学、广岛大学共8所日本大学中8名中国留学生的帮助，对大阪、东京、京都、札幌、神户和广岛六大城市的各年龄段市民进行了有关社会规范（风俗习惯、道德规范）和生活方式方面的问卷调查，共发放问卷800份，回收有效问卷792份，有效回收率为99.00％。与"手机控"行为相关的调查结果如下。

　　①91.92％的被试认为，公共场合的"手机控"行为是一种妨碍他人，违背社会活动准则，缺乏教养和社会公德的行为。制止和杜绝公共场合的"手机控"行为已经内化为公民应该自觉遵守的行为规范。违背这一规范者，会受到众人的鄙视甚至谴责。

　　②97.98％的被试认为，在手扶电梯、排队等候、街道行走、驾驶机动车等情景下使用手机，是一种危害自身安全、公共交通安全的行为，会害人害己，应该予以制止。

　　③93.94％的被试认为，践行健康生活方式、掌握运动技能，形成运动兴趣和习惯，是青少年学生避免网络成瘾或者成为"手机控"者，维护体质健康的有效手段。

　　同济大学与日本多所大学有校际合作关系，每年均有师生赴日本进行学术交流和短期考察。代表团临行前的必修课是，请一名日本海归给成员讲述赴日期间应该注意和遵循的礼仪、风俗习惯，其中一条就是在车厢内站立、乘坐手扶电梯、排队等候、街道行走等情景下不要使用手机，以及不要大声交谈和喧哗。笔者2013年12月与3名同事和6名研究生一道赴大阪教育大学、大阪成蹊大学进行学术交流，其间亲历了日本公共场合的宁静、秩序、文明和安全。在日本那种社会文化下，代表团成员在国内的一些常常会妨碍他人的不良习惯（在国内地铁、候机室等公共场所的大声交谈，在手扶电梯、排队等候、上下车、街道行走等情境下的"手机控"行为）自觉地或者在同伴及时提醒下被压制和戒断了。然而，从代表团一行回到上海浦东机场那一刻起，旧的不良习惯又故态复萌。

在上海地铁手扶电梯上，总是有一些"手机控"者在电梯已到达上一层/下一层时仍然未及时察觉，不迈步着地，以至于后面的人在电梯牵连速度带动下，无法控制地、被动地撞到其身上，由此引发的口角、事故每天都在国内上演，这已经成为我国都市顽疾和公共安全隐患。为了解决这一问题，上海地铁的工作人员通过广播不断地温馨提示"请各位旅客在乘坐电梯时不要看手机，注意脚下和抓住扶手"。据地铁站工作人员反映，大多数乘坐手扶电梯的乘客听到此提示语，都会予以配合，乘坐手扶电梯的"手机控"现象得到明显好转，我们对此的实地观察结果与地铁工作人员的反映基本一致。

上述例子说明行为规范、风俗习惯等"文化基因"是干预、拮抗、矫治网络成瘾这一不良行为习惯的有效因素。由此，我们形成了如下观点。

只有当我国公众普遍形成"公共场合的'手机控'行为是一种缺乏安全意识和公共意识，违背社会活动规则，会妨碍他人、损害他人权利的无教养、无公德的行为，更是一种有可能会给自己及他人造成财产、人身安全危害的社会行为"的社会认知，并将其作为一种行为规范和风俗习惯来约束自己的行为时，公共场所的"手机控"现象才有可能被有效地控制和根治，否则基于网络成瘾内部驱动（"生物基因"驱动）研制出的防治策略再完美，也难以收到预期的效果。

===== **知识链接 9-2** =====

全球多个城市付诸行动，解决过马路看手机分心的安全问题

在美国，大多数州已经明令禁止司机在开车时发短信，但这并没有为行人敲响警钟。2017年7月，美国檀香山通过了一项法令，禁止路人在穿行街道时使用手机。7月29日，美国有线电视新闻网（CNN）报道称，檀香山已经通过的法律将于2017年10月25日生效。该法律规定，行人在过马路时不能看任何移动电子设备，包括电子游戏机、呼机、手提电脑和智能手机；初犯者罚款15～35美元，再犯者罚款35～75美元，三犯者罚款75～99美元。

美国东部时间 2017 年 8 月 21 日，彭博社报道称，继夏威夷州首府檀香山之后，美国又有城市拟对过马路玩手机的行人进行罚款。现在，康涅狄格州的斯坦福德（Stamford）或将成为美国第二个试图以罚款形式来解决这一问题的城市。

斯坦福德市长大卫·马丁（David Martin）表示："问题在于，如果你在街上不注意往来车辆，那么这将是很危险的。"

斯坦福德代表委员会委员约翰·泽林斯基（John Zelinsky）表示，他相信这项"人行横道手机禁令"会被采纳，因为爱边过马路边玩手机的行人一旦看到警察开罚单，便会三思。他认为，每次罚款金额以 30 美元为宜。

美国高速公路安全协会最近出具的一份报告显示，近两年美国的行人死亡人数飙升，2015 年为 5376 人，2016 年为近 6000 人，创了 20 年以来的新高，数字相对于 2014 年上升了 22％。报告撰写者前纽约交通部安全官员理查德·瑞廷（Richard Retting）表示："当你记录数据长达 40 年，突然遇到连续两年的数据创历史新高，你就能知道转折点是什么了。在手机用户数量迅速增长的背景下，我不认为这只是猜测。"瑞廷认为，有很多因素导致这一局面，但其中一些原因并没有大的变化。

专家指出，智能手机、平板电脑等电子设备的使用率急剧上升，可能是导致路人分心的一大因素。为此，全球多个城市已经付诸实施，解决人们边走路边看手机分心的安全问题。比如，洛杉矶警方发起了一项名为"放下手机抬头看"的公益广告活动，德国的奥格斯堡（Augsburg）则在人行道地面上镶嵌交通信号指示灯，让低头看手机的人能够注意到信号灯的变化。

（王歆悦、吴婉伶：《美国又一城市考虑惩罚低头族：过马路时玩手机每次罚 30 美元》，https://www.thepaper.cn/newsDetail_forward_1771497，2018-12-20。）

══════ 知识链接 9-3 ══════

"中小学生禁用手机"渐成潮流

1. 法国中小学 2018 年起禁用手机，以维护教学秩序、保障健康

据《欧洲时报》报道，2017 年 12 月 10 日，法国教育部长布朗盖

（Blanquer）宣布，为了维护学校秩序以及学生健康，新学年起将禁止小学生和初中生带手机上学。他补充说，有几个中学已经成功实施了此项禁令。

此前，法国许多学校曾反映手机影响教学质量、课堂秩序的情况越来越严重。根据 2015 年生活条件研究观察中心（Credoc）的调查，80％的青少年配备有智能手机，而 2011 年的比例仅为 20％。总体来说，从小学四年级起，法国不少学生便开始配备手机，因为从这个年纪开始孩子可以自己上下学，家长认为有手机随时联络更放心。

除了影响课堂秩序，手机对青少年的学习、思维和分析综合能力的干扰也是教育界担心的问题。

除了学校秩序框架，布朗盖还强调手机禁令属于对家庭有益的公共健康信息，对孩子有好处。他提醒家长们不要让孩子长时间接触屏幕，尤其是在 7 岁之前。这也是埃马纽埃尔·马克龙（Emmanuel Macron）竞选总统时的承诺。

2. 中小学生手机管理已经成为世界级难题，其他国家如何处理

（1）英国：伊顿公学要求睡前交手机

在伊顿公学（Eton College），校方没有禁止学生使用手机，但校园 WiFi 屏蔽了阅后即焚/色拉布（Snapchat）应用程序，因为有学生用该程序发送各种裸照。此外，伊顿公学还要求学生晚上回宿舍睡觉前交出手机、笔记本电脑、平板电脑等电子设备，以避免夜间在社交媒体上流连忘返而影响睡眠。西蒙·亨德森（Simon Henderson）校长认为，社交媒体压力是青少年精神疾病的重要诱因之一，也会影响睡眠和学业。

大多数英国学校都不同意让学生在校园内使用手机，尤其是智能手机。英国教育标准局早在 2012 年就已经宣布，禁止中小学生携带手机进课堂。如果学校未能够遏制课堂上学生使用手机发短信、接听电话或上网等行为，那么其将被教育督查部门记载并问责。

（2）德国：提倡使用"学生专用手机"

在德国，手机厂商开发了"学校手机"，这种手机外观充满童趣且带有"酷味"，还分女孩手机和男孩手机。"学校手机"既寓教于乐，又具备安全性。内部预装有 20～30 个学生 APP 程序，可以通过 WiFi 上网，网页都是德国教育部门推荐的健康网页，家长可以根据需要进行控制。德国学校开设有手机管理课程，给孩子们讲解如何

合理使用手机。每个学校还设有网上教育网络。软件企业也会积极参与手机 APP 程序设计。

（3）韩国：学校配备手机存放柜

大部分韩国学校实施"早上收走手机、放学前归还"的方法，由教师或专门的学生负责收发。为防止孩子沉迷于手机娱乐，不少韩国家长会选择给子女买只能拨打电话的"学生手机"，或者办理低流量、网速慢的手机套餐。

（4）美国：跟考试成绩挂钩

大多数美国学校都要求学生将手机存在自己的储物柜里，不能带进教室。有些学校允许带入教室，但要求从早上第一堂课到下午最后一堂课，包括课间休息，手机都必须处于静音状态，通常也不能使用耳机。对违规学生的惩罚力度，取决于教师。发现有学生违规后，有些教师会要求其把手机装入纸袋，放在课桌的明显位置；有些教师会暂时没收手机，让家长来认领。总体来看，课堂上禁止使用手机是绝大部分教师的共识。

3. 我国对于手机进校园的问题尚存在争议

目前，我国还没有相关的法律条文明确规定学生不能在校园内使用手机和带手机上课，如何对中小学生带手机进校园进行有效的管理，是学校监管的难题。

当然，对孩子的手机管理，不仅已经成为学校的监管难题，而且也让不少家长头疼。如果一味地"禁止"，带来的结果可能会是学生的逆反行为或者投机取巧行为。教师的主流建议是"家校配合"，主张培养学生的自律意识，引导他们合理、科学地使用手机。

（《法国小学初中将禁用手机：维护教学秩序保障健康》，https://news. china. com/internationalgd/10000166/20171212/31802065. html，2018-12-20。）

我们认为，假如社会和公众能够形成鄙视和遏制网络成瘾的社会规范，形成不给予"手机控"者上升机会和好的职业平台的社会文化，那么公众尤其是青少年学生就会形成"'手机控'行为是耻辱，应当矫治和戒断"的行为理念和准则，并自觉地付诸实施。因为这一虚拟的社会规范触及了"手机控"者的核心利益，会迫使其做出行为改变。

据此，我们提出了网络成瘾防治的新理念：只有当优秀的"文化基因"驱动产生的效益大于"生物基因"驱动所致的效益时，网络成瘾才有可能得以有效的预防或矫治。而"文化基因"驱动效益的发挥须有行为主义理论指导下的社会环境的支撑才有可能实现。布洛克（Bullock，1982）认为，行为主义理论的基本主张包括客观主义、环境主义和强化 3 个方面。客观主义的观点：分析人类行为的关键是对外部事件的考察。环境主义的观点：环境是决定人类行为的最重要因素。强化的观点：人们行动的结果影响着后继的行为。

这一网络成瘾矫治的新理念既符合社会管理学的核心理论"制度遵守不在于强制，而在于核心利益驱动"，也与西方哲学社会科学的新思潮——社会建构主义的观点相一致。

═══ 知识链接 9-4 ═══

社会建构主义

社会建构主义（Social Constructivism），又称科学知识社会学（Sociology of Scientific Knowledge，SSK）。它兴起于 20 世纪 70 年代，是西方社会心理学中的一种理论取向，是建构主义的重要分支，深深扎根于建构主义。

该理论的早期形态是产生于 20 世纪 20 年代的知识社会学。它认为，社会文化是知识产生的决定因素，其研究重点在于文化力量是怎样建构知识和知识类型的。知识社会学家彼得·L. 伯杰（Peter L. Berger）和理查德·拉克曼（Richard Lachmann）于 1966 年出版的《实在的社会建构》（*The Social Construction of Reality*）在该理论形成过程中具有重要作用。美国社会心理学家 K. J. 格根（K. J. Gergen）1985 年在《美国心理学家》（*The American Psychologist*）上发表的《现代心理学中的社会建构论运动》一文，标志着该理论的正式形成。

社会建构主义认为，人格、态度、情绪等心理现象并不存在于人的内部，而是存在于人与人之间，是文化历史的产物，是社会建构的结果。该理论主张，所谓的人格是从人们的行为表现中推论出来的东西，然后又用于解释这种行为，其实是一种"循环论证"。如果人们有一个稳定的人格内在心灵，那么在一切场合人们的行为表现都应该是一致的，但实际上在不同的场合人们会表现出不同的行为。这说明行为同情境相联系，是人际互动的结果。事实上，人格的表现，如外向的、内向的、善良的、害羞的，都是与他人有关的，表现的都是人际关系方面的特征，说明人格并不是人内部的东西，而是人际交往的结果，因此没有所谓的"内在的人格"。

社会建构主义认为，建构是社会的建构，而建构的过程是通过语言完成的，应该给予语言以充分的注意。与传统观点截然相反的是，社会建构理论强调，所谓的心理状态、心理过程是通过语言构建的，语言是在先的。

该理论主张，对于心理现象的理解是受时间、地域、历史、文化和社会风俗等因素制约的。人们理解世界的方式，认识自身时使用的概念和范畴，描绘自我体验时使用的术语和语言，都是文化和历史的反映和体现。社会历史、文化传统为人们提供了理解方式和语言范畴，人们只能在社会文化给我们划定的圈子里进行认识活动，不可能超越历史，不可能超脱文化。因此，人们对于行为的解释都是受制于社会文化和历史传统的，心理学的知识是相对的。

（刘保：《社会建构主义》，北京，中国社会科学出版社，2011。）

依据社会建构主义的理论和观点，从社会关系中人与环境的互动角度来考察网络成瘾现象，将会给网络成瘾的理论研究和矫治实践提供新方向、新途径，对网络成瘾防治产生积极影响。

文化是一种无可比拟的力量。"文化基因"对物质成瘾的影响同样不可低估。从 19 世纪 20 年代开始，英国无良商人就将大量鸦片输入中国。从那时起的 100 多年的漫长岁月里，鸦片始终肆虐中华大地，毒害着中华民族，使无数中华儿女倾家荡产、妻离子散、心身崩溃、形似骷髅。其间，一些爱国人士曾上书朝廷，认为若鸦片不禁，则将来民无健康之民，兵无可战之兵，以致亡国灭种，其害无穷。然而，由于晚清政府的腐败无能，神州大地贩卖鸦片者和吸食者越来越多。日本侵华期间，侵略者大量生产和贩卖鸦片，毒害我国国民，当时的敌占区烟馆不仅分布于城镇，连乡村的小街小巷也都有。因为染上鸦片毒瘾而导致家业败尽、卖儿卖女者比比皆是，不可胜数。真真是"一杆烟枪，杀死好汉英雄不见血；半盏灯火，烧尽田园屋宇并无灰"。抗日战争胜利后，民国政府的禁烟令实际上也是形同虚设，等于一张废纸。直到中华人民共和国成立，鸦片之害方才得以根治。可见，吸食鸦片的恶劣习气只是旧中国鸦片肆虐的一个外因，病态腐败的社会环境才是鸦片泛滥的温床。

回首国耻，以史为鉴。肩负中华民族伟大复兴事业的当代中国人，除了应该牢记"落后就会挨打"的真理，以及帝国主义侵略者的本性和罪恶之外，难道不应该反省"当时那么多的国人不顾廉耻，深陷鸦片而难以自拔"的土壤是什么？社会文化学原因是什么？

我们认为，国人除了应认真反思"地域、人种相近，同样处在社会变革时期的日本当时为何能够免于鸦片成瘾"之外，更应该深刻地思考"导致当下中日两国在网络成瘾发生率上存在明显差异的社会文化学致因是什么，什么才是中华民族的优秀'文化基因'，它是怎样丢失的，应该如何重建和复兴"。

当下我国面临的严峻问题之一是，网络成瘾不但给青少年的体质、身心健康、生活方式等造成了极大的负面影响，使我国年青一代在身体素质上明显输给了日本、韩国以及欧美国家，严重影响了我国的人口素质，而且更令人担忧的是，我们尚未真正找出青少年网络成瘾防治的有效途径和策略。甚至可以说，在网络成瘾的研究和治理上存在方向性问题。因为，有关网络成瘾防治的社会文化学研究迄今鲜见，在网络成瘾的矫治实践上尚未真正重视发挥社会文化因素的作用。

二、低估了网络成瘾对学生体质、学习成绩的影响程度

(一)对网络成瘾预防的重视程度亟待提升

青少年体质持续下降和青少年网络成瘾日趋严重这两个问题一直是影响青少年身心健康的两大顽疾。目前，人们也已经意识到网络成瘾是体质下降的致因之一。然而，政府职能部门和学校对这两个问题的实际的重视程度可谓是天壤之别。

自 20 世纪 90 年代起，青少年体质健康问题就已经成为学界研究的焦点。10 余年来，青少年体质持续下降问题更是引起了全社会的高度关注，从国务院针对学生体质下发的文件到教育部力推素质教育，从倡导"阳光体育冬季长跑"到"每天锻炼 1 小时"写入政府工作报告，可窥见一斑。特别是 2007 年"中央 7 号文件"下发后，相关政府部门相继出台部署了诸如"全国亿万学生阳光体育运动""大课间""中考体育考试加分""学生体质下降问责制""减负"等 80 多项旨在促进学校体育运动开展，增强青少年体质健康的举措。

例如，2012 年 10 月 22 日，《关于进一步加强学校体育工作的若干意

见》分析了"中央 7 号文件"颁布实施以来学校体育工作取得的成绩以及存在的问题，对于下一步如何做好学校体育工作从两大方面做出部署：第一，从学校体育的教育教学、组织、评估方面更进一步地明确了"中央 7 号文件"关于学校体育工作的要求，开足体育课，确保每天锻炼 1 小时，关注学生的全面成长；第二，关于学校体育办学条件的改善，这里面包括体育的教育教学活动要更加丰富，更加因地制宜，以更加符合青少年的生理、心理发展特点的方式组织学校体育的教育教学活动，包括学生的体育竞赛活动，要让孩子们爱上体育课。

在"学生体质下降问责"方面，2012 年教育部下发通知，学校体育和学生体质健康水平将作为有关部门和学校领导干部业绩考核的重要内容，对学生体质健康水平持续 3 年下降的地区和学校，在教育工作评估和评优评先中实行"一票否决"。

据北京市政协 2014 年 3 月 18 日发布的《关于本市中小学生体质健康状况的调研报告》，北京市中小学生群体中的视力不良者超过 60％，体重超标者达到 20％，学生体质健康不容乐观。为此，北京市政协建议，建立学生体质下降的问责机制，加大对学生体质健康水平持续下降的区县、学校的评估"一票否决"的执行力度。

2016 年 4 月 21 日，《国务院办公厅关于强化学校体育，促进学生身心健康全面发展的意见》强调要强化政府责任，加强学校体育综合改革。其明确提出，把青少年健康和学校体育纳入地方政府的绩效考核指标。学生的体质健康每年都必须检测，假如某个地区或学校的学生体质健康连续 3 年出现下滑，那么相关人员将会受到惩罚。因此，这一文件也被认为是"从顶层设计上来说最有针对性的"维护学生身心健康的文件。

迄今，已经有一些地区积极尝试通过立法来推行"问责制"。比如，昆明市早在 2014 年就已经提出，如果学校学生体质健康状况连续 3 年下降，那么相关县级教育局局长将被严厉问责，并将对学校的主要负责人和直接负责人依法给予行政处分。

上海市除了积极响应国家相关政策，出台了大量具体的法规之外，在 2012 年还特别制定了"青少年发展'十二·五'规划"，全面实施"青少年健康促进计划"，积极推进"阳光体育""大课间"等体育活动，开展多种形式的课外体育锻炼活动，施行课业"减负"，以有效地提升青少年闲暇活动的时间与品质，并将"增强青少年身体素质"列在身心健康的首位，期望阻断体质持续退化的趋势，促进青少年体质健康。

　　继而，上海市在 2016 年制定的"青少年发展'十三·五'规划"中强调，要继续加强体教结合，开展阳光体育活动。保证体育课程时间，丰富体育内容。持续地抓好品牌活动和氛围营造，深入推进青少年体育健康促进计划，促进青少年养成体育健身习惯。将中学生体质健康达标率作为核心能力中的一项重要指标，预期 2020 年中学生体质健康达标率达到 94％的水平。

　　在政策实施方面，各方主体可谓真抓实干，积极推进。2009 年 2 月，上海市教委要求建立中小学校课程实施状况公报制度，切实减轻中小学生过重的课业负担。

　　上海市从 2013 年 2 月起在小学一、二年级实行基于课程标准的"等第制"评价：不进行书面考试，不用分数评价，不排名。2016 年 2 月，上海市公办小学对一、二年级小学生试行进一步减负：减少了学时数，如英语课时数从 4 节/周减少为 3 节/周，每天放学时间从 16:00 提前到15:20。

　　上海市教委 2015 年 10 月 28 日发布的《2014 年度中小学学业质量绿色指标综合评价报告》指出，3 年来，沪义务教育的全面质量和均衡水平总体呈上升态势；小学生课业负担有所好转，四年级学生每天睡眠时间达到 9 小时及以上的比例约为 49％，九年级学生每天睡眠时间达到 8 小时及以上的比例约为 12％。可见，小学生的睡眠时间目前有所好转，但是初中生的睡眠时间有待进一步保障，中小学减负仍然任重道远。鉴于此，上海市教委于 2016 年 8 月 29 日又发布公告，新学期上海将全面推行小学"等第制"评价，淡化具体分数，而以 A、B、C、D 或者"优秀""良好""合格""需努力"等方式来评价，还进一步压缩主课学时数，语文课从6 学时/周缩减为 5 学时/周。

　　上海市教委、市政府教育督导室根据《上海市人民政府教育督导室关于开展"规范办学行为"专项督导的通知》的精神，对责任督学全覆盖督查提出具体要求，市区教育行政部门和督导部门将加强重点督查和巡查暗访；对违反有关规定、"减负"政策执行不到位的区县行政部门、中小学校和相关责任人，将实行教育督导问责，并实行公开通报，对查实的相关人员，敦促有关区严肃处理。

　　然而，实施效果却远远不尽人意。青少年体质健康水平并没有因为上述政策的实施而好转，体质下降的趋势尚未从根本上得到遏制，我国青少年的体质健康整体水平仍然处在危险边缘，尤其是在肥胖率、肺活

量、近视率、速度、耐力、血压调节机能等体质重要指标上。（Hu Geng-dan，2018）

例如，2012 年 3 月 14 日，网易教育频道综合讯，依据燕赵晚报报道，全国政协教科文卫体委员会进行的多次调研，以及教育部等六部委连续 25 年的"全国学生体质与健康调研"结果显示，我国青少年体质的一些重要指标呈现下降趋势。

2013 年 10 月 4 日举行的中国青少年体育发展交流会上，一份《中日韩三国青少年体质对比》的报告显示，20 余年来，尽管我国青少年学生的身高、体重、胸围等形态发育指标持续增长，但肺活量、速度、力量等体能素质却持续下降。我国青少年体质的主要指标仍然明显不如日本和韩国。会上，清华大学常务副书记陈旭给出了一个让人担忧的统计数据："清华大学的自主招生，近两年针对学习成绩优异的考生，在复试阶段加入了体质测试。但在过去两年里，体质测试结果达到优良的考生非常少，不及格率却达到 49.2%，即近一半的学生体质测试不及格。"

2010—2015 年上海市学生体质健康中心公布的数据显示，上海市青少年体质健康状况仍不容乐观，尤其是肥胖率日趋上升，身体素质总体呈持续滑坡趋势。另外，依据上海市发布的《2014 年度中小学学业质量绿色指标综合评价报告》，2009 年以来上海市历次"减负"政策的实施结果始终收效甚微，中小学尚待继续减负。事实上，一方面，"减负新政"并没减掉多少学生在校的学习量；另一方面，家长却忧心忡忡、相互攀比地通过家教、各类辅导班的形式增加了学生的课外学习量。不少学生甚至觉得学业压力越来越大，就连很多家长和教师都觉得自己承受着比"减负"前更大的压力。

由上可知，各级政府职能部门和学校对青少年体质健康问题的确是积极作为、真抓实干、层层下压、责任到人，重视程度似乎难以复加。但令人遗憾的是，青少年体质退化的治理结果却不甚理想。这提示影响学生体质健康的主要因素还没有完全搞清楚，相关政策的可执行力不强。换句话说，还有其他因素在影响、主宰着学生的体质健康，维护学生体质健康的有效模式和途径尚未被完全揭示。

相比之下，政府职能部门和学校对网络成瘾问题的关注和重视程度远远不如体质健康问题，以至于学生网络成瘾和"手机控"行为日趋增多。

(二)对青少年体质下滑的认知归因上存在偏差和误区

越来越多的研究显示,过度上网是体质退化的重要因素,网络成瘾会使青少年身体机能下降,体质退化、恶化,甚至猝死。然而,政府和学校至今仍然未采取与对待青少年体质健康问题一样力度的措施来预防网络成瘾或过度上网,以从源头上阻断学生体质下降。症结可能在于学界和决策者在青少年体质退化的归因上存在偏差和误区,将青少年体质持续退化主要归因于"学业负担过重""升学压力"(这两大因素会导致学生久坐少动、体育锻炼缺乏、睡眠不足、心理压力过大、心身疲惫),而非归因于网络成瘾或过度上网、过营养化以及这些因素的协同作用。例如,著名青少年教育研究专家、21世纪教育研究院副院长熊丙奇教授指出,当前一切以"高考为指挥棒"的应试教育,必然以牺牲青少年体质为代价。再如,2012年3月14日全国政协委员、北京体育大学校长杨桦教授在全国"两会"上指出,我国青少年体质下降的原因是多方面的,其中,主要问题是片面追求分数和升学率。杨桦建议,在现行教育制度下,应该把体育作为中考、高考的必考科目,并与语文、数学、英语等必考科目同等分值,还应该逐步增加学校体育经费,对青少年体质健康水平持续下降地区的主管领导实行"问责制"。

通过对现有的关于青少年体质研究文献的元分析,我们发现,国内青少年体质下降的主要原因有4个方面:一是体育锻炼不足或体力活动减少,久坐少动;二是过营养化;三是睡眠不足或者休息不好;四是心理压力大。这4种因素的共同作用导致了体质退化。我们还发现,这4种因素只是造成青少年体质退化的表层原因,在它们的背后似乎还存在某种更深层的、更本质的因素在操控体质的退化。

依据运动生理学理论,体育锻炼不足或体力活动减少会导致体质退化。但体育锻炼不足或者体力活动减少的贡献因子多元,包括"学业负担过重""升学压力""网络成瘾或过度上网""生活方式不健康"(膳食、作息、睡眠等习惯不良),这些因素之间还存在明显的交互作用。

从事件发生的因果关系上看,"网络成瘾或过度上网"导致体质退化的机制是:上网会挤占学生本应该用于锻炼、学习、睡眠和休息的时间,导致其睡眠不足、作息无序、膳食不均、心身疲惫、学习效率下降和学习压力加大,从而引起学生体质退化、学习成绩下滑,而这又会进一步加剧他们的"学业负担"和"体质退化的程度",最终形成体质退化的恶性循环。

这一循环流程可表达为：上网过度→睡眠不足、作息无序、膳食不均、心身疲惫、学习效率下降和学习压力加大→体质退化、学习成绩下滑→学业负担加重、体质退化程度加重→出现焦虑、忧愁、抑郁情绪、自责、无助等心理问题，上网逃避现实、寻求安慰→深度沉迷于网络，难以自拔→体质退化进一步加剧……

例如，《新闻晨报》2013 年 10 月 23 日报道，上海市学生体质健康中心的一项调查显示，尚有 9.40％的学生平均每周锻炼不足 3 次，76.03％的学生每天体育锻炼未达到 1 小时，而每天看电视、玩游戏在 1 小时及以上的比例占调查人数的 42.92％；65.53％的学生每天平均睡眠时间不足 8 小时。

诚然，将青少年体质持续退化的原因归因于"学业负担过重""升学压力过大"的观点有一定的科学性、合理性，因为长期的、过重的学业负担和升学压力的确会影响睡眠、膳食、心理健康和体育锻炼，使学生心身疲惫、体质退化。

但必须指出的是，期望通过现行的"减负"来保障学生睡眠和体育锻炼，进而遏制体质退化的应对策略可行性不高，难以达到预期效果，因为学生大多不会将这些"减负"省出的时间用于体育锻炼和睡眠，而是会将"减负"腾出的时间用于上网，很多学生甚至将上网作为缓解学习压力和休息的方式。例如，依据 2017 年上海市疾病预防控制中心的"学生常见病及健康危险因素监测"结果，上海市学生上网时间超过 4 小时的报告率为 10.3％。长时间上网的比例男生高于女生（男生 11.7％、女生 8.9％）；上网学生中，上网时间超过 1 小时的学生占比高达 61％。此外，对于中小学生而言，校内"减负"、校外上辅导班补课已经成为常态，结果导致学生休息、睡眠的时间反而更少了，"减负"演变为增负。这种"减负"的本质是教师、学校的确是减负了，但学生和家长反而是增负了。这就为国内近二三十年来为何一直未能够有效地遏制青少年体质持续退化的原因做了较为客观、合理的诠释。

我们认为，学界和决策者将青少年学生体质持续退化归因于"学业负担过重""升学压力"的观点，以及试图通过"减负"来促进学生参加体育锻炼，维护和增进学生体质的策略存有偏颇，是治标不治本，其科学性、可行性须商榷。

综上所述，我们对青少年体质退化的形成原因及防治策略提出了如下观点：青少年体质退化可以归因于"学业负担过重""网络成瘾或过度上网""过营养化或生活方式不健康"的三重作用;而"网络成瘾或过度上网"是体质退化的本质的、源头上的动因,是"元动因";避免网络成瘾或过度上网,践行自主锻炼习惯和健康生活方式是现阶段遏制青少年体质持续退化的有效策略和途径;将网络成瘾防治纳入学校的体质健康工作,是防治青少年体质退化的一剂标本兼治、综合施治的药方。

(三)"网络成瘾或过度上网"是青少年体质退化"元动因"的依据

教育部发布的关于学生体质健康的大数据显示,近30年来(1985—2015年),尽管国内青少年学生的身高、体重、胸围等形态发育水平持续提高,但他们(尤其是大学生)的爆发力素质、速度素质、力量素质、耐力素质等指标却持续下降。

2014年全国学生体质与健康调研结果显示,我国各学段学生的近视率持续上升,7~12岁小学生、13~15岁初中生、16~18岁高中生视力不良率分别为45.71%、74.36%、83.28%;视力不良低龄化现象明显,7岁男生、女生视力不良率分别为28.95%、32.15%。2018年6月,国家卫生健康委通报,我国儿童和青少年近视率已经位居世界第一。

与此形成鲜明对比的是,近20年来,我国网民规模和网民平均每周的上网时间呈现逐年递增趋势。中国互联网信息中心(CNNIC)于2018年7月发布的第42次《中国互联网络发展状况统计报告》指出,2018年上半年,我国网民的人均每周上网时长达到27.7小时,较2017年上半年我国网民的人均每周上网时长增加了1.2小时;在2014年6月~2018年6月期间,我国网民的人均每周上网时长平均每年递增0.45小时。(见图9-1)

单位:小时

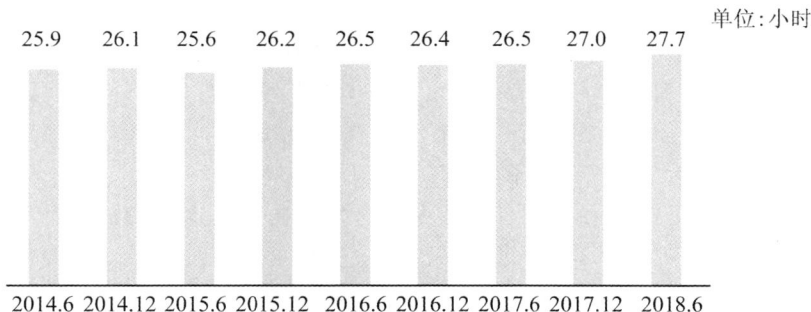

| 25.9 | 26.1 | 25.6 | 26.2 | 26.5 | 26.4 | 26.5 | 27.0 | 27.7 |

2014.6　2014.12　2015.6　2015.12　2016.6　2016.12　2017.6　2017.12　2018.6

图9-1　我国网民平均每周上网时长

[CNNIC:《中国互联网络发展状况统计报告(2018年7月)》,http://www.cac.gov.cn/2018-08/20/c_1123296882.htm,2018-12-20。]

截至 2018 年 6 月，我国网民规模达到 8.02 亿人，互联网普及率为 57.70%；2018 年上半年新增网民 2941.44 万人，较 2017 年年末增长了 3.80%；我国手机网民规模达到了 7.88 亿人，较 2017 年 6 月增加了 6413 万人；网民通过手机接入互联网的比例高达 98.30%，较 2017 年 6 月的 96.30% 提升了 2.00%；在 2013 年 6 月~2018 年 6 月期间，我国手机网民年均增加 6479.6 万人，手机网民占整体网民的比例年均增加 3.96%。（见图 9-2）

此外，青少年学生不但是手机网民的主要群体，而且在他们当中，生活方式不良（如久坐少动、作息不规律、心态失衡、营养失衡）的比例也呈现逐年递增的趋势。（丁烜红，张弓婷，李刚，等，2015；Wu Yu-hong，Hu Gengdan，Wang Dan，2015）

单位：万人

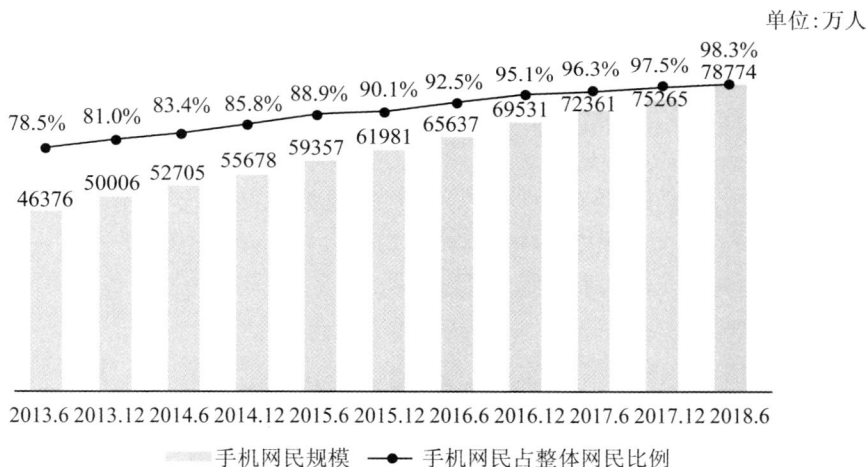

图 9-2 我国手机网民规模及其网民比例

［CNNIC：《中国互联网络发展状况统计报告（2018 年 7 月）》，http://www.cac.gov.cn/2018-08/20/c_1123296882.htm，2018-12-20。］

图 9-3 表征我国网民的职业结构及其动态变化。由图 9-3 可知，截至 2018 年 6 月，我国网民占比位列前三名的职业人群依次为学生（占 24.8%）、个体户/自由职业者（占 20.3%）、企业/公司一般职员（占 9.4%），学生群体在网民中的占比依然为最高。相较 2017 年 12 月的数据，这 3 类人群在网民中的占比均有不同程度的下降，致因是专业技术人员、党政机关事业单位一般职员、商业服务业职工、农村外出务工人员等其他群体在网民中的占比明显增加了（这 4 类人群在网民中的占比分

别增加了 1.9％、0.9％、1.7％、1.7％）。

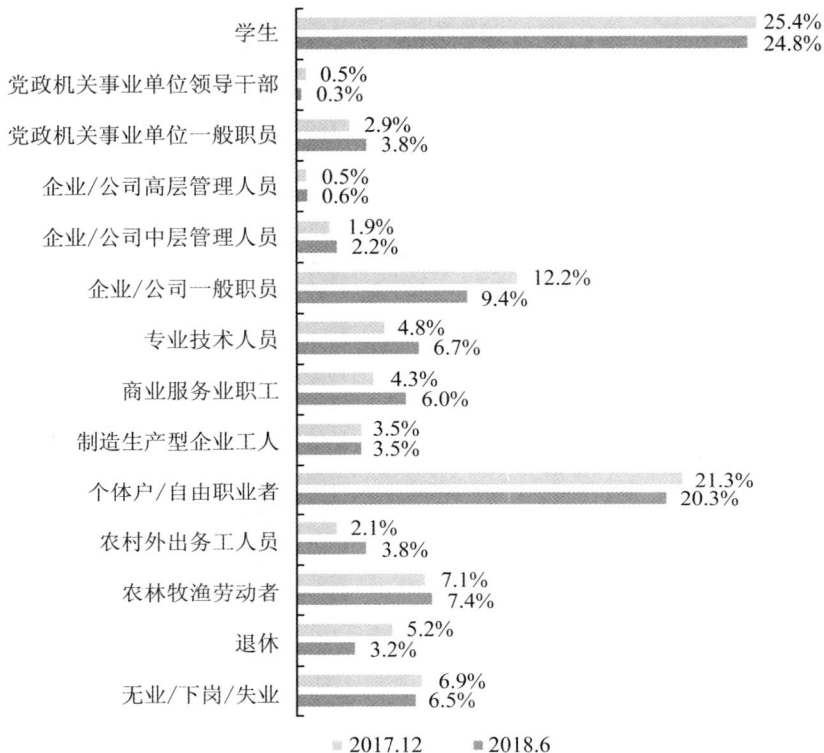

图 9-3 我国网民的职业结构

［CNNIC：《中国互联网络发展状况统计报告（2018 年 7 月）》，http://www.cac. gov. cn/2018-08/20/c_1123296882. htm，2018-12-20。］

图 9-4 表征我国网民的年龄结构及其动态变化。截至 2018 年 6 月，我国网民占比位列前三名的年龄段依次为 20～29 岁（占 27.9％）、30～39 岁（24.7％）、10～19 岁（18.2％）。值得注意的是 10 岁以下年龄段的网民比例较 2017 年 12 月增加了 0.3％，表明我国网民向低龄化（学龄前期、学龄初期）蔓延的趋势在加快，这着实令人担忧。

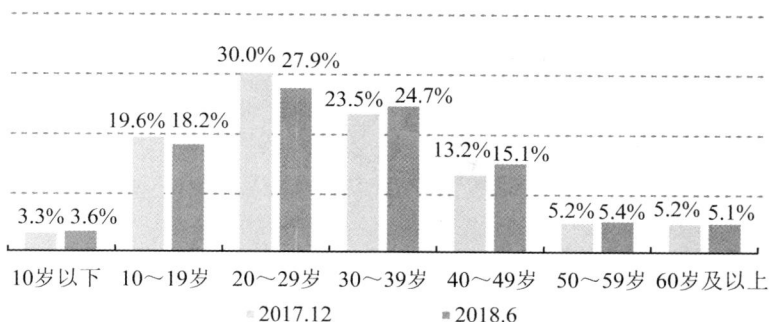

图 9-4　我国网民的年龄结构

[CNNIC：《中国互联网络发展状况统计报告（2018 年 7 月）》，http://www.cac. gov.cn/2018-08/20/c_1123296882.htm，2018-12-20。]

综上可见，在国内青少年体质健康问题和上网问题上，一极是青少年体质 30 年持续下降；另一极是近 20 年来青少年网民人数和上网时长不断增加。这表明青少年体质健康与上网之间呈高度的负相关关系，即青少年体质健康与生活方式、网络成瘾之间存在"类因果"关系。

国外青少年体质的演化趋势与国内情形基本类似，即国外青少年体质也因为受到互联网的冲击而呈现纵向下降趋势。（胡耿丹，王丹，2015）在智能手机普及之前，尽管日本也采用应试教育模式，但是学生体质的整体情况是不降反升。这首先是因为在日本体育锻炼的观念深入人心，1961 年，日本就颁布了《体育振兴法》，目前平均每 2000 个人就占有 1 个体育场馆。日本的幼儿教育是体育当先，要求孩子学会玩、知道怎么玩；在初中阶段，要求学生具备更高的运动兴趣；在高中阶段，要求学生具有专注的运动爱好；学生每天都有体育课，课后的作业是坚持锻炼 1 小时；40％以上的学生每天锻炼 2 小时；学生周末首选锻炼；一、二年级的小学生每天要跑 200m 一圈的操场 10 圈，五、六年级的小学生每天要跑 20 圈；体育教育由政府监控，十分注重意志品质的培养，要求学生参加"冬季耐寒训练"，就连幼儿园的孩子也要参加"冬季持久走大会"。其次是因为日本重视对学生的体质健康从饮食管控做起，营养搭配非常严格，更有法律法规保护。1954 年，日本国会通过了《学校给食法》，学生的食物都有政府标准，有营养师搭配及其监测评价。上述两大因素是日本青少年体质状况好于我国的主要原因。

如今，日本的国民素质已经是今非昔比，就连对有氧耐力和意志品质要求最高的马拉松也成为日本全民热爱的运动项目。十几年来，日本选手在国际马拉松赛事上都取得了不俗的成绩。

2013 年 1 月 8 日，教育部副部长郝平指出，我国青年身体素质不如邻国日本和韩国。另外，据 2013 年 4 月中国、日本和韩国 3 国青少年研究所的联合调查报告，我国青少年体质明显不如日本和韩国，且平均身高最矮。

2017 年，由华东师范大学在"2017 年学生体质健康评价与运动干预"高峰论坛上发布的《中日儿童青少年体质健康比较研究结果公报》可知，2014 年、2016 年中国儿童和青少年体格指标（身高、体重、BMI）在大部分年龄段均显著高于日本，超重肥胖发生率较之日本也更高；在体能指标的比较中，日本儿童和青少年在心肺耐力、柔韧性和灵敏协调性方面均显著优于中国。

然而，源自日本的多项调查显示，近年来随着智能手机的普及，日本青少年体质也开始略微呈现下降趋势。2015 年 8 月 11 日，大阪教育大学终生名誉教授、日本教育医学会会长、日本生长发育学会会长三村宽一教授在同济大学举行的"第一届中日体育学术交流会"主题报告中将此现象归因于智能手机所致的过度上网，因为日本青少年在膳食营养维度上有严格的保障。

欧美传统工业化国家不实行应试教育，基础教育难度远远低于中国，也不存在"高考"和升学压力，大学入学条件素来宽松，学生在中小学阶段的学习负担很轻。同时，欧美文化历来崇尚体育运动，视运动为生命，体育成绩优异者深受名牌大学青睐，在录取以及奖学金上均可占得先机。因此，这些国家的青少年普遍热爱体育锻炼，充满阳光和活力。

令人惊讶的是，从纵向看，近二三十年来欧美传统工业化国家的青少年体质也出现了明显退化。美国心脏协会指出，从 1975 年起，欧美青少年跑得越来越慢，心肺功能比父辈年轻时差了 15%；现在青少年的 1600m 跑成绩比 30 年前的同龄人慢了 90 秒。这项研究成果为我们提出的"网络成瘾或过度上网是体质退化的本质的、源头上的动因，是'元动因'"的观点提供了佐证。因为这些国家的行为习惯、膳食结构、社会文化、教育体制等因素并未发生大的变化，一直较为稳定，造成青少年体质退化最大的可能因素是上网，尤其是网络成瘾或者是过度上网行为。

毫不夸张地说，智能手机已经成为人体的延伸，找不到它就会"迷失自我"。根据 BAV 橙色心理学（BVA Orange-Psychologies）于 2016 年做的民意调查，56％的法国人承认自己经常使用智能手机，36％的受访者承认自己对其有依赖。法国人平均每人每天看 200 次手机，最常见的是清晨醒来就要先看手机。

医学专家、"拯救上瘾协会"发言人洛朗·卡拉（Laurent Karila）认为："智能手机就像一个虚拟的布娃娃，离开它会让人感觉到痛苦，感觉到被抛弃。这种感觉类似于吸毒者，与手机分离的恐惧是一种非常真实的情感。"

体质退化的东西方跨文化比较研究证实，文化背景、生活方式对体质健康有重大影响。英国《卫报》（*The Guardian*）指出，青少年的生物退化问题已经成为一个全球性的灾难问题，相比之下，中国、韩国等亚洲新兴化工业国家可能受文化背景、生活方式的影响，青少年日常体育活动少于西方国家，因而体质下降程度更为严重。2012 年日本青少年研究所对中国、日本、美国 3 国初中生课外体育活动的问卷调查结果表明，我国参加课外体育活动的初中生比例为 8.0％，远远低于日本 65.0％、美国 63.0％的水平。

例如，2016 年，北京体育大学校长杨桦教授指出："如今我国学生的体质比 20 多年前差了一大截。与 1985 年相比，2010 年我国 7～18 岁城乡学生身高、体重显著增长，但是肥胖率也增长了 7.9％，尤其是城市男生肥胖率已经达到 14.2％。我国城乡学生的肥胖率超过了 WHO 公布的 10.0％的安全临界点。"此外，杨桦教授还在专业数据调查中发现，心肺功能下降、运动能力下降、视力不良检出率上升……这样的问题在青少年当中越来越普遍。究其原因，学业压力和不良生活习惯严重影响了他们的健康。

事实上，大量的调查和研究证实，近 20 多年来，尽管中国青少年学生的身高、体重、胸围等形态发育指标持续增长，但是肺活量、速度、力量等体能素质却持续下降。这种体能素质持续下降的趋势与青少年网民数量逐年递增的现象密切相关。

2012 年国家社会科学课题"中国青少年体质健康行为调查"表明，因为城市化的发展，我国 60.0％以上学生的居住环境不具备进行体育运动的条件；在休息和节假日的空闲时间，学生最喜欢做的 3 件事情是上网聊天和玩网络游戏、听音乐和学唱歌、看电视，出去运动的学生占比不足 30.0％。时下火爆全国的一款网络游戏坐拥 2 亿名用户，其中大学生用户就占了 25.0％，14 岁以下的中小学生占了 3.5％，越来越多的儿童和青少年参与其中。相比于游戏带来的娱乐体验,耗时费力的体能锻炼的魅力根本不值得一提,很难与之竞争,这也从侧面证明了培育儿童和青少年运动兴趣的重要性。

综上可知,体育锻炼是体质健康的"中介变量",教育体制、文化背景、生活方式、上网等因素会通过这一变量来影响体质健康,而控制该变量的决定性因素是上网,尤其是网络成瘾或者过度上网行为,因为上网时身体大多处于"久坐少动""久躺少动""久站少动""各系统失衡失调"状态。

===== 知识链接 9-5 =====

中介变量

"中介变量"(mediator)最早是由行为主义心理学家提出的一个概念。1932 年,认知心理学的先驱,爱德华·C. 托尔曼(Edward C. Tolman,1886—1959)为了弥补行为主义学者约翰·B. 华生(John B. Watson,1878—1958)的 S—R(刺激—反应)公式的不足,提出了中介变量的概念,强调注意有机体内部因素在行为中的作用。

托尔曼认为,刺激与反应之间存在一系列不能被直接观察到的,但是可以根据引起行为的先行条件及最终的行为结果本身推断出来的中介因素,这便是中介变量。即把 S—R 理解为 S—O—R,中介变量就是在 O(有机体)内正在进行的活动。它是完全可以客观定义和定量的,能够客观、精确地同一定的自变量与因变量联系起来。

最初,托尔曼认为动物和人类有两种中介变量:需求变量、认知变量。1952 年他受格式塔学派心理学家库尔特·勒温(Kurt Lewin,1890—1947)的影响,提出了 3 种中介变量:需要系统、信念——价值符号排列矩阵图、行为空间。

根据巴伦(Baron)和肯尼(Kenny)的解释,中介变量是自变量对因变量发生影响的中介,是自变量对因变量产生影响的实质性的、内在的原因,通俗地讲,就是自变量通过中介变量对因变量产生作用。中介变量的作用原理可以通过如下公式描述:

X(自变量)对 Y(因变量)的总效应=X 对 Y 的直接效应+M(中介变量)的中介效应

(《中介变量》,https://baike.so.com/doc/3160698 — 3330980.html,2018-12-20。)

（四）中外青少年体质退化程度差异的原因分析及启示

由上文可知，欧美国家、日本、韩国与中国青少年体质退化程度的横向比较结果是，欧美国家、日本青少年体质退化程度相对较小，其次是韩国，体质退化程度最大的国家是中国。

在体质退化致因方面，欧美国家、日本青少年体质退化的致因主要是互联网；韩国青少年是受互联网和东方传统文化的双重影响；中国青少年则受到互联网、传统文化、应试教育制度（尤其是中考、高考的升学压力），膳食营养等多重因素的影响，这也是中国青少年体质退化程度严重于欧美、日本和韩国的原因所在。

由此可以认为，全球性体质退化是后工业化时代、信息化时代的必然产物，其根源在于人们的学习方式、工作方式、生活方式、娱乐方式等方面发生了巨大的变化，使得人类脑体倒挂、久坐少动、营养过剩，进而出现生物学退化。

对青少年而言，体育锻炼、膳食营养、睡眠休息是影响体质健康的主要因素。体育锻炼属于中介变量，受控于教育体制、文化背景、生活方式、学习方式、上网等因素。其中，"网络成瘾或过度上网"是导致青少年体育锻炼不足的决定性因素。

客观地说，国内以中考、高考为指挥棒的应试教育体系在今后很长一个时期内恐怕难以有实质性的、彻底的改变，社会文化传统根深蒂固，不易撼动，唯有生活方式、上网是可以自我掌控的。因此，避免青少年体质退化应该从预防"网络成瘾或过度上网"，培养良好生活方式入手。如果不从这两方面入手，则必将导致体育锻炼缺乏、营养过剩、睡眠不足和体质退化。国内现行的青少年体质健康策略的立足点仅仅局限于通过"减负"来增加体育锻炼和睡眠时间，而未从控制影响体育锻炼不足的"元动因——网络成瘾或过度上网"入手，这是近 30 年来国内青少年体质持续下滑未能够被有效遏制的根源所在。可见，学界应该对青少年体质下降的主因和防控策略开展更加深入、更加全面的研究，并在此基础上协助政府职能部门制定出科学可行的促进青少年体质健康的政策法规和举措。

(五)网络成瘾对学习的负面影响

互联网对学生获取知识和提高学习成绩来说是一把"双刃剑"。互联网能够帮助学生快捷地获取各门学科的知识和提供各种学习辅助手段,有助于学生自主学习和进行研究性学习。从这些特性来看,互联网学习模式更适合于大学生、研究生使用。然而,大量调查显示许多学生并非将互联网主要用于学习,而是用于网络游戏、资讯获取、社交、网络色情、娱乐,这不但影响学习,而且容易网络成瘾。网络成瘾可分为轻度、中度和重度3个等级。网络成瘾程度越严重,对学生学习的影响程度也越大。

网络成瘾影响学习的可能途径包括以下6条。

①网络成瘾→学习兴趣和动机下降→厌学→缺课、旷课→退学。

②网络成瘾→挤占了学习时间→无法按时完成学习任务,跟不上进度→学习成绩下降。

③网络成瘾→大脑被网络上的内容和情节占据→精神不易集中,无法专注于学习→学习效果差。

④网络成瘾→创新力(包括记忆力、注意力、想象力和洞察力)弱化,逻辑思维能力和分析综合能力退化,创新能力的发展受阻→影响学习效果。

其机理是,互联网的呈现形式是以形象思维为主的,是浅层认知加工的连续呈现,并且是局部呈现,不利于统观及归纳综合,从而阻碍学生创新能力和逻辑思维能力的发展。

⑤网络成瘾→体育锻炼不足,体质下降→学习效率和应试能力下降。

这是因为体育锻炼有益于认知力和学术表现。美国加利福尼亚州的一项研究表明,学校中有体育课的学生在数学和阅读考试中的成绩比那些没有体育课的学生成绩要好。美国北得克萨斯大学运动心理学中心主管特伦特·皮特里(Trent Petrie)和其他研究人员以得克萨斯州5所中学的1200多名学生为被试,探寻了强健身体与考试高分之间的关联。在计入年龄、性别、家庭收入、自尊心强弱等因素后,他们发现,无论男生女生,心肺功能更强健的孩子在数学和阅读测试中成绩更好。"孩子身体越强健,考试分数越高。"皮特里说,"我们虽然无法百分百地确认强健体魄能够带来更好的学术表现,但我们能说的是,两者之间有着强烈、可预见性关联。"

　　在解析中学生身体强健更容易得高分的原因时，临床心理学家、美国纽约蒙蒂菲奥里儿童医院助理教授哈希姆（Hashim）说："或许因为心肺功能强健的孩子能够获得更多的氧气。当心肺以更高的能力工作时，大脑运转得以处于巅峰状态。而那些身体差些的孩子或许更容易上课打瞌睡。"哈希姆认为，体育的功能不仅仅是强身健体。在开展体育活动的过程中，学生会很自然地懂得和遵守规则，感受到团队协作的重要性，从而培养敏锐的感知能力、全面的观察力。哈希姆还认为，撇开原因不论，促进学生参加体育锻炼只会有益处，因为身体好的孩子更快乐，自尊心更强，人际关系更好。

　　⑥网络成瘾或过度使用互联网→大脑结构和认知功能均受损（脑损伤）→影响青少年大脑结构发育和功能。

　　例如，新华网武汉 2015 年 6 月 29 日电，我国在青少年网络成瘾的神经影像研究方面取得了新进展，中国科学院物理与数学研究所雷鳐研究团队运用功能连接方法，对青少年网络成瘾患者的静息态脑功能磁共振图像进行了分析，发现患者皮层—纹状体神经环路存在功能连接异常，即患者的脑功能连接存在异常，且异常程度与患者的网瘾程度和焦虑行为（当出现焦虑情绪时，你应对焦虑所采取的行为）等显著相关。通过与文献资料比对，他们还发现，青少年网瘾患者皮层—纹状体神经环路的功能连接异常模式与鸦片、毒品等物质成瘾有类似之处。

　　依据认知神经科学理论，皮层—纹状体神经环路主要负责控制自主运动、整合调节细致的意识活动和运动反应等功能，同时还与奖赏、情感、执行和控制等高级认知功能有关。因此，该项研究揭示网络成瘾不仅会影响青少年大脑结构的发育，同时还会影响脑功能连接。该研究成果近期发表在国际学术期刊《人类神经科学前沿》（*Frontiers in Human Neuroscience*）上。

　　高丽大学（Korea University）的郑秀文（Hyung Suk Seo）团队于 2017 年 12 月 1 日公布了他们对手机成瘾症患者的研究成果，指出网络成瘾的青少年大脑中的化学物质不平衡。这种不平衡与焦虑和抑郁症的患者相似。

　　参加研究的青少年被试都采取了标准化的测试方法来诊断是否对网络和智能手机上瘾。对智能手机成瘾的被试承认，互联网和智能手机的使用干扰了他们的日常生活、社交生活、睡眠和工作学习能力。这些青少年被试在抑郁、焦虑、失眠和冲动方面的"分数"也显著高于对照组。

值得庆幸的是，这些手机成瘾的青少年在接受认知行为治疗后，大脑化学物质比例可以恢复到接近正常水平。

令人感叹的是，手机的出现，本来是为了让沟通更加便利，结果却使得人们更加孤独。

2017年年底，《精神障碍诊断与统计手册》首次将网络游戏障碍（Internet Gaming Disorder，IGD）列为一种潜在的精神障碍，这进一步引发了有关网络成瘾研究框架的讨论。除了网络游戏障碍，网络通信障碍（Internet Communication Disorder，ICD）和智能手机成瘾（Smartphone Addiction）等其他类型的网络成瘾目前也成为研究与讨论的热点。微信是最受欢迎的手机通信应用之一，过度使用微信可能会扰乱日常生活，并产生上瘾行为。为了更好地表征通讯应用的潜在上瘾性，电子科技大学（University of Electronic Science and Technology of China）的克里斯蒂安·蒙塔格（Christian Montag）、本杰明·贝克尔（Benjamin Becker）以及同事调查了微信沉迷水平与额叶纹状体边缘区域的结构变化之间的关联。他们评估了61位被试的磁共振成像数据，并收集了被试自我描述的微信使用频率信息，发现：微信沉迷倾向与大脑亚属前扣带皮层中灰质容量较小相关（亚属前扣带皮层是监测和调控成瘾行为背后神经网络的关键脑区）；微信支付功能使用频率较高与伏核较小相关。最后，他们指出，成瘾症状水平较高或过度的使用行为与这些脑区内的某些物质容量减少之间的关系，与过去有关物质成瘾和行为成瘾（包括IGD）的研究发现相符，即与物质成瘾和行为成瘾相关特定脑区的结构变化，可能与微信沉迷倾向相关。这项题为《网络沟通障碍与人脑结构：对微信成瘾的初步认识》（*Internet Communication Disorder and the structure of the human brain：initial insights on WeChat addiction*）的研究，已经于2018年发表在《科学报告》（*Scientific Reports*）上。

调查显示，网络成瘾对学习成绩的负面影响和危害性已经为大众普遍知晓。但是那些尚未达到网络成瘾程度的沉迷网络行为对学习的负面影响往往被大多数人忽视或接受。

从青少年网络成瘾的防治实践来看，学校对已经检出的网络成瘾的学生相对较重视，会给予一定的监管、干预和帮助。但是对于未检出网络成瘾的网络沉迷学生（这一学生群体占比很高），学校对他们的上网行为实际上处于放任自流的状态，未采取有效的干预和防范措施。有关青少年上网对学习成绩影响方面的实证研究也不多见。从实际行动来看，学校低估了上网尤其是过度上网对学生学习的危害性，今后应该加强这方面的研究和实践。

三、缺乏整合多种现实人际类型为一体的系统视角研究，未形成齐抓共管、协同共治的网络成瘾防治体系

经过十余年网络成瘾防治的研究和实践，国内对网络成瘾的预防应该采取社会各界齐抓共管、协同干预的理念已日渐成为共识，但在对如何实现这一理念的工作体制与保障机制上尚缺乏深度研究。

本书第七章构建的"政府引领下的社会、学校、社区和家庭'四位一体'的协同干预体系"，从科学性上看无疑是理想的青少年学生网络成瘾防治模式。然而，该模式在具体实施中可能会遇到 3 个瓶颈问题。

①该模式的运行缺乏紧密的组织架构保障。它在自组织结构上有序度较低，属于松散型系统，社会、学校、社区和家庭这 4 个子系统之间不存在行政关系制衡，也不存在直接的经济利益联系。维系该系统的纽带主要是社会道德感、社会良知和社会责任感。所以，该系统的约束力微弱，运行障碍随时会发生。

②该模式的运行缺乏有力的政策支撑。在网络成瘾防治问题上，政府至今尚未出台保障各界协同参与、齐抓共管的法律法规和专业协会，也未见有专项基金会的支持。一句话，网络成瘾在防治上尚缺乏具有协同执行力度的"暖政"。

③该模式运行的阻力较大。互联网蕴含着巨大的利益链条，一些部门、企业、运营商、机构、团体在商业利益驱使下，会抛弃社会责任，做出违背社会道德、社会良知的不道德行为，甚至做出欺骗、贿赂、泄密、乱作为等违法行为，导致该系统名存实亡，无法维系。

相比之下，本书倡导的"学校主导下的学校、校内社区和家庭'三位一体'的协同干预体系"是一种科学性和可操作性皆备的青少年网络成瘾防治模式。这是因为学校与校内社区之间是上下级隶属关系，学校与家庭之间存在较为密切的工作关系，学校、校内社区和家庭构成的系统是一个有较强约束力、凝聚力的自组织系统。该体系的运行保障机制是在学校主导下实施"亲子、同学和师生三重人际动力的协同干预"。而实现这一目标的关键在于如何促使学校、校内社区和家庭三方积极地投身网络成瘾多重人际动力干预。

可见，网络成瘾的齐抓共管、协同预防中亟待研究解决的问题包括：

政府引领下的社会、学校、社区和家庭"四位一体"协同干预体系的保障机制与策略；学校主导下的学校、校内社区和家庭"三位一体"协同干预体系的运行机制及作用效果；网络成瘾三重人际（亲子、同学和师生）干预动力的"元动力"问题；等等。

综上所述，可以梳理出网络成瘾未来研究的大致脉络：第一，强化对网瘾外部驱动与内部驱动的协同干预研究，重视社会文化因素对网络成瘾防治的研究和应用；第二，应将网络成瘾防治纳入青少年体质健康工作中，提高人们对网络成瘾危害性的认识程度及防治力度；第三，在网络成瘾防治实践上，应建立多重人际动力支持和"齐抓共管"的运行保障机制；第四，在网络成瘾内部驱动干预研究上，应着重从心理本能视角切入。

══════ 知识链接 9-6 ══════

防治青少年沉迷游戏，应该是社会整体联防

当前，国内很多家长和教师共同面临的难题：沉迷游戏已经严重影响了青少年的学习和身体健康。随着智能手机、网络的普及，各类网络游戏迅速蔓延，越来越多的青少年深陷手机游戏世界，青少年因此厌学，甚至辍学，严重影响了中小学的教学质量。佛山高中老师赖奕洲说，学生一般是在放学之后、午睡或者晚上睡前的时候玩游戏，睡眠和成绩都受影响。

沉迷于手机游戏除了影响孩子的身体健康和学习成绩外，更让家长们担心的是藏在虚拟世界里的种种诱惑和风险。各种因沉迷游戏引起的不良后果不断上演。例如，13 岁学生因玩游戏被父亲教训后跳楼；11 岁女孩为了买装备盗刷银行卡 10 余万元；17 岁少年狂打游戏 40 小时后诱发脑梗险些丧命……

游戏吸引青少年的一大原因是"朋辈心理"。不少学生反映，周围的同学都在玩游戏，如果不跟着进入游戏世界，同学之间就没有"共同语言"了。

一边是青少年不断沉迷于手机游戏，另一边却是不少游戏开发企业游走在法律边缘。一些游戏开发商为了吸引人气，增加流量，有意在游戏中添加暴力、色情等内容。游戏开发企业在设计游戏的过程中，主要考虑的是如何吸引更多玩家参与，有了参与玩家，就

可以设计付费点，也就有了利益。《2017 年中国游戏产业报告》显示，中国游戏用户规模已经达到 5.83 亿人，销售收入超过 2000 亿元，而移动游戏的市场份额在继续增加，占比已经过半。青少年是游戏用户主力群体，如何让孩子放得下手机游戏，避免手机游戏成瘾，已经成为亟待解决的社会问题之一。

防治青少年沉迷于手机游戏，是社会大课题，牵涉到多方力量。不少从事教育和文化监管的工作者认为，将家庭教育、学校教育和社会矛盾的诸多问题统统归给玩游戏是一种错误观念。沉迷手机游戏的青少年，有的是因为在家里感觉不到家庭的温暖，有的是因为在学校成绩不好感觉不到学习的乐趣，但通过玩游戏却可以弥补这些不足。因此，这就需要从学校教育和家庭教育入手，根据青少年的需求缺失对其进行积极引导，给予其更多的温暖和关怀，培养其学习兴趣。

2018 年，广东省游戏产业协会执行会长鲁晓昆表示，处于身心发展和价值观树立关键时期的一些学生，对部分文化产品的内容缺乏鉴别力，特别需要得到正面引导。游戏行业的从业人员需要把这种社会责任落实到游戏开发和运营全过程，共同培育合理健康的游戏文化。

综上所述，防治青少年沉迷游戏，不应该将希望只寄托在企业开发一套严格的防沉迷系统，而应该是社会整体联防：法律的归法律，技术的归技术，教育的归教育，家庭的归家庭。

对此，胡耿丹等人认为，文化和网络主管部门应该尽快出台相应的监管政策，要求游戏开发企业承担起社会责任，从青少年健康角度出发开发和运营游戏，远离"黄赌毒和暴力"；还应该加强社会舆论宣传和健康教育，提高大众对沉迷于手机游戏的危害和防治常识的认知能力。防治青少年沉迷于手机游戏的"五位一体"整体联防内涵：通过行政法律手段加强政策监管；通过技术手段加强技术监管；通过学校教育培养青少年的学习乐趣；通过家庭关爱提升青少年的幸福指数；通过舆论宣传营造良好的社会群防群治氛围。

（《新华社：防治青少年沉迷游戏　应是社会整体联防》，http://games.ifeng.com/a/20181015/45190971_0.shtml? af＝477996049，2018-12-20。）

第二节　网络成瘾理论研究的展望

　　网络成瘾具有成因复杂多变、影响因素多元、实验操作不易控制等特点，因此未来对网络成瘾的深入研究，应充分吸收心理学、医学、脑科学、教育学、社会学、管理学等学科的最新研究成果、理念、方法和手段，从个体、家庭、学校和社会环境的全息视角来探究网络成瘾问题。我们认为，未来网络成瘾的理论研究可从以下 7 个方面入手。

一、注重网络成瘾外部驱动与内部驱动的协同干预研究

　　①开展对网络成瘾外部驱动干预的机制和对策研究。

　　②开展网络成瘾外部驱动干预如何影响内部驱动干预的方法与机制研究。

　　③探讨网络成瘾社会文化干预的模式、机制及保障研究。

　　④开展社会文化视角下的网络成瘾防治的跨文化比较研究。

　　⑤探讨如何重建和复兴中华民族的优秀"文化基因"及其对网络成瘾防治的作用。

二、加强青少年网络成瘾防治的多重人际动力支持研究

　　网络成瘾青少年普遍伴随着人际困扰问题，在其网瘾戒断过程中需要多重人际动力的支持。因此，应该依据多重人际动力理论来探寻其网络成瘾防治策略和机制。

　　①确定网络成瘾青少年多重人际动力的人际研究范围；揭示青少年网络成瘾发生发展和戒断过程中的多重人际动力特征及其变化规律。

　　②建立和检验基于多重人际动力支持的青少年网络成瘾干预方案。

　　③揭示多重人际动力特征对网络成瘾干预的作用机制，以及多重人际关系之间的动力特征对网络成瘾干预的作用机制。

三、大力开展生活方式干预青少年体质的实证研究

　　①教师、家长和同伴三重人际动力支持下的单一运动干预与生活方

式干预对青少年体质影响的对比研究。

　　②依据生活方式内涵的演变，深入揭示生活方式与体质健康、身心健康之间的"类因果"关系。

　　③研究和探讨生活方式干预青少年体质的三重人际动力干预模式和实施保障体系。

　　④从生活方式视角探讨提高青少年体质健康水平的关键策略与途径，建立生活方式干预青少年体质健康的模式及运行机制。

四、注重从心理本能视角深入研究网络成瘾现象

　　网络成瘾是人类生物本能使然，人的本能驱动是人类一切行为的内在驱动力。性、好奇心、仇恨、荣誉感均是行为的驱动力。只有从控制人类行为的 15 种本能欲望出发，才有可能深度地揭示网络成瘾发生发展的内在机制，探寻出预防和矫治网络成瘾的有效策略。

五、注重多变量的整合研究和动态研究

　　开展各种因素在网络成瘾中的量化研究，系统地研究各种因素在网络成瘾发生中的作用并阐明各因素之间的关系。制定具有中国常模和评分标准的网络成瘾量表，对网络成瘾行为的动态发展过程进行纵向分析与阐述。

六、注重探索生物学易感因素或身心双重因素与网络成瘾之间的关系

　　加强对网络成瘾的生物学效应及机制的深入研究，进一步揭示网络成瘾的生物—心理—社会三维发生机制，为网络成瘾的综合防治提供更客观的依据和更有价值的思路。

七、注重网络成瘾的个性化研究

　　加强对网络成瘾患者进行分型、分级研究，明确不同类型、不同程度的网瘾诊断标准和防治策略。

第三节 网络成瘾防治实践的展望

基于对未来网络成瘾流行病学趋势的预测，依据当前网络成瘾防治研究的新进展、新动向，结合本项目研究成果，我们对网络成瘾的防治实践展望如下。

一、倡导基于个性化的网络成瘾综合干预模式

针对不同类型和不同程度的网络成瘾来探索其系统化、标准化、可操作的综合干预措施，进而制定出便于推广使用的个性化的网络成瘾综合干预模式。

二、推广"成瘾置换"的网络成瘾防治理念和模式

培育、激发和维持网络成瘾患者的兴趣爱好（如体育、旅游、垂钓、书画、唱歌、跳舞、曲艺、演奏），开展基于"成瘾置换"的生物—心理—社会多学科整合的网瘾防治模式，探讨集多种干预方法的协同效应，并注重培养网络成瘾患者践行基于兴趣爱好的健康生活方式，以这种基于兴趣爱好的健康生活方式取代消极的、难以自拔的网络成瘾行为及其衍生的不良生活方式。

三、践行个人、家庭、学校、医院和社会协同参与的网瘾综合防治方案

该方案可以采取"预防为主、防治结合"的策略，研究如何培育良好的家庭环境，如何以"知信行理论模式"（The Knowledge，Action Based on Belief Pattern，KABP）为指导来开展与网络成瘾防治有关的健康教育、健康促进活动；尝试对网络成瘾患者或有网络成瘾倾向者在社区医疗机构建立健康档案，指定专人或团队（全科医师、心理医师或家庭医生服务团队）进行定期随访和动态管理，适时开展"双向转诊"（把一些无法确诊的或重症的网络成瘾患者转移到上一级医疗机构进行诊疗，上一级医疗机构在对诊断明确、经过治疗病情稳定转入恢复期的网络成瘾患者，确认为适宜者后，会让其重返所在辖区社区卫生机构进行继续治疗和康

复）；探讨网瘾防治的综合社会支持措施及其保障体系。

　　"知信行理论模式"是一种旨在改变人类健康的认知行为模式，包括知识、信念、行动 3 个要素。人们对现实一般都采取积极的态度，对知识进行有根据的独立思考，逐步形成信念。由知识变成信念就能够支配人的行动。社会心理学家认为，信念的转变在知、信、行中是个关键。信念是人们对自己生活中应该遵循的原则和理想的信仰，它深刻而稳定，通常与感情、意志融合在一起支配人的行动。例如，有些经常锻炼的人，对体育锻炼的科学知识知道得并不多，却能够将不多的知识变成信念。因为这里有他在锻炼中付出的汗水和多种体验，所以他能够长期坚持下去，养成经常锻炼的习惯和良好的生活方式，从而有效地预防网络成瘾的发生发展。

　　重点可以采用如下网络成瘾综合防治方案。

　　①试行网络成瘾的社会文化干预模式，进行成果推广与辐射。

　　②推行青少年网络成瘾防治的多重人际动力支持系统，实施社会、学校、社区和家庭齐抓共管的协同干预机制。

　　③将青少年网络成瘾防治纳入学校体质健康工作，从培育和践行自主锻炼习惯和基于兴趣爱好的健康生活方式的视角来干预网络成瘾。

附　录

附录一　陈氏网络成瘾量表

一、简介

　　《陈氏网络成瘾量表》(Chinese Internet Addiction Scale，CIAS)，之前亦称《中文网络成瘾量表》，是陈淑惠教授于 1999 年以大学生为样本，根据 DSM-Ⅳ 对各种成瘾症状的诊断标准编制的，共 26 个题目，包括强迫症状、退瘾症状、耐受症状、人际健康问题和时间管理问题 5 个维度。采用 4 级评定。该量表可作为网络成瘾诊断自评问卷(YDQ)的有效补充，既可进一步验证学生是否网络成瘾，又可明确学生在网瘾的哪个方面比较严重，便于进行有针对性的干预。CIAS 是目前中学生、大学生网络成瘾研究中使用最多的量表，也适用于其他年龄段的互联网使用者的网络成瘾测验。

二、指导语

　　本量表包含 26 个自评题目，所有题目均共用答案，"A"表示非常符合；"B"表示符合；"C"表示不符合；"D"表示极不符合。

　　下面列出了互联网使用者可能会出现的问题，请您仔细阅读每一个题目，根据自己的实际情况真实地填写。每个题目后边都有 4 个等级供选择，请在每题相对应的 A、B、C、D 上画"√"，每题限选一个等级。

三、量表内容

姓名：_____　性别：_____　年龄：_____　学校：_____　班级：_____

题目	非常符合	符合	不符合	极不符合
1. 曾不止一次有人告诉我，我花了太多时间在网络上	A	B	C	D
2. 如果有一段时间不上网，我就会觉得心里不舒服	A	B	C	D
3. 我发现自己上网的时间越来越长	A	B	C	D
4. 断线或接不上网时，我觉得自己坐立不安	A	B	C	D
5. 再累，上网时我也觉得自己很有精神	A	B	C	D
6. 我每次都只想上网待一会儿，但常常一待就很久不想下来	A	B	C	D
7. 虽然上网对我日常与同学、家人的人际关系造成了负面影响，我仍未减少上网	A	B	C	D
8. 我曾不止一次因为上网的关系一天睡眠时间不到 4 小时	A	B	C	D
9. 从上学期以来，我平均每周上网的时间比以前增加了许多	A	B	C	D
10. 我只要有一段时间不上网就会情绪低落	A	B	C	D
11. 我不能控制自己的行动	A	B	C	D
12. 我发现自己因为投入网络而减少了与周围朋友的交往	A	B	C	D
13. 我曾经因为上网而腰酸背痛，或者有其他身体不适	A	B	C	D
14. 我每天早上醒来，想到的第一件事就是上网	A	B	C	D
15. 上网对我的学业已经造成了一些负面影响	A	B	C	D
16. 我只要一段时间不上网，就会觉得自己好像错过了什么	A	B	C	D
17. 因为上网的关系，我与家人的互动少了	A	B	C	D
18. 因为上网的关系，我平常的休闲活动时间减少了	A	B	C	D
19. 我每次下网后，其实要去做别的事，却又忍不住再上网看看	A	B	C	D
20. 没有网络，我的生活就没有乐趣可言	A	B	C	D
21. 上网对我的身体造成了负面影响	A	B	C	D
22. 我曾经试想花较少的时间在网络上，却无法做到	A	B	C	D
23. 我习惯减少睡眠时间，以便能有更多的时间上网	A	B	C	D
24. 比起以前，我必须花更多的时间在网络上才能得到满足	A	B	C	D
25. 我曾经因为上网没有按时进食	A	B	C	D
26. 我因为熬夜上网而导致白天精神不济	A	B	C	D

四、各维度的构成

该量表包含 5 个维度，各维度对应的题目如下。

①强迫症状：包括 11、14、19、20 和 22，共 5 个题目，该维度反映个体有一种难以自拔的上网渴望和冲动。

②退瘾症状/戒断反应：包括 2、4、5、10 和 16，共 5 个题目，该维度反映一旦被迫离开互联网，个体就会情绪低落、坐立不安。

③耐受症状：包括 3、6、9 和 24，共 4 个题目，该维度反映随着网络使用经验的增加，使用者必须通过增加网络使用时间才能在网络中获得与原先相当程度的满足感。

④人际及健康问题：包括 7、12、13、15、17、18 和 21，共 7 个题目，该维度反映个体因为在网络中沉溺时间太长而与家人和朋友疏远。

⑤时间管理问题：包括 1、8、23、25 和 26，共 5 个题目，该维度反映个体因为在网络中沉溺时间太长而造成学业被耽搁。

五、评分指标和结果

CIAS 的主要统计指标为总分以及各维度分。采用里克特 4 点量表计分（A 为 4 分，B 为 3 分，C 为 2 分，D 为 1 分）。每个维度中各个题目得分之和即为该维度的得分。将 5 个维度得分相加即量表总分。

六、结果的解释

量表总分代表个体网络成瘾的程度，得分越高表示沉迷于网络的程度越严重。具体标准为：

42 分以下为一般上网者；

42～59 分为轻度网瘾者；

59 分以上为重度网瘾者。

另一种更细化的评分标准为：

0～20 分为网络成瘾高免疫人群；

21～40 分为网络成瘾一般免疫人群；

41～60 分为网络依赖严重者；

61～78 分为网络成瘾严重者。

附录二　中国中学生心理健康量表

一、简介

《中国中学生心理健康量表》（Mental Health Inventory of Middle-School Students，MMHI-60），是中国科学院心理研究所王极盛、赫尔实、李焰 3 人以中学生为被试于 1997 年编制而成的，并进行过 2 万名被试的大样本施测，问卷覆盖面广、筛选率高，是目前公认的能够有效而准确地测查中学生心理健康状况的工具，也适用于团体测验。量表的同质性信度为 0.65～0.86，分半信度为 0.63～0.87。

MMHI-60 由 60 个题目组成，分为 10 个分量表：强迫、偏执、敌对、人际敏感、抑郁、焦虑、学习压力、适应不良、情绪不平衡和心理不平衡性。每个分量表由 6 个题目组成。

二、指导语

下面是有关您近来心理状态的一些问题，请仔细阅读每一个题目，根据自己的实际情况认真地填写。每个题目没有对错之分，请您尽快回答，不要在每项上过多思索。做完问卷之后，由您自己交给我们。我们为您绝对保密，请您不要有任何顾虑。

该量表共有 60 个题目，每一个题目均采取 5 级评分制：1 级为正常，2～5 级为不健康；2 级为轻度，3 级为中度，4 级为偏重，5 级为严重。即每个题目后边均有 5 个等级供选择，分别按照程度的高低以 1、2、3、4、5 来表示。1 表示"正常/从无"；2 表示"轻度"；3 表示"中度"；4 表示"偏重"；5 表示"严重"。

"正常/从无"：被试自觉该项无问题。

"轻度"：被试自觉有该项问题，轻度出现。

"中度"：被试自觉有该项症状，其轻重程度为中度。

"偏重"：被试自觉有该项症状，其轻重程度为中等严重。

"严重"：被试自觉有该项症状，已经达到非常严重程度。

注意：对每个题目只能选择一个等级，并在相应的数字上画"√"；

每个题目都需要回答，不要漏题。

三、量表内容

姓名：_____ 性别：_____ 年龄：_____ 学校：_____ 班级：_____

题目	选择				
1. 不喜欢参加学校的课外活动	1	2	3	4	5
2. 心情时好时坏	1	2	3	4	5
3. 做作业时必定会反复检查	1	2	3	4	5
4. 感到人们对我不友好，不喜欢我	1	2	3	4	5
5. 感到苦闷	1	2	3	4	5
6. 感到紧张或容易紧张	1	2	3	4	5
7. 学习劲头时高时低	1	2	3	4	5
8. 对现在的学校生活感到不适应	1	2	3	4	5
9. 看不惯现在的社会风气	1	2	3	4	5
10. 为保证正确，做事必定会做得很慢	1	2	3	4	5
11. 想法总是与别人不一样	1	2	3	4	5
12. 总担心自己的衣服是否整齐	1	2	3	4	5
13. 容易哭泣	1	2	3	4	5
14. 感到前途没有希望	1	2	3	4	5
15. 感到坐立不安，心神不定	1	2	3	4	5
16. 经常责怪自己	1	2	3	4	5
17. 当别人看着我或谈论我时，我感到不自在	1	2	3	4	5
18. 感到别人不理解我，不同情我	1	2	3	4	5
19. 常发脾气，想控制但控制不住	1	2	3	4	5
20. 觉得别人想占我的便宜	1	2	3	4	5
21. 会大叫或摔东西	1	2	3	4	5
22. 总在想一些不必要的事情	1	2	3	4	5
23. 必须反复洗手或反复数数	1	2	3	4	5
24. 总感到有人在背后议论我	1	2	3	4	5

续表

题目	选择				
25. 时常与人争论、抬杠	1	2	3	4	5
26. 觉得大多数人都不可信任	1	2	3	4	5
27. 对做作业的热情忽高忽低	1	2	3	4	5
28. 当同学考试成绩比我高时，我感到难过	1	2	3	4	5
29. 不适应教师的教学方法	1	2	3	4	5
30. 教师对我不公平	1	2	3	4	5
31. 感到学习负担很重	1	2	3	4	5
32. 对同学忽冷忽热	1	2	3	4	5
33. 上课时，总担心教师会提问自己	1	2	3	4	5
34. 会无缘无故地突然感到害怕	1	2	3	4	5
35. 对教师时而亲近时而疏远	1	2	3	4	5
36. 一听说要考试，心里就感到紧张	1	2	3	4	5
37. 别的同学穿戴比我好，有钱，我感到不舒服	1	2	3	4	5
38. 讨厌做作业	1	2	3	4	5
39. 家里环境干扰我学习	1	2	3	4	5
40. 讨厌上学	1	2	3	4	5
41. 不喜欢班里的风气	1	2	3	4	5
42. 父母对我不公平	1	2	3	4	5
43. 感到心里烦躁	1	2	3	4	5
44. 常常无精打采，提不起劲来	1	2	3	4	5
45. 感情容易受到别人的伤害	1	2	3	4	5
46. 觉得心里不踏实	1	2	3	4	5
47. 别人对我的表现评价不恰当	1	2	3	4	5
48. 明知担心没有用，但总害怕考不好	1	2	3	4	5
49. 总觉得别人在跟我作对	1	2	3	4	5
50. 容易激动和烦恼	1	2	3	4	5
51. 同异性在一起时，感到害羞不自在	1	2	3	4	5
52. 有想伤害他人或打人的冲动	1	2	3	4	5

续表

题目	选择				
53. 对父母时而亲热时而冷淡	1	2	3	4	5
54. 对比我强的同学并不服气	1	2	3	4	5
55. 讨厌考试	1	2	3	4	5
56. 心里总觉得有事	1	2	3	4	5
57. 经常有自杀的念头	1	2	3	4	5
58. 有想摔东西的冲动	1	2	3	4	5
59. 要求别人十全十美	1	2	3	4	5
60. 觉得同学考试成绩比我高，但能力并不比我强	1	2	3	4	5

四、分量表的构成

MMHI-60 共有 60 个题目，分为 10 个因子，各因子包括的项目如下。

①强迫症状：包括 3、10、12、22、23 和 48，共 6 个题目。该因子反映被试做作业时必定会反复检查、反复数数，总是在想一些不必要的事情，总是害怕考试成绩不好等强迫症状。

②偏执：包括 11、20、24、26、47 和 49，共 6 个题目。该因子反映被试觉得别人在占自己便宜，别人在背后议论自己，对多数人不信任，别人对自己评价不适当，别人跟自己作对等偏执问题。

③敌对：包括 19、21、25、50、52 和 58，共 6 个题目。该因子反映被试控制不住自己的脾气，会经常与别人争论，容易激动，有想摔东西、想骂人、想打人等的冲动。

④人际关系紧张与敏感：包括 4、17、18、45、51 和 59，共 6 个题目。该因子反映被试觉得别人不理解自己，别人对自己不友好，感情容易受到别人伤害，对别人求全责备，同异性在一起觉得不自在等问题。

⑤抑郁：包括 5、13、14、16、44 和 57，共 6 个题目。该因子反映被试感到生活单调，感到自己没有前途，容易哭泣，责备自己，无精打采等问题。

⑥焦虑：包括 6、15、34、43、46 和 56，共 6 个题目。该因子反映被试感到紧张，心神不宁，无缘无故地害怕，心里烦躁，心里不踏实等问题。

⑦学习压力：包括 31、33、36、38、40 和 55，共 6 个题目。该因子反映被试感到学习负担重，害怕教师提问，讨厌做作业，讨厌上学，害怕和讨厌考试等问题。

⑧适应不良：包括 1、8、9、29、39 和 41，共 6 个题目。该因子反映被试对学校生活不适应，不愿意参加课外活动，不适应教师的教学方法，不适应家里的学习环境等问题。

⑨情绪不平衡：包括 2、7、27、32、35 和 53，共 6 个题目。该因子反映被试情绪不稳定，对教师和同学以及父母态度多变，学习成绩忽高忽低等问题。

⑩心理不平衡：包括 28、30、37、42、54 和 60，共 6 个题目。该因子反映被试感到教师和父母对自己不公平，对同学比自己成绩好感到难过和不服气等问题。

五、评分方法

总量表反映个体总的心理健康状况。由被试就自己近来心理状态的真实情况进行自评。每个题目均为一个陈述句，一次评定约需 20 分钟。量表按 5 点记分，1、2、3、4、5 分别表示"从无""轻度""中度""偏重""严重"。

六、结果的解释

总量表与分量表的得分越高，表示被试心理健康的问题越大。依据王极盛对中学生心理健康的研究，以得分 120 分作为划分有无心理问题的分界线：

小于 120 分，表示心理状态良好；

121～180 分，表示存在轻度的心理问题；

181～240 分，表示存在中等程度的心理问题；

241～300 分，表示存在较严重的心理问题。

附录三　精神症状自评量表

一、简介

《精神症状自评量表》，又称《精神心理症状自评量表》（Psychological Symptom Checklist，SCL-90）、《症状自评量表》（Self-Reporting Inventory），是美国著名的心理学家德若伽提斯（Derogatis）于 1975 年编制的。

该量表共有 90 个评定题目，包含较广泛的精神病症状学内容，从感觉、情感、思维、意识、行为直至生活习惯、人际关系、饮食睡眠等方面均有涉及，并采用躯体化、强迫症状、人际关系敏感、抑郁、焦虑、敌对、恐怖、偏执、精神病性和其他 10 个因子分别反映 10 个方面的心理症状表现和整体心理健康水平。它能准确地刻画被试的自觉症状，较好地反映被试是否有某种心理症状及其严重程度和变化情况，并具有容量大，反映症状丰富，对症状区分度高，既可以用于自评，亦可以用于他评等特征，是当前使用最为广泛的精神障碍和心理疾病门诊检查量表。本测验适用对象为 16 岁以上的用户。

二、指导语

以下表格中列出了有些人可能有的症状或问题，请仔细地阅读每一条，然后根据现在或最近一星期以内下述情况影响您的实际感觉，在每个测试题的五个选项中选择适合的选项，在对应的选项上画"√"。其中，1 表示"从无"，2 表示"很轻"，3 表示"中等"，4 表示"偏重"，5 表示"严重"。请注意不要漏题。

三、量表内容

姓名：_____　性别：_____　年龄：_____

题目	选择				
1．头痛	1	2	3	4	5
2．神经过敏，心中不踏实	1	2	3	4	5
3．头脑中有不必要的想法或字句盘旋	1	2	3	4	5
4．头昏或昏倒	1	2	3	4	5
5．对异性的兴趣减退	1	2	3	4	5
6．对旁人责备求全	1	2	3	4	5
7．感到别人能控制我的思想	1	2	3	4	5
8．责怪别人制造麻烦	1	2	3	4	5
9．忘记性大	1	2	3	4	5
10．担心自己的衣饰整齐及仪态的端正	1	2	3	4	5
11．容易烦恼和激动	1	2	3	4	5
12．胸痛	1	2	3	4	5
13．害怕空旷的场所或街道	1	2	3	4	5
14．感到自己的精力下降，活动减慢	1	2	3	4	5
15．想结束自己的生命	1	2	3	4	5
16．听到旁人听不到的声音	1	2	3	4	5
17．发抖	1	2	3	4	5
18．感到大多数人都不可信任	1	2	3	4	5
19．胃口不好	1	2	3	4	5
20．容易哭泣	1	2	3	4	5
21．同异性相处时感到害羞不自在	1	2	3	4	5
22．感到受骗，中了圈套或有人想抓住我	1	2	3	4	5
23．无缘无故地突然感到害怕	1	2	3	4	5
24．自己不能控制地大发脾气	1	2	3	4	5
25．怕单独出门	1	2	3	4	5
26．经常责怪自己	1	2	3	4	5

续表

题目	选择				
27. 腰痛	1	2	3	4	5
28. 感到难以完成任务	1	2	3	4	5
29. 感到孤独	1	2	3	4	5
30. 感到苦闷	1	2	3	4	5
31. 过分担忧	1	2	3	4	5
32. 对事物不感兴趣	1	2	3	4	5
33. 感到害怕	1	2	3	4	5
34. 感情容易受到伤害	1	2	3	4	5
35. 旁人能知道我的私下想法	1	2	3	4	5
36. 感到别人不理解我，不同情我	1	2	3	4	5
37. 感到人们对我不友好，不喜欢我	1	2	3	4	5
38. 做事必定会做得很慢以保证做得正确	1	2	3	4	5
39. 心跳得很厉害	1	2	3	4	5
40. 恶心或胃部不舒服	1	2	3	4	5
41. 感到比不上他人	1	2	3	4	5
42. 肌肉酸痛	1	2	3	4	5
43. 感到有人在监视我、谈论我	1	2	3	4	5
44. 难以入睡	1	2	3	4	5
45. 做事必定会反复检查	1	2	3	4	5
46. 难以做出决定	1	2	3	4	5
47. 怕乘电车、公共汽车、地铁或火车	1	2	3	4	5
48. 呼吸有困难	1	2	3	4	5
49. 一阵阵发冷或发热	1	2	3	4	5
50. 因为感到害怕而避开某些东西、场合或活动	1	2	3	4	5
51. 脑子变空了	1	2	3	4	5
52. 身体发麻或刺痛	1	2	3	4	5
53. 喉咙有梗塞感	1	2	3	4	5
54. 感到前途没有希望	1	2	3	4	5

题目	选择				
55. 不能集中注意	1	2	3	4	5
56. 感到身体的某一部分软弱无力	1	2	3	4	5
57. 感到紧张或容易紧张	1	2	3	4	5
58. 感到手或脚发重	1	2	3	4	5
59. 想到死亡的事	1	2	3	4	5
60. 吃得太多	1	2	3	4	5
61. 当别人看着我或谈论我时感到不自在	1	2	3	4	5
62. 有一些不属于自己的想法	1	2	3	4	5
63. 有想打人或伤害他人的冲动	1	2	3	4	5
64. 醒得太早	1	2	3	4	5
65. 必定会反复洗手、点数目或触摸某些东西	1	2	3	4	5
66. 睡得不稳不深	1	2	3	4	5
67. 有想摔坏或破坏东西的冲动	1	2	3	4	5
68. 有一些别人没有的想法或念头	1	2	3	4	5
69. 感到对别人神经过敏	1	2	3	4	5
70. 在商店或电影院等人多的地方感到不自在	1	2	3	4	5
71. 感到任何事情都很困难	1	2	3	4	5
72. 一阵阵恐惧或惊恐	1	2	3	4	5
73. 感到在公共场合吃东西很不舒服	1	2	3	4	5
74. 经常与人争论	1	2	3	4	5
75. 单独一个人时神经很紧张	1	2	3	4	5
76. 认为别人对我的成绩没有做出恰当的评价	1	2	3	4	5
77. 即使和别人在一起也感到孤单	1	2	3	4	5
78. 感到坐立不安、心神不定	1	2	3	4	5
79. 感到自己没有什么价值	1	2	3	4	5
80. 感到熟悉的东西变得陌生或不像是真的	1	2	3	4	5
81. 大叫或摔东西	1	2	3	4	5
82. 害怕会在公共场合昏倒	1	2	3	4	5

续表

题目	选择				
83. 感到别人想占我的便宜	1	2	3	4	5
84. 为一些有关性的想法而很苦恼	1	2	3	4	5
85. 认为应该因为自己的过错而受到惩罚	1	2	3	4	5
86. 感到要很快把事情做完	1	2	3	4	5
87. 感到自己的身体有严重问题	1	2	3	4	5
88. 从未感到同其他人很亲近	1	2	3	4	5
89. 感到自己有罪	1	2	3	4	5
90. 感到自己的脑子有毛病	1	2	3	4	5

四、各因子构成及含义

①躯体化：包括 1、4、12、27、40、42、48、49、52、53、56 和 58，共 12 个题目。该因子主要反映主观的躯体不适感，包括心血管、胃肠道、呼吸等系统的主述不适，以及头痛、背痛、肌肉酸痛、焦虑等其他躯体表现。

②强迫症状：包括 3、9、10、28、38、45、46、51、55 和 65，共 10 个题目。该因子与临床强迫症表现的症状、定义基本相同。其主要是指那些明知没有必要，但又无法摆脱的无意义的思想、冲动、行为等表现；还有一些比较一般的认知障碍的行为征象也在这一因子中反映，如脑子"变空"了、"记忆力"不好。

③人际关系敏感：包括 6、21、34、36、37、41、61、69 和 73，共 9 个题目。该因子主要是指某些个体的不自在感和自卑感，尤其是在与他人相比较时更加突出。自卑、懊丧以及在人际关系中明显相处不好的人，往往是该因子获得高分的对象。

④抑郁：包括 5、14、15、20、22、26、29、30、31、32、54、71 和 79，共 13 个题目。该因子反映的是与临床上抑郁症状群相联系的广泛的概念。苦闷的情感与心境是其代表性症状，还伴随对生活兴趣的减退、缺乏活动的愿望、丧失活动力等特征，并包括失望、悲观、与抑郁相联系的其他感知及躯体方面的问题。该因子中有几个题目还包括有关死亡的思想和自杀的观念。

⑤焦虑：包括 2、17、23、33、39、57、72、78、80 和 86，共 10 个题目。它包括一些通常在临床上明显与焦虑症状相联系的精神症状及体验，一般是指那些无法静息（烦躁）、神经过敏、紧张以及由此而产生的躯体征象，如震颤。那种游离不定的焦虑及惊恐发作是该因子的主要特征，还包括一个反映"解体"的题目。

⑥敌对：包括 11、24、63、67、74 和 81，共 6 个题目。该因子主要从思维、情感及行为 3 个方面来反映被试的敌对表现。其题目包括从厌烦、争论、摔物直至争斗和不可抑制的冲动爆发等各个方面。

⑦恐怖：包括 13、25、47、50、70、75 和 82，共 7 个题目。该因子与传统的恐怖状态或广场恐怖反映的内容基本一致。引起恐怖的因素包括出门旅行、空旷场地、人群、公共场合及交通工具。此外，还有反映社交恐怖的题目。

⑧偏执：包括 8、18、43、68、76 和 83，共 6 个题目。偏执是一个十分复杂的概念。该因子只是包括了一些基本内容，主要是指思维方面，如投射性思维、敌对、猜疑、关系妄想、被动体验与夸大。

⑨精神病性：包括 7、16、35、62、77、84、85、87、88 和 90，共 10 个题目。其中有幻听、思维播散、被控制感、思维被插入等反映精神分裂样症状的题目。

⑩其他：包括 19、44、59、60、64、66 及 89，共 7 个题目，主要反映睡眠及饮食情况。

五、施测步骤与评分方法

第一，在开始评定前，先由工作人员将总的评分方法和要求向被试交代清楚，然后让其做出独立的、不受任何人影响的自我评定。每次评定一般在 20 分钟之内完成。

SCL-90 的每一个题目均采取 5 级评分制。

①没有：自觉无该项症状或问题。

②轻度：自觉有该项症状，但发生得并不频繁，对被试并无实际影响，或者影响轻微。

③中度：自觉有该项症状，其严重程度为轻度到中度，对被试有一定影响。

④偏重：自觉常有该项症状，其程度为中度到严重，对被试有相当程度的影响。

⑤严重：自觉该症状的频度和强度都十分严重，对被试影响严重。

这里的"影响"包括症状所致的痛苦和烦恼，也包括症状造成的心理、社会功能损害。作为自评量表，"轻、中、重"的具体含义由自评者自己去体会，不必做硬性规定。

第二，对于文化程度低的自评者，可以由工作人员逐项念给他听，并以中性的态度，不带任何暗示和偏向地把问题本身的意思告诉他。

第三，评定的时间范围是"现在"或者是"最近一个星期"的实际感觉。

第四，评定结束时，由自评者或临床咨询师逐一查核，凡有漏评或者重新评定的，均应提醒自评者再考虑评定，以免影响分析的准确性。

六、分析统计指标

SCL-90 的统计指标主要有总分题目和因子分两类。

1. 总分题目

①总分：90 个题目单项分相加之和，反映被试病情的严重程度。

②总均分（总症状指数）：总分/90，表示从总体情况看，被试的自我感觉位于 1～5 级的哪一个分值程度上。

③阳性题目数：单项分≥2 的题目数，反映被试在多少题目上呈有"病状"。

④阴性题目数：单项分＝1 的题目数，反映被试"无症状"的题目有多少。

⑤阳性症状均分：（总分－阴性题目的总分）/阳性题目数，表示被试在"有症状"题目中的平均得分。它反映受检者自我感觉不佳的题目，其严重程度究竟介于哪个范围。

2. 因子分

SCL-90 共包括 10 个因子，即 90 个题目分为 10 大类。每一因子反映被试某一方面症状的痛苦情况，因而通过因子分可以了解被试症状的分布特点，并可作廓图（profile）分析。

因子分＝组成某一因子的各题目总分/组成某一因子的题目数。

七、结果的解释

1. 基本解释

量表作者未提出分界值。按国内常模结果，若总分超过 160 分，或阳性题目数超过 43 项，或任一因子分超过 2 分，则需要考虑筛选阳性，做进一步的检查。

2. 参考常模的解释

上述"基础解释"是一个对测验结果的简单解释，比较粗糙，主要是给对心理测量知识不太熟悉的被试看的。若要进一步了解测验结果的意义，必须将测验分数与常模相对照，以考察被试在各分量表的得分与一般水平的差异有多大。这样才能准确地确定被试测验结果的意义。

对于 SCL-90 来说，被试在各分量表上的分数的分级原则为：

①均值上或下各一个标准差以内的为"中等水平的症状表现"。

②平均值上或下两个标准差以内的为"较高或较低水平的症状表现"。

③平均值上或下超过两个标准差的为"高或低的症状表现"。

因此，从表面上看被试的得分高低是不够的，还要看其在同一群体中所处的水平，才能确定其症状表现的真实程度。例如，在某些分量表上被试的得分虽然比较高，但是如果常模中该分量表的平均分也比较高，计算后显示被试的得分没有超过一个标准差，则表明该被试在该方面的症状表现只是中等水平而已，不必过于担心。

3. 注意事项

①SCL-90 是从 10 个方面，以身心症状表现角度考察个体的心理健康水平。如果在某些症状上的得分较高，感觉到某些症状的频度和强度都比较严重，则须注意被试在这个方面的问题。

②由于自评量表是测量个体在一段时间内感觉到的症状的严重与否，所以在对量表分数的解释上应该慎重，并不是得分高就一定说明个体出现了严重的心理问题。某些分量表上得分较高有可能只是由于个体当时遇到了一些难题，如失恋、面临考试或疾病，因此还需要对被试的高分原因做进一步了解。

③如果个体在多个维度上自觉这些症状较为严重时，则需要加强心理健康的教育，严重时须到权威心理咨询和治疗机构进行进一步的检查和诊断。

附录四　网络成瘾诊断性访谈提纲

1. 你从是什么时候开始接触网络的？
2. 你开始接触网络的主因是什么？
3. 每次上网你都喜欢做些什么？
4. 你每周上网时间大约多少小时？
5. 你觉得自己的性格是怎样的，是外向型还是内向型？
6. 你对课外活动的看法如何？平时经常参加课外活动吗？
7. 你与家中父母关系如何？在生活中遇到困难或问题会告诉父母吗？
8. 父母平时对你是什么态度？你跟父母关系如何？父母对沉迷网络的看法如何？
9. 你有无兄弟姐妹，跟兄弟姐妹的关系如何？
10. 你与同学的关系如何？有多少个好朋友？与朋友在一起时喜欢做什么？
11. 教师知道你的上网情况吗？其态度如何？教师因为你沉迷网络采取过什么措施？
12. 你在网络世界里有多少个朋友？因为什么你们互相成为朋友？你了解对方吗？
13. 学校和社区针对中学生举办过集体活动吗？你是否参加了？
14. 长期沉迷于网络有没有引起你身体哪里不舒服，你有没有因此而就医？
15. 你长期沉迷于网络有没有导致学习成绩下降？
16. 你对网络成瘾这件事怎么看？

附录五　问题性网络使用访谈提纲

1. 你每天上网多久？为了放松、休闲上网，还是为了查资料上网？

2. 一段时间不上网的话，你是否会感到很焦虑？如果你感到焦虑或出现其他情绪的话，请具体描述。

3. 上网会不会影响你的学习？比如说，你因为沉迷于网络而不能及时完成作业。

4. 你有没有尝试过控制自己的上网时间，但却以失败告终？

5. 当你心情低落时，上网会让你好过一点，还是只能暂时平复你低落的心情，之后却感到更加沮丧和空虚？你具体登录什么类型的网站？

6. 你上网常用的社交工具（如微信、QQ）是哪些？你上网用得最多的选项（如逛淘宝、玩游戏、看视频或者听歌）是哪些？

7. 你会因为上网而牺牲睡眠时间或吃饭时间，还是牺牲其他时间，如社交或外出休闲的时间？

说明：本提纲适用于包括智能手机、平板电脑、笔记本电脑等可以上网的电子科技产品。

附录六　焦虑自评量表

一、简介

《焦虑自评量表》(Self-Rating Anxiety Scale，SAS)，是由美籍华裔心理学家威廉·K. 宗(William K. Zung)教授于 1971 年编制的。本量表从构造的形式到具体评定的方法，都与抑郁自评量表(Self-Rating Depression Scale，SDS)十分相似，是一种分析被试主观症状的相当简便的临床工具，能准确、迅速地反映伴有焦虑倾向被试的主观感受，可为临床心理咨询、诊断、治疗以及病理心理机制的研究提供科学依据。因此，本量表有广泛的应用性，适用于各种职业、文化阶层及年龄段的正常人或各类精神病患者，包括青少年患者、老年患者和神经症患者。

焦虑是一种比较普遍的精神体验，长期存在焦虑反应的人容易发展为焦虑症。国外研究认为，SAS 能够较好地反映有焦虑倾向的精神病求助者的主观感受。目前，SAS 已成为心理咨询门诊中了解焦虑症状的常用的自评工具。

二、指导语

量表包含 20 个自评题目，希望引出的 20 条症状（括号中的内容为症状名称），采用 4 级评分制，所有题目均共用答案，"A"表示没有或很少时间有；"B"表示有时有；"C"表示大部分时间有；"D"表示绝大部分或全部时间都有。

请您仔细阅读以下内容，搞清题意，然后根据您最近一星期的实际感觉如实回答。请在每题相对应的 A、B、C、D 上画"√"，每题限选一个答案。

三、量表内容

姓名：_____　性别：_____　年龄：_____

题目	选择			
1. 我觉得比平常容易紧张和着急（焦虑）	A	B	C	D
2. 我无缘无故地感到害怕（害怕）	A	B	C	D
3. 我容易心里烦乱或觉得惊恐（惊恐）	A	B	C	D
4. 我觉得我可能将要发疯（发疯感）	A	B	C	D
*5. 我觉得一切都很好，也不会发生什么不幸（不幸预感）	A	B	C	D
6. 我手脚发抖打战（手足颤抖）	A	B	C	D
7. 我因为头痛、颈痛和背痛而苦恼（躯体疼痛）	A	B	C	D
8. 我感觉容易衰弱和疲乏（乏力）	A	B	C	D
*9. 我觉得心平气和，并且容易安静坐着（静坐不能）	A	B	C	D
10. 我觉得心跳很快（心悸）	A	B	C	D
11. 我因为一阵阵头晕而苦恼（头昏）	A	B	C	D
12. 我有晕倒发作或觉得要晕倒似的（晕厥感）	A	B	C	D
*13. 我呼气吸气都感到很容易（呼吸困难）	A	B	C	D

续表

题目	选择			
14. 我手脚麻木和刺痛（手足刺痛）	A	B	C	D
15. 我因为胃痛和消化不良而苦恼（胃痛或消化不良）	A	B	C	D
16. 我常常要小便（尿意频数）	A	B	C	D
*17. 我的手常常是干燥温暖的（多汗）	A	B	C	D
18. 我脸红发热（面部潮红）	A	B	C	D
*19. 我容易入睡并且一夜睡得很好（睡眠障碍）	A	B	C	D
20. 我做噩梦（恐惧）	A	B	C	D

注：* 表示该题目反向计分。

四、评分方法

量表采用 4 级评分制，主要评定症状出现的频度，其标准为："A"表示没有或很少时间有；"B"表示有时有；"C"表示大部分时间有；"D"表示绝大部分或全部时间都有。20 个题目中有 15 项是用负性词陈述的，为"正向计分题"，A、B、C、D 按 1、2、3、4 计分；其余 5 项注*号者（5、9、13、17、19）是用正性词陈述的，为"反向计分题"，按 4、3、2、1 计分。

五、评分指标和结果

SAS 的主要统计指标为总分。在自评者评定结束后，将 20 个题目的各个得分相加即得；再乘 1.25 以后取得整数部分，就得到标准分。

六、结果的解释

依据中国常模结果，SAS 标准分的分界值为 53 分。低于 53 分者为正常；53～62 分者为轻度焦虑，63～72 分者为中度焦虑，73 分以上者为重度焦虑。

七、注意事项

由于焦虑是神经症的共同症状，故 SAS 在各类神经症鉴别和诊断中的作用不大。

关于焦虑症状的临床分级，除参考量表分值之外，主要还应该根据临床症状，特别是应根据症状的程度来划分，量表总分值只能作为一项参考指标而非绝对标准。

附录七　抑郁自评量表

一、简介

《抑郁自评量表》(Self-Rating Depression Scale，SDS)，又称《宗氏抑郁自评量表》(Zung's Self-Rating Depression Scale)，是一种采用4级评分制的短程自评量表，由美籍华裔心理学家威廉·K.宗(William K.Zung)教授于1965年编制的，共有20个题目，每一个题目相当于一个有关症状，用于衡量抑郁状态的轻重程度及其在治疗中的变化。评定时间跨度是"最近一个星期"。

SDS由4个维度构成：

①精神病性情感症状(2个题目)。

②躯体性障碍(8个题目)。

③精神运动性障碍(2个题目)。

④抑郁的心理障碍(8个题目)。

SDS操作方便，易于掌握，且评分不受年龄、性别、经济状况、社会阶层等因素的影响。它不仅可以帮助诊断是否有抑郁症状，还可以判定抑郁程度的轻重。因此，SDS既可以作为辅助诊断的工具，亦可以用于观察患者在治疗过程中抑郁的病情变化，作为疗效的判定指标。

但是，SDS不能够用来判断抑郁的性质，所以不是抑郁症的病因及疾病诊断分类用表。换言之，SDS仅仅可用于抑郁症的自评提示，并不能够作为诊断依据。可见，自测分数较高并不一定就是患上了抑郁症，而是应该及时到精神科门诊进行详细的检查、诊断。

SDS特别适用于患有抑郁症状的成年人，包括门诊患者及住院患者。只是它对于严重迟缓症状的抑郁的评定有困难。同时，SDS对于文化程度较低或智力水平稍差的人使用效果不佳。

二、注意事项

①开始评定前，须认真阅读 SDS 自评前的指导语。测试中不能干扰自评者，以免影响其做出独立的、能够反映主观真实感觉的评定。每个题目的评定均应该由自评者本人独断地做出。

②SDS 评定时间范围是"最近一个星期"。不能忽略这一点，否则会影响效度。整个测试过程大约 8 分钟。

三、指导语

①以下列出了有些人可能会有的问题，请仔细地阅读每一题，然后依据"最近一星期"下述情况影响你的实际感觉，在每个问题后的选择栏标明该题的感觉程度得分。其中，"从无或偶尔有"选 1，"很少有"选 2，"经常有"选 3，"总是如此"选 4。

②在回答时，应该注意有的题目的陈述是相反的意思。例如，心情忧郁的病人常常感到生活没有意义，但题目之中的问题却是感觉生活很有意义，所以评分时应该注意得分是相反的。这类题目需要反向计分。

四、量表内容

编号：＿＿＿＿　姓名：＿＿＿＿　性别：＿＿＿＿　年龄：＿＿＿＿　测验日期：＿＿＿＿

题目	选择			
1. 我感到情绪沮丧、郁闷	1	2	3	4
*2. 我感到早晨心情最好	1	2	3	4
3. 我要哭或想哭	1	2	3	4
4. 我夜间睡眠不好	1	2	3	4
*5. 我吃饭像平时一样多	1	2	3	4
*6. 我的性功能正常	1	2	3	4
7. 我感到体重减轻	1	2	3	4
8. 我为便秘烦恼	1	2	3	4
9. 我的心跳比平时快	1	2	3	4
10. 我无故感到疲劳	1	2	3	4

题目	选择			
* 11. 我的头脑像往常一样清楚	1	2	3	4
* 12. 我做事像平时一样不感到困难	1	2	3	4
13. 我坐卧不安,难以保持平静	1	2	3	4
* 14. 我对未来感到有希望	1	2	3	4
15. 我比平时更容易被激怒	1	2	3	4
* 16. 我觉得决定什么事很容易	1	2	3	4
* 17. 我感到自己是有用的和不可缺少的人	1	2	3	4
* 18. 我的生活很有意义	1	2	3	4
19. 假若我死了别人会过得更好	1	2	3	4
* 20. 我仍旧喜爱自己平时喜爱的东西	1	2	3	4

注:* 表示该题目反向计分。

五、评分标准

①SDS 的总分等于各题目得分之和,其中,2、5、6、11、12、14、16、17、18、20 为反向计分。SDS 的总分乘 1.25,四舍五入取整数即得 SDS 标准分。

②SDS 的评定结果以标准分来定。

③我国 SDS 总分的正常上限为 41 分,分值越低表征心理状态越好。

④我国以 SDS 标准分≥50 为有抑郁症状。

六、结果解释

①标准分<50:无抑郁。

主要症状:生活处于快乐状态,情绪较稳定,身体方面也无不适。

②60>标准分≥50:轻微抑郁至轻度抑郁。

主要症状:有时出现情绪低落,或者感到没有愉快的心情。这种低落情绪会持续一段时间,同时兴趣感也逐步减少,以往喜欢的事也变得无吸引力,工作能力似乎也在下降,生活上也感到空虚、缺少意义,经常感到疲倦,有时食欲不振、胃部不适,偶尔会出现紧张、不安的心理情绪反应。

③70＞标准分≥60：中度抑郁至重度抑郁。

主要症状：情绪低落比较明显，经常感到毫无愉快心情，且持续时间也比较长，兴趣下降明显，对以往非常喜欢的东西则毫无兴趣，常有活着太累的想法，工作能力明显下降，常认为自己无用、无能，缺少价值感，甚至会哭泣、流泪，经常有疲倦感，食欲不振，睡眠欠佳、早醒，性欲也明显下降。

④标准分≥70：重度抑郁。

主要症状：情绪非常低落，感觉毫无生气，没有愉快的感觉，经常产生无助感或绝望感，自怨自责。经常感到活着太累、想解脱，出现消极的念头，还常哭泣或者整日愁眉苦脸，话语明显少，活动也少，兴趣缺乏，睡眠障碍明显，入睡困难或者早醒，性欲功能基本没有。

七、抑郁解读

抑郁症与正常的情绪低落（低度抑郁）有几分相似，因此如果自评者所测量的得分较高，则需要判断是属于正常的悲伤，还是属于抑郁症。其中一个判断标准为正常悲伤是由某一事件引起的，且持续时间不长，随着事件消失或时间推移，这种悲伤心境会慢慢消失，它属于正常心理状态。而抑郁症表现为情绪低落，持续时间久，整日忧心忡忡，但又不知为何事愁，自我评价甚低，以致生趣漠然，常感到"度日如年""生不如死"。

抑郁症不仅会给个人带来无限痛苦，甚至会导致其自杀，而且还会给亲人和朋友带来很多不幸。

治疗抑郁症有药物治疗和心理治疗两种方法，有效的途径应该是将两者结合起来。

附录八　伯恩斯抑郁症清单

一、简介

《伯恩斯抑郁症清单》（BDC）是由美国新一代心理治疗专家、宾夕法尼亚大学的大卫·D. 伯恩斯（David D. Burns）博士设计的，共有 15 个题目，是一套采用4级评分制的抑郁症的自我诊断表，可以帮助自评者快速诊断出自己是否存在抑郁症。

二、指导语

①仔细阅读每一道测试题目，然后依据下述情况影响你的实际感觉程度，对每一个问题进行选择打分："没有"选0，"轻度"选1，"中度"选2，"严重"选3。

②所有测试题目均是正向计分。

三、量表内容

编号：_____ 姓名：_____ 性别：_____ 年龄：_____ 测验日期：_____

题目	选择			
1. 悲伤：你是否一直感到伤心或悲哀？	0	1	2	3
2. 泄气：你是否感到前景渺茫？	0	1	2	3
3. 缺乏自尊：你是否觉得自己没有价值或自以为是一个失败者？	0	1	2	3
4. 自卑：你是否觉得力不从心或自叹比不上别人？	0	1	2	3
5. 内疚：你是否对任何事都自责？	0	1	2	3
6. 犹豫：你是否在做决定时犹豫不决？	0	1	2	3
7. 焦躁不安：这段时间你是否一直处于愤怒和不满状态？	0	1	2	3
8. 对生活丧失兴趣：你对事业、家庭、爱好或朋友是否丧失了兴趣？	0	1	2	3
9. 丧失动机：你是否感到一蹶不振，做事情毫无动力？	0	1	2	3
10. 自我印象可怜：你是否以为自己已衰老或失去魅力？	0	1	2	3
11. 食欲变化：你是否感到食欲不振或情不自禁地暴饮暴食？	0	1	2	3
12. 睡眠变化：你是否患有失眠症或整天感到体力不支、昏昏欲睡？	0	1	2	3
13. 丧失性欲：你是否丧失了对性的兴趣？	0	1	2	3
14. 臆想症：你是否经常担心自己的健康？	0	1	2	3
15. 自杀冲动：你是否认为生存没有价值，或生不如死？	0	1	2	3

四、评分标准

①BDC 的评定结果以总分来定。

②BDC 的总分等于各题目得分之和，最低分为 0，最高分为 45。

③BDC 的总分的正常值上限为 4 分，分值越低表征离抑郁越远。

④我国以 BDC 总分≥5 为有抑郁情绪；总分值越高表征抑郁程度越高。

五、结果解释

①0~4 分，没有抑郁症。

②5~10 分，偶尔有抑郁情绪。

③11~20 分，有轻度抑郁症。

④21~30 分，有中度抑郁症。

⑤31~45 分，有严重抑郁症。

中度以上抑郁症患者应该尽快去综合医院精神科、心理科门诊进行诊治。

附录九　罗森伯格自尊量表

一、简介

《罗森伯格自尊量表》（Rosenberg Self-Esteem Scale，SES）是美国心理学家罗森伯格（Rosenberg）于 1965 年编制的，最初用以评定青少年关于自我价值和自我接纳的总体感受。目前，它依然是世界上最常用的测量个人自信心（自尊水准）的量表，也是我国心理学界使用最多的自尊测量工具。

该量表共有 10 个测试题目（5 个正向计分和 5 个反向计分的题目），用以测量个人对自我感觉的好坏程度。它在设计中充分考虑了测定的方便性，受试者可以直接报告这些描述是否符合自己。该量表具有简单易懂、操作方便、可信度高等特点。

二、指导语

以下是一组有关自我感觉的句子，请按照你自己的情况做出选择。其中，1表示"很不同意"；2表示"不同意"；3表示"同意"；4表示"很同意"。

三、量表内容

姓名：＿＿＿＿＿＿　性别：＿＿＿＿＿＿　年龄：＿＿＿＿＿＿

题目	选择			
1. 我认为自己是个有价值的人，至少基本上是与别人相等的	1	2	3	4
2. 我觉得我有很多优点	1	2	3	4
* 3. 总括来说，我觉得我是一个失败者	1	2	3	4
4. 我做事的能力与大部分人一样好	1	2	3	4
* 5. 我觉得自己没有什么值得骄傲的	1	2	3	4
6. 我对自己抱肯定的态度	1	2	3	4
7. 总括而言，我对自己感到满意	1	2	3	4
* 8. 我希望我能够更多地尊重自己	1	2	3	4
* 9. 有时候我确实觉得自己很无用	1	2	3	4
* 10. 有时候我认为自己一无是处	1	2	3	4

注：* 表示该题目反向计分。

四、评分方法

量表采用4级评分制，"非常同意"计4分，"同意"计3分，"不同意"计2分，"非常不同意"计1分。在10个条目中，3、5、8、9、10的算分是反向的（1分计为4分，4分计为1分；2分计为3分，3分计为2分）。

总分范围是10~40分，最低得分为10分，最高得分为40分，分值越高表征自尊程度越高。

五、得分解释

①10~15分：自卑者。

你对自己缺乏信心，尤其是在陌生人和上级面前，你总是感到自己事事都不如别人，时常感到自卑。你需要大大提高你的自信心。

②16～25分：自我感觉平常者。

你对自己感觉既不是太好，也不是太不好。你在某些场合下对自我感到相当自信，但在其他场合却感到相当自卑，你需要稳定你的自信心。

③26～35分：自信者。

你对自己感觉良好。在大多数场合下，你都对自我充满了自信，你不会因为在陌生人或上级面前感到紧张，也不会因为没有经验就不敢尝试。你需要在不同场合下调试你的自信心。

④36～40分：超级自信者。

你对自己感觉太好了。在几乎所有场合下，你都对自我充满了信心，甚至不知道什么叫自卑。你需要学会控制你的自信心，变得自谦一些。

六、自卑解读

如果被试的上述测验分值较低，则意味着其存在一定的自卑感。在现实生活中，我们一说"×××很自卑"，总带有些贬义的味道，听者心中不由自主地总不是滋味。

然而，被称为"现代自我心理学之父"的奥地利精神病学家、个体心理学创始人、人本主义心理学的先驱阿弗雷德·阿德勒(Alfred Adler，1870—1937)却认为，自卑感是每个人所共有的，人的自卑使人产生对优越的渴望，所以自卑的个体不要担忧，不要抬不起头来。个体感到自卑，就会奋发图强、力争上游、取得成功。他成功以后，就会产生优越感。但是在他人的成就面前，他会再产生自卑感，再推动他去产生更大的成就，永无止境。

参考文献

［1］Abramson M J，Benke G P，Dimitriadis C，et al. Mobile telephone use is associated with changes in cognitive function in young adolescents［J］. Bioelectromagnetics，2009，30(8).

［2］Artinian N T，Fletcher G F，Mozaffarian D，et al. Interventions to promote physical activity and dietary lifestyle changes for cardiovascular risk factor reduction in adults：A scientific statement from the American Heart Association［J］. Circulation，2010，122(4).

［3］Beard K W，Wolf E M. Modification in the proposed diagnostic criteria for internet addiction［J］. Cyber Psychology and Behavior，2001，4(3).

［4］Chou C. Internet abuse and addiction among Taiwan college students：An online interview study［J］. Cyber Psychology and Behaviors，2001，4(5).

［5］Deryakulu D，Ursavas O F. Genetic and environmental influences on problematic internet use：A twin study［J］. Computers in Human Behavior，2014，17(4).

［6］Hu Gengdan. Emergent learning theory of putting exercise blending into learning［C］. Paris：Web of Proceedings-Atlantis Press，2018.

［7］Hu Gengdan. Prevention and control measures of the adolescent constitution deterioration from the perspective of health management［C］. London：Web of Proceedings-Francis Academic Press，2018.

［8］Hartung G H，Farge E J. Personality and physiological traits in middle-aged runners and joggers［J］. Journal of Gerontology，1977，(32).

［9］Hu Gengdan. Effect of sport intervention treatment for internet addiction on adolescent physical and mental health［C］. Shanghai：Proceedings of the First Academic Conference of China-Japan Physical Education，2015.

［10］Hu Gengdan，Qian Longchao，Lin Xiaobing. A preliminary study on the table tennis exercise treatment on internet addiction disorder for juveniles［C］. Dalian：Dalian University of Technology Press，2013.

［11］Jovic J，Dinic N. Influence of dopaminergic system on internet addiction［J］. Acta Medica Medianae，2011，50(1).

［12］Kelly K. The inevitable：Understanding the 12 technological forces that will shape our future［M］. New York：Viking Press，2016.

［13］Ko Chih-Hung，Liu Gin-Chung，Hsiao Sigmund，et al. Brain activities associated with gaming urge of online gaming addiction［J］. Journal of Psychiatric Research，2009，43(7).

[14]Li D P，Li X，Wang Y H，et al. School connectedness and problematic internet use in adolescents: A moderated mediation model of deviant peer affiliation and self-control[J]. J Abnorm Child Psychol，2013，41(8).

[15] Montag C，Zhao Z，Sindermann C，et al. Internet communication disorder and the structure of the human brain: initial insights on WeChat addiction. Scientific Reports[J]. 2018，8(1).

[16]Morahan-Martin J & Schumacher P. Incidence and correlates of pathological internet use among college students[J]. Computers in Human Behavior，2000(1).

[17]Morahan-Martin J & Schumacher P. Incidence and correlates of pathological internet use [C]. Chicago，IL: The 105th Annual Meeting of the American Psychological Association，1997.

[18]Park T Y，Kim S，Lee J K. Family therapy for an internet-addicted young adult with interpersonal problems[J]. Journal of Family Therapy，2014(36).

[19]Przepiorka A M，Blachnio A，Miziak B，et al. Clinical approaches to treatment of internet addiction[J]. Pharmacol Rep. ，2014，66(2).

[20]Robert Podstawski，Krystyna A. Skibniewska，Agnieszka Mroczkowska. Relationships between lifestyle and motor fitness in early-school children[J]. Polish Annals of Medicine，2012，19(1).

[21] Roberts J A，Petnji Yaya L H，Manolis C H. The invisible addiction: Cell-phone activities and addiction among male and female college students[J]. Journal of Behavioral Addictions，2014，3(4).

[22]Sachs，M L. On the trail of the runner's high: A descriptive and experimental investigation of characteristics of an elusive phenomenon[D]. Tallahassee: Florida State University，1980.

[23]Shapira，N A，Goldsmith，T D，Keck Jr. P E，et al. Psychiatric features of individuals with problematic internet use[J]. Journal of Affective Disorders，2000，57(1-3).

[24]Shiau-Chian Jeng，Kuo-Kuang Yeh，Wen-Yu Liu，et al. A physical fitness follow-up in children with cerebral palsy receiving 12-week individualized exercise training[J]. Research in Developmental Disabilities，2013，34(11).

[25]Shin M，Kim I，Kwon S. Effect of intrinsic motivation on affective responses during and after exercise: Latent curve model analysis[J]. Percept Mot Skills，2014，119(3).

[26]Steven Reiss，Susan Havercamp. The sensitivity theory of motivation: Implications for psychopathology[J]. Behac Res Ther，1996，34(8).

[27]Tam P，Walter G. Problematic internet use in childhood and youth: Evolution of a 21st century affliction[J]. Australas Psychiatry，2013，21(6).

[28]Turkle S. Virtuality and its discontents: Searching for community in cyberspace[J]. The American Prospect，1996(24).

[29]Wang Dan，Hu Gengdan，Wu Yuhong. Influence of lifestyle intervention on physical and mental health of adolescent[C]. Shanghai: Proceedings of the First Academic Conference of China-Japan Physical Education，2015.

[30]Wu Yuhong，Hu Gengdan，Wang Dan. An investigation of adolescent "smartphone addiction" and countermeasure analysis[C]. Shanghai: Proceedings of the First Academic Conference of China-Japan Physical Education，2015.

[31]Young K S. Internet addiction：Symptoms，evaluation and treatment[J]//VandeCreek L，Jackson T. Innovations in clinical practice：A source book. Sarasota，FL：Professional Resource Press，1999(17).

[32]Young K S. Internet addiction：The emergence of a new clinical disorder[J]. Cyber Psychology and Behavior，1998(3).

[33]Young K S. What makes the internet addictive：Potential explanations for pathological internet use[C]. Chicago：The 105th Annual Conference of the American Psychological Association，1997.

[34]爱德华·O. 威尔逊. 社会生物学[M]. 毛盛贤，孙港波，刘晓军，等，译. 北京：北京理工大学出版社，2008.

[35]陈瑞，管民，娄江华，等. 手机依赖症大学生静息态 fMRI 海马功能连接分析[J]. 中国医学影像技术，2017(2).

[36]柏桦. "网络成瘾"的成因及其对策析论[J]. 中国建设教育，2008(2).

[37]曹枫林. 青少年网络成瘾的心理机制、脑功能影像学及团体心理干预研究[D]. 长沙：中南大学，2007.

[38]陈淑惠，翁丽祯，苏逸人，等. 中文网络成瘾量表之编制与心理计量特性研究[J]. 中华心理学刊，2003(3).

[39]程凤. 试论网络成瘾青少年的体育缺失[D]. 武汉：武汉体育学院，2009.

[40]陈侠，黄希庭，白纲. 关于网络成瘾的心理学研究[J]. 心理科学进展，2003(3).

[41]程立娟. 体育运动对我国中学生体质影响的 meta 分析[D]. 上海：上海师范大学，2013.

[42]崔丽娟，王小晔. 互联网对青少年心理发展影响研究综述[J]. 心理科学，2003(3).

[43]邓文才. 大学生网络成瘾行为与体育成瘾性行为的比较[J]. 体育学刊，2003(6).

[44]丁凡. 中学生生活方式、心理健康与体质健康的调查及相关性研究[D]. 上海：华东师范大学，2009.

[45]丁建略，田浩. 霍妮神经症理论述评[J]. 医学与哲学(人文社会医学版)，2007(6).

[46]丁烜红，张弓婷，李刚，等. 青少年"低头族"身心健康现状调查[J]. 青年学报，2015(2).

[47]丁文亚. 九成青少年犯罪与上网成瘾有关[N]. 北京晚报，2005-11-22.

[48]杜鹏飞. 青少年网络成瘾与亲子关系互动性研究[D]. 上海：华东师范大学，2009.

[49]方晓义，刘璐，邓林园，等. 青少年网络成瘾的预防与干预研究[J]. 心理发展与教育，2015(1).

[50]盖华聪. 体育教育对大学生网络成瘾干预的实验研究[J]. 鲁东大学学报(自然科学版)，2007(4).

[51]盖华聪，程云波. 体育教育对青少年网络成瘾干预的可行性分析[J]. 鲁东大学学报(哲学社会科学版)，2007(1).

[52]高文斌，陈祉妍. 网络成瘾病理心理机制及综合心理干预研究[J]. 心理科学进展，2006(4).

[53]耿丽丽，金志成. 犯罪青少年与在校青少年网络成瘾的对比研究[J]. 中国健康心理学杂志，2011(9).

[54]共青团北京市委员会，北京市未成年人保护委员会，中国科学院心理研究所．聚焦新生代：青少年网络成瘾与网络游戏研究和调查[M]．北京：地质出版社，2006.

[55]共青团北京市委员会，北京市未成年人保护委员会，中国科学院心理研究所．走出网络迷途[M]．北京：科学出版社，2006.

[56]共青团上海市委员会，上海市社区青少年事务办公室．e路阳光——上海青少年事务社工预防与矫治网瘾案例选编[M]．上海：华东理工大学出版社，2008.

[57]共青团上海市委员会，上海市社区青少年事务办公室，上海市阳光社区青少年事务中心，等．e路阳光——上海青少年网络成瘾综合矫治模式的实践与研究：第1版[M]．上海：华东理工大学出版社，2008.

[58]顾海根．青少年网络行为特征与网络成瘾研究：第1版[M]．合肥：中国科学技术大学出版社，2011.

[59]郭德华．青少年网络成瘾症的心理与运动干预研究[D]．南昌：江西师范大学，2006.

[60]郭莲荣，张明．大学生网络成瘾问题及其干预策略[J]．教育科学，2006(3).

[61]郝伟．精神病学：第6版[M]．北京：人民卫生出版社，2008.

[62]胡耿丹，王丹．不同干预方式对防控青少年体质下降的实证研究[C]//中国体育科学学会．2015第十届全国体育科学大会论文摘要汇编(一)．杭州：浙江大学，2015.

[63]胡耿丹，项明强．国内大学生网络成瘾影响因素的元分析[J]．中国特殊教育，2011(6).

[64]胡耿丹，张军．人类本能视角下运动矫治青少年网络成瘾的作用及机制研究[J]．中国体育科技，2016(1).

[65]胡义青．青少年同伴关系、自我和谐与网络成瘾的关系研究[D]．南昌：江西师范大学，2008.

[66]黄蓉芳．睡前玩手机也是睡眠大敌[N]．广州日报，2014-04-09.

[67]靖华．身体锻炼对初中生网络成瘾的干预研究[D]．上海：华东师范大学，2006.

[68]雷雳，李宏利．病理性使用互联网的界定与测量[J]．心理科学进展，2003(1).

[69]李琦，齐玥，田莫千，等．网络成瘾者奖赏系统和认知控制系统的神经机制[J]．生物化学与生物物理进展，2015(1).

[70]李望舒．精神分析理论视角下的青少年网络成瘾的心理机制[J]．中国集体经济，2010(4).

[71]李伟，袁志国．玩手机也会丢性命，"低头族"被"绑架"该如何走出困境？[N]．新华每日电讯，2013-10-17(005).

[72]刘保．社会建构主义[M]．北京：中国社会科学出版社，2011.

[73]刘连龙，胡明利．大学生网络成瘾与气质类型的关系[J]．中国心理卫生杂志，2008(4).

[74]林志雄，邹晓波，谢博，等．青少年网络成瘾心理药物联合治疗[J]．神经疾病与精神卫生，2006(2).

[75]刘炳伦，郝伟，杨德森．IAD研究现状与问题[J]．国外医学(精神病学分册)，2004(4).

[76]刘树娟，张智君．网络成瘾的社会—心理—生理模型及研究展望[J]．应用心理学，2004(2).

[77]刘映海，丹豫晋．锻炼心理学视角下网络成瘾心理归因及干预研究[J]．北京体育大学报，2009(8).

[78]刘映海，丹豫晋，苏连勇．网络成瘾青少年体育干预之行动研究[J]．体育与科学，

2010(4).

[79]刘映海，石岩. 网络成瘾青少年体育干预个案研究[J]. 体育与科学，2014(3).

[80]梅松丽，葛鲁嘉，寇长贵，等. 大学生网络成瘾者的生活事件及适应性[J]. 中国心理卫生杂志，2008(3).

[81]弗雷德里克·沃尔夫顿(Frederick Woolverton)，苏珊·夏皮罗(Susan Shapiro). 戒瘾：成瘾治疗的案例分析与自助指南[M]. 苏文亮，管琳，译. 北京：电子工业出版社，2015.

[82]金伯利·S. 扬. 网络心魔：网瘾的症状与康复策略[M]. 毛英名，毛巧明，译. 上海：上海译文出版社，2005.

[83]麦特·里德雷(Matt Ridley). 美德的起源：人类本能与协作的进化[M]. 刘珩，译. 北京：中央编译出版社，2004.

[84]钱龙超. 乒乓球运动干预对矫治青少年网络成瘾的作用研究[D]. 广州：广州体育学院，2012.

[85]师建国. 成瘾医学[M]. 北京：科学出版社，2002.

[86]陶然，李邦合. 网络成瘾治疗单元的概述[J]. 中华流行病学杂志，2005(8).

[87]陶然，应力，岳晓东，等. 网络成瘾探析与干预：第1版[M]. 上海：上海人民出版社，2007.

[88]万国华，杨小勇，王碧怡，等. 体育活动矫正大学生网络成瘾的研究[J]. 安徽体育科技，2009(1).

[89]王博群. 青少年网络成瘾的心理机制及干预研究述评[D]. 长春：吉林大学，2008.

[90]王极盛，赫尔实，李焰. 中国中学生心理健康量表的编制及其标准化[J]. 社会心理科学，1997(4).

[91]王军凯. 网络成瘾青少年脑部 FDG PET 图像的研究[D]. 太原：山西医科大学，2010.

[92]王立皓，童杰辉. 大学生网络成瘾与社会支持、交往焦虑、自我和谐的关系研究[J]. 健康心理学杂志，2003(2).

[93]王智弘. 网络咨商、网络成瘾与网络心理健康[M]. 台北：学富文化事业有限公司，2008.

[94]威廉·麦独孤. 社会心理学导论[M]. 俞国良，雷雳，张登印，译. 杭州：浙江教育出版社，1997.

[95]吴键. 我国青少年体质健康发展报告[J]. 中国教师，2011(20).

[96]吴贤华. 青少年网络成瘾者人际关系特征及其综合干预研究[D]. 华中科技大学，2013.

[97]漆文烨，葛明贵. 角色扮演类网络游戏的特点及其对青少年心理的影响[J]. 中国校医，2009(1).

[98]西格蒙德·弗洛伊德. 性欲三论[M]. 北京：国际文化出版公司，2000.

[99]项明强，胡耿丹. 基于自我决定理论的健康行为干预模式[J]. 中国健康教育，2010(4).

[100]谢晶，方平，张厚粲，等. 大学生网络成瘾行为与成人依恋[J]. 中国心理卫生杂志，2011(7).

[101]徐娟，于红军，张德兰，等. 青少年网络成瘾的心理干预[M]. 北京：化学工业出版社，2010.

［102］杨波. 人格与成瘾［M］. 北京：新华出版社，2005.

［103］杨放如，郝伟. 52 例网络成瘾青少年心理社会综合干预的疗效观察［J］. 中国临床心理学杂志，2005(3).

［104］杨国栋，刘悦，方政华. 药物干预加心理疏导治疗网络成瘾综合征 6 例报告［J］. 中国药物滥用防治杂志，2005(1).

［105］杨漾，陈佩杰，吴艳强，等. 上海市学生身体素质现况及其影响因素分析［J］. 中国学校卫生，2012(8).

［106］姚建国，张宁. 大学生网络成瘾者人格特征和心理健康水平的研究［J］. 医学与哲学（人文社会医学版），2007(1).

［107］姚玉红，魏珊丽，毕晨虹，等. 大学生多重人际动力特征问卷的初步编制［J］. 中华行为医学与脑科学杂志，2015(11).

［108］尹繁荣. 青少年网络成瘾特点及生理—心理—社会后果研究［D］. 长沙：中南大学，2009.

［109］应力，岳晓东. E 海逃生：网络成瘾及其克除. 北京：高等教育出版社，2008.

［110］于春艳，谢浩. 大学生网络成瘾者健康调查与体育手段干预研究［J］. 浙江体育科学，2010(3).

［111］昝玲玲，刘炳伦，刘兆玺. 网络成瘾研究现状概述［J］. 精神医学杂志，2008(1).

［112］张华，黄金娟. 长期便秘会增加结直肠癌风险［N］. 羊城晚报，2013-08-26.

［113］张锦涛，陈超，王玲娇，等. 大学新生网络使用时间与网络成瘾的关系：有中介的调节模型［J］. 心理学报，2014(10).

［114］张军. 从人类本能视角初探运动矫治青少年网络成瘾的作用及其机制［D］. 广州：广州体育学院，2012.

［115］张兰君. 团体心理治疗和体育运动处方对大学生网络成瘾的干预［J］. 心理科学，2009(3).

［116］赵赏. 青少年网络成瘾的原因分析及干预初探［D］. 上海：复旦大学，2010.

［117］郑希付，沈家宏. 网络成瘾的心理学研究：认知和情绪加工［M］. 广州：暨南大学出版社，2009.

［118］中国互联网信息中心. 第 42 次中国互联网络发展状况统计报告［R］. 2018.

［119］周进国，周爱光，王梦，等. 中日青少年体质监测比较研究［J］. 体育文化导刊，2013(2).

［120］朱莉，余少兵. 以体育运动为主要手段干预大学生网络成瘾的新模式［J］. 内江师范学院学报，2007(2).

［121］朱莉，周学荣，余少兵. 青少年学生网络成瘾行为的体育干预个案研究［J］. 军事体育进修学院学报，2007(2).

［122］朱哲，梅松丽. 从心理本能的视角审视网络成瘾［J］. 医学与哲学（人文社会医学版），2010(4).